KB096070

거꾸로 된 세상의 **학교**

이 도서의 국립중앙도서관 출판시도서목록(CIP)은
e-CIP 홈페이지(http://www.nl.go.kr/cip.php)에서 이용하실 수 있습니다.
(CIP제어번호: CIP2004001091)

거꾸로 된 세상의 학교

에두아르도 갈레아노 지음
조숙영 옮김

르네상스

엘레나에게 이 책을 바칩니다.

이 책 『거꾸로 된 세상의 학교』에는 공범이 많다. 그들을 고발하는 일은 즐겁다. 1913년에 사망한, 멕시코의 위대한 예술가 호세 과달루페 포사다(José Guadalupe Posada)만이 오로지 죄가 없다. 이 책에 실린 삽화들은 그도 모르는 채 출판되었다.

반면 다른 사람들은 자신들이 무슨 일을 하는지 잘 알면서 도와주었고, 뚜렷한 대의명분에 따라 열정을 쏟아 부으며 작업을 진행했다.

우선 나는 엘레나 비야그라(Helena Villagra), 카를 휘베너(Karl Hübener), 호르헤 마르치니(Jorge Marchini)와 그의 컴퓨터 마우스의 도움이 없었더라면 이 책을 저지를 수 없었을 것이라고 고백한다.

다음의 사람들도 내 범행 유혹을 읽고 논평을 해 주면서 사악한 마음으로 동참했다. 왈테르 아추가르(Walter Achugar), 카를로스 알바레스 인수아(Carlos Álvarez Insúa), 닐루 바티스타(Nilo Batista), 로베르토 베르가이(Roberto Bergalli), 다비드 캄포라(David Cámpora), 안토니오 도냐테(Antonio Doñate), 곤살로 페르난데스(Gonzalo Fernández), 마크 프리드(Mark Fried), 후안 헬만(Juan Gelman), 수사나 이글레시아스(Susana Iglesias), 카를로스 마차도(Carlos Machado), 마리아나 막타스(Mariana Mactas), 루이스 니뇨(Luis Niño), 라켈 비야그라(Raquel Villagra), 다니엘 바인베르크(Daniel Weinberg).

정도의 차이는 있겠지만, 어느 정도 잘못이 있는 사람들도 있다. 라파엘 발비(Rafael Balbi), 호세 바리엔토스(José Barrientos), 마우리시오 벨트란(Mauricio Beltrán), 수산 베르골스(Susan Bergholz), 로사 델 올모(Rosa del Olmo), 밀톤 데 리티스(Milton de Ritis), 클라우디오 두란(Claudio Durán), 후안 가스파리니(Juan Gasparini), 클라우디오 우헤스(Claudio

Hughes), 피에르 파올로 마르체티(Pier Paolo Marchetti), 스텔라 마리스 마르티네스(Stella Maris Martínez), 도라 미론 캄포스(Dora Mirón Campos), 노르베르토 페레스(Norberto Pérez), 루벤 프리에토(Ruben Prieto), 필라르 로요(Pilar Royo), 앙헬 루오코(Ángel Ruocco), 힐러리 샌디슨(Hilary Sandison), 페드로 스카론(Pedro Scaron), 오라시오 투비오(Horacio Tubio), 피니오 웅헤르펠드(Pinio Ungerfeld), 알레한드로 바예 바에사(Alejandro Valle Baeza), 호르헤 벤토시야(Jorge Ventocilla), 기예르모 왁스만(Guillermo Waksman), 가비 베버(Gaby Weber), 윈프리트 울프(Winfried Wolf), 장 지글러(Jean Ziegler).

또한 좌절하고 절망한 사람들의 수호성인 성녀 리타(Rita)에게도 상당한 책임이 있다.

1998년 중반

몬테비데오에서

〈일러두기〉

1. 이 책은 에두아르도 갈레아노(Eduardo Galeano)의 *Patas Arriba. La Escuela del Mundo Al Revés* (Montevideo: Chanchito, 1998)를 우리말로 옮긴 것이다.
2. 외래어 표기는 현지 발음을 원칙으로 하되, 경우에 따라서는 브리태니커 백과사전을 참고했다. 예를 들어 '산티아고(성 야고보)' 등은 에스파냐 표기법을 따랐고, 그 밖에 '무어(moor)'의 경우 익숙한 발음을 따랐다.
3. 옮긴이 주는 각괄호로 묶어 본문 옆에 달았으며, 좀더 자세한 설명이 필요하거나 설명의 양이 많은 경우 별표(*)로 표시하고 각주로 처리하였다.
4. 인명이나 지명이 처음 등장할 때는 괄호 안에 원어를 기입했고, 이후에는 생략했다.
5. 강조는 ' '로, 대화와 인용은 " "로 하였다.
6. 책 이름은 『 』, 신문 이름이나 잡지 이름은 「 」, 기타 제목은 < >로 표시하였다.

학부모께 드리는 말씀

요즘 사람들은 아무것도 존중하지 않는다. 예전에는 미덕이라든가 명예, 진실, 법 등을 받들어 모시기도 했는데……. 오늘날 미국식 삶에는 부정부패가 횡행한다. 법이 지켜지지 않는 곳에서는 부정부패가 유일한 법이다. 부정부패가 이 나라를 좀먹고 있다. 미덕과 명예와 법은 우리의 삶에서 증발해 버렸다.

— 알 카포네(Al Capone) 인터뷰 기사 중에서 발췌. 코르넬리우스 반데르빌트 주니어(Cornelius Vanderbilt Jr.) 기자의 이 인터뷰 기사는 알 카포네가 체포되기 며칠 전인 1931년 10월 17일자 「리버티(*Liberty*)」에 실렸다.

교과 과정

만약, 앨리스가 돌아온다면

130년 전 앨리스는 이상한 나라를 방문하고 난 후, 거꾸로 된 세상을 보려고 거울 속으로 들어가 버렸다. 만약 앨리스가 오늘날 다시 태어난다면, 거울을 통과하는 수고는 하지 않아도 될 것이다. 그저 창밖을 내다보는 것만으로 족하리라.

당신이 개를 훈련시키고자 한다면, 축하받을 만하다.
올바른 결정을 내렸기 때문이다.
당신은 주인의 역할과 개의 역할이 얼마나 명확한지
얼마 지나지 않아서 곧 알게 될 것이다.
– 랠스턴 퓨리나 인터내셔널(Ralston Purina International)*

거꾸로 된 세상의 학교

- 예를 들어 가르치기
- 학생들
- 기본 과정: 불의
- 기본 과정: 인종차별과 남성우월주의

* 1894년에 미국에서 설립된 애완동물 식품 전문 회사. 2002년에 유명한 식품회사인 네슬레와 통합됐다.

예를 들어 가르치기

거꾸로 된 세상의 학교는 가장 민주적인 교육기관이다. 하늘에서와 마찬가지로 땅에서도 모든 사람에게 어느 곳에서나 배움의 기회를 제공한다. 입학시험도 없고, 등록금도 받지 않는다. 모든 과정은 무료다. 어떤 점에서 이 학교는 인류 역사상 처음으로 만능의 권한을 손에 넣은 체제가 낳은 자손이다.

거꾸로 된 세상의 학교에서 납은 수면 위로 떠오르는 법을, 코르크는 가라앉는 법을 배운다. 독사는 날아오르는 법을 배우고, 구름은 땅위에서 기어다니는 법을 배운다.

성공 사례

거꾸로 된 세상은 '거꾸로 정신'에 상을 준다. 정직함을 멸시하고, 노동을 징벌하며, 경솔함에 상을 내리고, 잔인함을 북돋아 키운다. 이 학교 교사들은 자연을 중상 모략한다. 불법이 바로 자연법이라고 역설한다. 가장 저명한 교직원 중 한 명인 밀턴 프리드먼(Milton Friedman)은 자연 실업률을 이야기하고, 리처드 헌스타인(Richard Herrnstein)과 찰스 머리

(Charles Murray)*는 자연법상 흑인이 가장 낮은 계층임을 가르친다. 존 D. 록펠러(John D. Rockefeller)는 사업의 성공 비결을 설명하면서 자연은 가장 적합한 자에게 상을 내리고, 가장 쓸모없는 자에게 벌을 내린다고 말했다. 그러나 그때로부터 100년의 시간이 지난 지금, 세상의 많은 고용주들은 여전히 찰스 다윈(Charles Darwin)이 자신들의 영예를 위해 저서를 집필했다고 믿는다.

가장 적합한 자들만 살아남기? 살인 본능은 미래에 살아남기 위해 가장 쓸모 있는 항목이다. 이것은 대기업이 중소기업을 먹어 치우거나 강대국이 약소국을 집어삼킬 때에는 쓸모 있는 덕목이 되지만, 가난한 실업자가 손에 칼을 움켜쥐고 배를 채우기 위해 나선다면 난폭함의 증거가 되리라. 이 반사회병(反社會病) 환자들은 성공한 자들의 건강함을 보고 감화를 받는다. 하류층 범죄자들은 시선을 아래에서 위로 들어올려 정상에 고정시키고 범죄 기술을 배워 나간다. 성공한 자들의 사례를 연구하고, 그들을 따라잡기 위해 안간힘을 다한다. 그러나 한때 멕시코 텔레비전의 소유주이자 거물이었던 에밀리오 아스카라가(Emilio Azcárraga)가 곧잘 이야기했듯이 "개 같은 놈은 언제나 개 같을 것이다." 은행을 턴 은행가는 자신이 수고하여 거둔 돈다발을 느긋하게 즐기지만, 은행을 턴 도둑은 감옥으로 가거나 무덤으로 직행한다.

범죄자가 빚을 돌려받기 위해 살인을 저지를 때는 셈을 청산한다고 하고, 국제 전문가들이 채무국의 빚을 청산할 때는 조정안을 제시한다

* 하버드 대학의 리처드 헌스타인과 정신분석가인 찰스 머리는 1994년에 함께 펴낸 『벨 곡선(*The Bell Curve*)』에서 인간의 IQ가 80%까지 유전된다고 주장해, 유전 요인과 환경 요인이 절반씩 작용한다는 통설을 뒤집어 논란을 불러일으켰다.

고 한다. 금융 강도들은 채무국들에게 조정안을 제시한 후 몸값을 지불하지 않으면 내키는 대로 요리한다. 굳이 비교하자면, 살인을 저지르는 범죄자는 백주 대낮의 드라큘라만큼도 위험하지 않다. 세계경제는 조직범죄를 가장 잘 나타낸 표현이다. 화폐, 무역, 차관을 쥐락펴락하는 여러 국제기구는 직업적 냉철함과 불처벌*로 무장하고, 세계의 가난한 자들과 가난한 나라들에 맞서는 테러리즘을 몸소 실천하고 있다.

이웃을 기만하는 기술은 사기꾼들이 어수룩한 사람들을 길에서 제물로 삼을 때 사용하는데, 성공한 일부 정치인들이 자신의 달란트를 발휘할 때 정점에 이른다.

도시 변두리 빈민가에서 범죄자들이 약탈한 물건을 똥값에 팔아치우듯이, 이 세상의 변두리 빈민가에선 국가수반들이 자기 나라의 자투리를 마감 세일 가격에 팔고 있다.

살인 청부 총잡이들이 소규모로 하는 일은, 범죄행위의 대가로 훈장을 수여받고 칭송을 받는 군 장성들이 대규모로 하는 일과 똑같다.

---

* 법적으로 유죄이지만 처벌하지 않는 것이다. 특례로 정해져 있어서 불처벌 사유가 되거나 피해자의 불처벌 의사가 있을 경우 벌할 수 없다.

길모퉁이에 숨어서 사람들이 걸려들기만을 기다리고 있는 소매치기들은 컴퓨터로 수많은 사람들을 속여 돈을 강탈하는 대규모 투기꾼들의 기술을 영세한 수준에서 실행할 뿐이다. 자연과 인권을 가장 무참히 짓밟는 자들은 죽었다 깨어나도 감옥에 가지 않는다. 바로 그들이 감옥의 열쇠를 쥐고 있기 때문이다. 그저 그렇고 그런 거꾸로 된 세상에서 세계평화를 수호한다고 떠드는 나라들은 실은 가장 많이 무기를 생산하고 가장 많이 무기를 팔아먹는 나라들이다. 가장 이름 있는 은행들은 마약 자금을 가장 많이 세탁해 주고, 훔친 돈을 가장 많이 보관해 준다. 가장 많은 성공을 거둔 기업들이 가장 많이 이 지구를 더럽힌다. 그리고 자연보호야말로 자연을 초토화하는 기업들이 가장 군침을 삼키는 사업이다. 가장 짧은 시간에 가장 많은 사람들을 학살하는 자들과, 가장 적게 일하고 가장 많은 돈을 챙기는 자들과, 가장 적은 비용으로 가장 많이 자연을 말살하는 자들이여, 과연 불처벌의 은혜와 축하를 받을 만하다.

거꾸로 된 세상의 대도시에서 길을 걷는 것은 위험한 일이고, 숨쉬는 것은 모험이다. 대도시가 만들어 내는 필요에 사로잡히지 않은 사람은 공포에 사로잡혀 있다. 예를 들어, 어떤 사람은 가지지 못한 것을 가지고 싶은 욕망에 잠을 설칠 것이고, 어떤 사람은 가진 것을 잃을지도 모른다는 극심한 공포감에 시달려 잠을 이루지 못한다. 거꾸로 된 세상은 우리에게 이웃을 희망이 아닌 위협의 대상으로 보라고 가르치고, 우리를 외롭게 하며, 마약과 사이버 친구의 위로를 받게 한다. 잘못 날아온 총알 하나가 한 발 앞서 우리 생명을 단축시키지 않는다고 할지라도, 우리는 굶어죽거나, 공포에 떨다 죽거나, 지루함을 견디다 못해 죽어야만 하는 인생이다. 그 불행한 결말 중에서만 선택해야 하는 자유, 그 자유가 우리에게 남은 유일한 자유인가? 거꾸로 된 세상은 우리에게 현실을 바꾸지 말고 참으라 하고, 과거의 소리를 듣지 말고 잊으라 하며, 상상력으로 미래를 그리지 말고 받아들이라 한다. 그렇게 죄를 범하고, 또 그렇게 죄를 권한다. 범죄학교에서는 무능함, 기억상실, 체념이 수강해야 할 필수과목이다. 그러나 행운 없는 불운은 없고, 뒷면 없는 앞면도 없으며, 희망을 갈망하지 않는 실망도 없음은 주지의 사실이다. 그리고 대항(對抗) 학교 없는 학교 역시 존재하지 않는다.

학생들

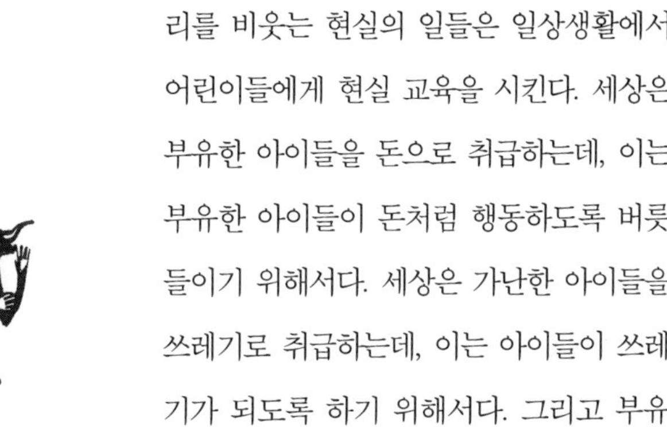

어린이들은 어린이다울 권리를 나날이 부정당하고 있다. 어린이들이 어린이다울 권리를 비웃는 현실의 일들은 일상생활에서 어린이들에게 현실 교육을 시킨다. 세상은 부유한 아이들을 돈으로 취급하는데, 이는 부유한 아이들이 돈처럼 행동하도록 버릇들이기 위해서다. 세상은 가난한 아이들을 쓰레기로 취급하는데, 이는 아이들이 쓰레기가 되도록 하기 위해서다. 그리고 부유하지도 가난하지도 않은 중간층 아이들은 텔레비전 화면 앞에 꽁꽁 묶어 두는데, 이는 어릴 때부터 얽매인 생활을 운명처럼 받아들이게 하기 위해서다. 어린이가 어린이다울 수 있으려면 불가사의한 힘도 빌려야 하고 운도 억세게 좋아야 한다.

상류층, 하류층 그리고 중간층

절망이라는 망망대해에는 특권이라는 섬들이 솟아 있다. 으리으리한 수용소인 그곳에서 힘 있는 자들은 자기들끼리 교제한다. 그리고 자신들이 얼마나 힘이 있는지 한순간도 망각하지 않는다. 라틴아메리카 일부 대도시에서는 납치가 해가 뜨고 지는 일처럼 일상사가 돼 버렸고,

부유한 아이들은 공포의 거품 속에 갇혀 자란다. 그들은 성벽으로 둘러싸인 호화 주택이나 대저택, 주택 단지에 산다. 담장엔 전기가 흐르고 무장 경비원이 감시하며, 밤낮으로 개인 경호원과 보안용 감시 카메라의 보호를 받는다. 부유한 아이들은 돈처럼 방탄 차량에 실려 다닌다. 자기가 사는 도시는 그저 눈으로만 볼 뿐이다. 파리나 뉴욕의 지하철은 타볼 수 있어도 상파울루(São Paulo)나 멕시코시티의 지하철은 꿈에도 이용하지 않는다.

그들은 자기가 살고 있는 도시에 사는 것이 아니다. 손바닥만 한 자신들의 천국을 매섭게 노려보는 광활한 지옥과 그들이 사는 곳 사이에는 접근조차 금지된 국경이 있다. 못생기고, 더럽고, 질투심 많은 사람들이 득실대는 공포의 땅이 그 국경 너머에 드넓게 펼쳐져 있다. 국제화가 한창인 시대에 아이들은 이미 어느 곳에도 속하지 않는다. 가장 좁은 곳에 있는 아이들이 가장 많은 것을 소유한 아이들이다. 그들은 문화의 정체성을 상실한 채 뿌리도 없이, 그리고 현실은 위험하다는 사실로만 사회를 인식하고 자란다. 그들의 조국은 그들이 입고 사용하는 유명 브랜드의 옷이나 물건에 새겨져 있다. 그들이 사용하는 언어는 현대판 모스 부호다. 살고 있는 도시가 아무리 달라도, 살고 있는 곳이 서로 아무리 멀어도, 특권층 아이들은 습관이나 성향 면에서 닮은 점이 많다. 시간과 공간을 넘어선 곳에 있는 쇼핑센터나 공항이 서로 닮았듯이 말이다.

가상현실에서 교육받은 그 어린이들은 실제 현실에서는 낫 놓고 기역 자도 모른다. 실제 현실은 두렵고 물건처럼 팔리기 위해 존재하는 곳이다.

++ 어린이의 세계

"길을 건널 때는 정말 조심해야 해요."

콜롬비아의 교사 구스타보 윌체스(Gustavo Wilches)가 어린이들에게 이야기하고 있다.

"초록색 신호등이 켜졌어도 이쪽저쪽을 모두 살펴본 후에 건너야 해요."

그리고 그는 어린이들에게 한번은 자동차가 자신을 치고 길 한가운데 내버려 둔 채 뺑소니를 쳤다고 말했다. 하마터면 목숨을 잃을 뻔했던 당시를 떠올리며 그는 인상을 찌푸렸다. 그러나 어린이들은 이렇게 묻는 것이었다.

"차종이 뭐였어요?" "에어컨은 달렸던가요?" "선루프는요?" "안개등은요?" "배기량은 얼마나 되는 차였나요?"

패스트푸드, 패스트 카, 패스트 라이프. 부자 아이들은 태어나는 순간부터 소비와 속도를 훈련받고, 사람보다 기계가 더 믿을 만하다는 사실을 확인하며 유년기를 보낸다. 통과의례를 치러야 할 시간이 오면, 사륜구동차를 선물로 받는다. 그 전에는 사이버 고속도로를 전속력으로 질주하고, 리모콘을 마구 누르며 쇼핑(zapping and shopping)하는 가운데 이미지와 상품을 집어삼키며 자신의 정체성을 확인한다. 그들은 버려진 아이들이 도시의 거리를 방황하는 것처럼 자유롭게 사이버 공간을 항해한다.

부자 아이들이 외로움을 마비시키고 공포를 덮어 주는 값비싼 마약을 발견하기 훨씬 전부터 가난한 아이들은 휘발유나 본드를 흡입했다. 부자 아이들이 레이저 광선이 뿜어져 나오는 총으로 전쟁놀이를 즐길 때, 거리의 아이들은 진짜 총알을 피해 다닌다.

라틴아메리카에서 어린이와 청소년은 전체 인구의 거의 반을 차지하는데, 그중의 반은 비참하게 살고 있다. 치료 가능한 질병이나 기아

++ 쇼윈도
남아용 장난감 : 람보, 로보캅, 닌자, 배트맨, 괴물, 자동소총, 권총, 탱크, 자동차, 오토바이, 트럭, 비행기, 비행선 등.
여아용 장난감 : 바비, 하이디, 다리미판, 부엌놀이기구, 믹서, 세탁기, 텔레비전, 아기, 요람, 젖병, 립스틱, 헤어 롤, 색조화장품, 거울 등.

로 매 시간 100명의 어린이가 죽는다. 그러나 가난한 사람을 생산해내고 가난을 금지하는 라틴아메리카의 거리와 농촌에서 가난한 어린이들은 점점 늘어만 간다. 어린이들은 대부분 가난하다. 그리고 가난한 사람들의 대다수는 어린이들이다. 제도의 인질이 된 사람들 중에서도 어린이들이 가장 힘든 시간을 보낸다. 사회는 어린이들을 쥐어짜고, 감시하고, 응징하고, 때론 죽이기도 한다. 어린이들의 이야기를 듣는 일은 거의 없고, 그들을 이해하는 일은 하늘이 두 쪽 나도 없다.

세상 어느 곳에서든 부모가 중노동을 하거나 또는 직업도 없고 집도 절도 없다면 어린이들은 아주 어릴 적부터 먹을 것을 얻기 위해 그 어떤 험한 일이라도 등허리가 휘도록 일해야 한다. 말 잘 듣는 가난한 사람들에게 어떤 보상이 내리는지 걸음을 걷기 시작한 뒤부터 배운다. 그 어린이들은 공장이나 가게, 술집의 공짜 노동력이거나, 다국적 대기업에 납품하는 스포츠웨어 생산 공장에서 눈곱만큼도 안 되는 돈을 받는 노동력이다. 농사일을 거들거나 도시에서 배달 일을 하거나 혹은 집안일을 하더라도 어린이들은 명령을 내리는 사람에게 복종한다. 그 어린이들은 가족경제 혹은 세계경제의 비공식 부문의 어린 노예로서 세계 노동시장에서도 가장 밑바닥을 차지하고 있다. 이런 어린이들을 살펴보자.

- 멕시코시티, 마닐라, 라고스[나이지리아의 수도]의 쓰레기 하치장에서 유리, 캔, 종이를 찾아 모으고 음식 찌꺼기를 놓고 까마귀와 싸움을 벌인다.
- 진주를 찾아 자바의 바다 속으로 뛰어든다.
- 콩고의 광산에서는 다이아몬드를 찾아 나선다.
- 페루의 광산 갱도에서 어린이들은 없어서는 안 될 두더지가 된다. 키가 작기 때문이다. 어린이들의 폐가 더 이상 어찌할 수 없는 지경에 이르면, 쥐도 새도 모르게 묘지에 묻힌다.
- 콜롬비아와 탄자니아에서는 커피를 수확하다 살충제에 중독된다.
- 과테말라의 목화밭과 온두라스의 바나나 농장에서도 살충제에 중독된다.
- 말레이시아에서는 새벽부터 별이 뜨는 밤까지 고무나무 수액을 채취한다.
- 미얀마에서는 철로를 놓는다.
- 인도 북부에서는 유리 만드는 가마에서, 남부에서는 벽돌 굽는 가마에서 열에 녹을 지경이다.
- 방글라데시에서는 하루 종일 끝없이 일해도 임금을 한 푼도 못 받거나 거의 못 받으며 300가지가 넘는 일에 종사한다.
- 아랍 왕족을 위해 낙타경주를 하고, 아르헨티나와 우루과이 사이를 흐르는 라플라타 강 유역의 농장에서는 말을 타고 소와 양을 모는 목동이 된다.
- 아이티의 포르토프랭스, 스리랑카의 콜롬보, 인도네시아의 자카르타, 브라질의 레시페에서는 주인의 식탁을 차리고 거기에서 떨어지

++ 도피 1
멕시코시티에서 버스 범퍼 위에 마구잡이로 기어오르는 어린이들 떼거리와 이야기를 나누던 카리나 아빌레스(Karina Avilés) 기자가 마약에 대해 물었다.
"기분 끝내줘요. 걱정도 다 없어지고요."
한 어린이가 대답했다. 그리고 덧붙였다.
"저 밑바닥까지 내려가 보면, 내가 새장 속의 새처럼 갇혀 있는 것 같아요."
그 어린이들은 북부지역 버스운송본부의 경찰과 경찰견에게 정기적으로 시달린다.
업체의 총지배인이 카리나에게 말했다.
"우리는 어린이들이 죽게 내버려 두지는 않습니다. 어떻게 보면 인간이잖아요."

는 음식 부스러기를 먹으며 산다.

- 콜롬비아의 보고타 시장에서는 과일을 팔고, 상파울루의 버스 안에서는 껌을 판다.
- 페루의 리마, 에콰도르의 키토, 엘살바도르의 산살바도르 길모퉁이에서는 자동차 앞 유리창을 청소한다.
- 베네수엘라의 카라카스와 멕시코의 과나후아토의 거리에서는 신발을 닦는다.
- 태국에서는 옷 바느질을 하고, 베트남에서는 축구화에 바늘땀을 넣는다.
- 파키스탄에서는 축구공을 꿰매고, 온두라스와 아이티에서는 야구공을 꿰맨다.
- 스리랑카의 농장에서는 부모의 빚을 갚기 위해 차나 담배를 따고, 이집트에서는 프랑스 향수 제조소로 보낼 재스민을 딴다.
- 이란, 네팔, 인도의 어린이들은 동이 트기 전부터 자정이 넘을 때까지 카펫을 짠다. 부모가 돈을 받고 빌려준 아이들이다. 누군가 구출하러 가면, 아이들은 이렇게 묻는다. "당신이 우리의 새 주인이신가요?"

❙ 부모가 100달러에 팔아넘긴 수단의 어린이들은 섹스 산업에서 일하거나 안 하는 일 없이 다 한다.

아프리카, 서아시아, 라틴아메리카 일부 지역에서는 강제로 어린이들을 징병한다. 전쟁이 일어나면 어린 군인들은 다른 사람을 죽이며 싸우고, 죽어 가며 싸운다. 그 어린이들이 최근의 아프리카 내전 희생자의 절반을 차지한다. 전쟁은 수컷의 일이다. 전통이 말해 주고 현실이 가르쳐 주듯, 전쟁 말고 거의 모든 일에서 여자아이의 노동력은 남자아이만큼이나 쓸모 있다. 그러나 여성에게 일상적으로 가해지는 차별 관행은 노동시장의 여자아이들에게서 재생산된다. 여자아이는 남자아이가 조금의 돈이라도 벌 때 그 먼지만큼의 돈도 벌지 못한다.

매매춘은 많은 여자아이들 앞에 일찌감치 놓인 운명이다. 세계적으로 규모는 크지 않으나, 남자아이들 성매매도 있다.

놀랍게도, 1997년 국제연합아동기금(UNICEF)이 작성한 보고서를 보면, 미국에 최소한 10만 명의 매매춘 어린이들이 있다고 추정한다. 그러나 섹스 장사의 어린 희생자들 거의 대부분이 일하는 곳은 지구 남반구의 길거리나 사창가다. 억만 달러 섹스 산업은 매매꾼, 알선업자, 여행업자, 뚜쟁이를 포함하여 엄청난 그물망을 확보하고 있는데, 파렴치하고 뻔뻔스럽게 운영된다. 라틴아메리카로 이야기하자면 별로 새로운 것도 없다. 어린이 매매춘은 1536년 푸에르토리코에 '관용의 집'[창녀집]이 문을 연 이래 내내 있어 왔다. 현재 50만 명의 브라질 여자아이들은 자신들을 착취하는 어른을 위해 몸을 판다. 태국만큼 많은 수치지만, 인도보다는 적다. 카리브 해의 일부 해변에서는 섹스

++ 도피 2
멕시코의 거리에서 한 여자아이가 톨루엔, 용해제, 본드 등을 닥치는 대로 들이마시고 있다.
"내가 악마를 환각에 빠뜨렸어. 내 말은 악마가 내 속으로 들어왔단 거지. 그때, 휙! 내가 끝에 남겨졌지 뭐야. 난 뛰어내리려고 했어. 8층짜리 건물이었지. 그런데 막 뛰어내리려고 할 때 환각이 깨지고, 악마가 날 두고 떠나 버렸어. 제일 좋았던 건 과달루페 성모*가 나타났을 때였어. 성모를 두 번 현혹시켰지."

관광 산업이 날로 번창하여, 돈만 내면 처녀 여자아이들과 잘 수 있다. 소비시장에 던져지는 여자아이들의 수는 매년 증가하고 있다. 국제기구들이 예상하기로는, 세계적으로 매년 최소한 100만 명의 여자아이들이 육체를 제공하는 시장에 들어오고 있다.

집 안이나 집 밖에서, 가족을 위해서건 다른 사람을 위해서건 일하는 가난한 어린이들은 셀 수 없이 많다. 그들 대부분은 법도 통계수치도 미치지 않는 곳에서 일한다. 그 외 나머지 가난한 어린이들은? 그 어린이들은 일하고 싶어도 일할 곳이 없다. 시장은 그 어린이들을 필요로 하지 않고, 앞으로도 절대 필요로 하지 않을 것이다. 돈이 되지 않기 때문인데, 앞으로도 그 어린이들이 돈이 되는 일은 결코 없을 것이다. 기존 질서의 시각에서 보면 그 어린이들은 숨쉬는 공기를 훔치기 시작하여 나중엔 보이는 것은 무엇이든 훔친다. 요람에서 무덤

---

* 멕시코 문화의 정수로, 에스파냐 가톨릭과 멕시코 인디언 문화가 어우러져 나타난 현상. 1531년, 인디언인 후안 디에고(Juan Diego)는 성모 마리아의 현신을 보고 기적을 경험했다. 성모 마리아는 고위 성직자에게 전하여 그녀의 이름을 딴 성당을 지으라고 명했다. 교회 성직자가 볼품없는 인디언의 말을 믿지 못하자, 성모 마리아가 후안 디에고에게 다시 나타나 증표를 주어 그들을 믿게 하자 성직자는 크게 감동하여 받아들였다. 오늘날 가톨릭 신자는 매년 멕시코시티 북쪽에 있는 과달루페 성모교회로 순례를 한다. 12월 12일은 과달루페 성모의 날로 공식 국경일이다.

으로 가기까지 배고픔 아니면 총알이 어린이들의 인생을 가로막기 일쑤다. 노인을 업신여기는 바로 그 생산체계는 어린이를 두려워한다. 노년은 실패지만, 유년은 위험이다. 일부 전문가들은 범죄 성향을 띠고 태어나는 어린이들이 점점 늘어난다고 말한다. 그들은 잉여인구 중에서 가장 위협적인 범주에 속한다. 어린이들은 공공의 위험요소로서, '남미 미성년자들의 반사회적 행동'은 이미 수년 전부터 '범미어린이회의(Pan-American Children's Congress)'의 단골 주제가 되었다. 1963년부터 이 대회가 우리에게 보내는 경고 메시지는 농촌에서 도시로 올라오는 어린이들과 가난한 어린이들에게는 반사회적 행동이 잠재돼 있다는 것이다. 각국 정부와 전문가들은 폭력병을 앓으며 악습과 타락의 길을 걷는 어린이들에게 강박관념을 갖고 있다. 어린이들 속에는 엘니뇨가 잠재하고 있기 때문에 그로 인해 발생할지 모를 참사를 미리 예방하는 것이 필요하다. 1979년 몬테비데오에서 열린 제1회 '남미경찰대회(South American Police Congress)'에서 콜롬비아 경찰은 "18세 이하 인구가 매일 증가하고 있는데, 이는 잠재적 범죄 인구가 크게 증가할 것이라는 추측을 낳게 한다."라고 말했다.

라틴아메리카 국가에서는 시장의 지배권이 연대의 매듭을 끊고 공동체 조직을 산산조각내고 있다. 소유권이 유일한 권리가 되어 가고 있는 나라에서 아무것도 아닌 사람들, 아무것도 가지지 못한 사람들의 운명은 어떻게 될 것인가? 그리고 그들의 자식은? 점점 늘어나는 가난한 사람들은 배가 고파서 결국 도둑질과 구걸, 매매춘으로 내몰린다. 그런데 소비사회는 그들에게 아무것도 주지 않으면서 그들을 모욕한다. 사회에 약탈로 복수하는 그들은 자신들을 기다리는 죽음을 확실히

++ 귀머거리가 들을 수 있도록

세계적으로 영양실조에 걸린 어린이들이 늘고 있다. 매년 1,200만 명에 달하는 5세 이하 어린이들이 설사와 빈혈, 굶주림과 관련된 질병 등으로 사망한다. 국제연합아동기금은 1998년 보고서에서 이와 같은 자료를 발표하고, 어린이들의 기아와 사망 퇴치를 위한 투쟁이 "지구의 모든 국가에서 절대 우선순위가 되도록" 하자고 제안했다. 그러기 위해서는 다음과 같은 자료를 내밀어야만 그나마 귀를 기울인다. "비타민과 미네랄 결핍이 가져온 사망, 장애, 생산성 저하는 어떤 나라에서는 국민총생산(GNP)의 5%를 상회하는 가치에 상당한다."

감지하고 똘똘 뭉친, 절망에 빠진 자들의 패거리다. 국제연합아동기금에 따르면, 1995년에는 라틴아메리카 대도시의 길거리에 버려진 어린이들이 800만 명에 달했다. 인권 감시 단체인 휴먼 라이트 워치(HRW, Human Rights Watch)에 따르면, 1993년에 콜롬비아에서는 하루 여섯 명의 어린이가, 브라질에서는 하루 네 명의 어린이가 경찰과 연계된 암살조직에 의해 살해됐다.

극과 극 사이에는 중간이 있다. 풍요의 포로가 되어 사는 아이들과 빈곤의 포로가 되어 사는 아이들 사이에는 '아무것도'라고 하기에는 상당히 많은 것을 가진, 그러나 '모두'라고 하기에는 훨씬 적게 가진 아이들이 있다. 이 중산층 아이들 역시 갈수록 덜 자유롭다. "너를 너 그대로 내버려 두느냐, 아니면 내버려 두지 않느냐, 그것이 문제로다."라고 말한 사람은 에스파냐의 코미디언 추미 추메스(Chumy Chúmez)다. 날이면 날마다 무질서를 생산해 내면서 질서를 숭배하는 사회는 이 아이들에게서 자유를 몰수한다.

중산층이 공포를 느낀다. 아파트 바닥이 발밑에서 삐걱거리고 더 이상 안전이 보장되지 않는다. 생활은 불안정하며, 일자리는 증발해 버리고, 돈은 소멸되니, 월말까지 사는 것이 실로 위대한 일이다. 부에노스아이레스(Buenos Aires)에서도 가장 극심한 빈민촌에는 '중산층 여러분, 환영합니다'라는 벽보가 붙어 있다. 중산층은 여전히 법을 신뢰하고 준수하는 척하며, 가진 것보다 더 많이 가진 것처럼 꾸며대면서 사기꾼으로 살아간다. 그러나 이 제스처를 유지하기가 이토록 힘든 적은 없었다. 빚에 숨이 막히고, 공포에 온몸이 마비된다. 그 공포 속에서 자식들을 키운다. 삶과 죽음의 공포, 직장이나 자동차, 집, 물건을 잃어버리지나 않을까 하는 공포, 살기 위해서 필요한 것을 얻지 못하지 않을까 하는 공포. 숨어서 기다리는 악당들의 위협에 치안을 한목소리로 외치는 절규 속에서도 중산층의 소리가 제일 크다. 그들은 자신들이 마치 질서를 지키는 것처럼 생각하는데, 사실은 높은 집세와 쫓겨날 위협에 고통 받는, 셋방살이하는 사람들에 불과하다.

공포의 덫에 걸린 중산층 어린이들의 운명은 종신 징역의 수모를 견디며 사는 것이다. 이미 현재의 도시가 되어 가고 있는 미래의 도시에서 전자 유모의 감시를 받으며 원격 조종되는 어린이들은 원격 조종이 가능한 자기 집의 어느 창문에서 거리를 내다볼 것이다. 그 거리는 폭력 혹은 폭력에 대한 공포로 출입이 금지된 거리이며, 언제나 위험한, 때로는 놀라운 인생의 한 장면이 펼쳐지기도 하는 곳이다.

기본 과정: 불의

광고는 소비하라고 다그치는데, 경제 상황은 소비하지 말라고 한다. 소비의 명령은 모두에게 내려지지만 대다수 사람들에게는 명령의 이행이 불가능하므로 결국 범죄를 유발하는 동기가 되고 만다. 일간지 사회면은 우리 시대의 모순을 정치·경제면보다 더 많이 가르쳐 준다.

모든 사람을 큰 잔치에 초대해 놓고 수많은 사람들의 면전에서 문을 쾅 닫아 버리는 이 세상은 균등한 동시에 불평등하다. 세상이 강요하는 습관과 생각은 균등하지만, 세상이 가져다주는 기회는 불평등하다.

평준화와 불평등

소비사회의 독재는 불평등 조직의 독재와 쌍둥이 형제인데, 둘은 균형을 이루며 전체주의를 행사한다. 강제적 평준화라는 장치는 서로 다른 점을 인정하고 거기에서 출발하여 서로 결합하는, 인류의 가장 아름다운 에너지를 거슬러 작동한다. 세상 최고의 것은 세상이 포함한 많은 세상에 있다. 서로 다른 인생의 멜로디, 고통과 긴장. 즉, 수천 년 동안 우리가 발견해 온 살고, 말하고, 믿고, 창조하고, 먹고, 일하고, 춤추고, 놀고, 사랑하고, 고통 받고, 축하하는 방법이 어디 한두 가지인가.

우리를 똑같은 바보로 만드는 평준화는 측정할 수가 없다. 어떤 컴퓨터도 인간이 다양한 빛깔과 정체성을 가질 권리를 무시하며 대중문화 산업이 날마다 저지르는 범죄를 기록하지 못한다. 그러나 대중문화 산업의 파괴적인 발달에 우리는 움찔하게 된다. 시간은 역사가 결여된 채 흘러가고, 공간은 부분 부분의 놀라운 다양성을 더 이상 인정하지 않는다. 세상의 소유자들은 매스컴을 통해 소비문화의 가치를 비춰 주는 하나의 거울만을 들여다봐야 한다고 강요한다.

가지지 않은 자는 존재하지 않는다. 자동차가 없는 사람, 유명 브랜드 신발이나 수입 향수를 사용하지 않는 사람은 존재하는 척한다. 우리는 시장의 거친 물살을 가르는, 수입 경제와 강압 문화라는 소비자의 크루즈에 승선해야만 한다. 승객 대부분은 물에 빠져 죽고 말지만, 배 안에 탄 사람들의 요금은 외채 덕분에 모두에게 청구된다. 소비하는 소수는 빚 덕분에 필요는 없어도 새로운 물건으로 온몸을 중무장하는데, 빚은 중산층의 겉치레주의와 상류층의 모방심리에 봉사하기 위해 소임을 다한다. 지구의 북반구에서는 있지도 않은 수요를 쉴 새 없이 만들어 내서 남반구에 성공적으로 던져 대는데, 그 가공의 수요를 모두가 진정 필요한 것으로 느끼도록 바꾸는 일은 TV가 담당한다(이 책에서 말하는 북반구와 남반구는 전세계 파이의 분배를 이르는 용어로서 지리학 개념과 반드시 일치하지는 않는다).

쥐꼬리만한 임금과 실업의 운명에 처한 젊은이가 될 수백만 라틴

++ 예외
지구의 남반구와 북반구가 대등하게 마주볼 수 있는 장소가 딱 한 군데 있다. 브라질 아마존 강 유역의 축구경기장이 바로 그곳이다. 브라질 아마파에 있는 제라웅(Zerão) 경기장의 한가운데를 적도가 지나간다. 한 팀이 전·후반 한 번은 남쪽에서, 또 한 번은 북쪽에서 경기를 할 수 있게 하기 위해서 이렇게 만들었다.

아메리카 어린이들에게는 어떤 일이 일어나고 있는가? 광고는 수요를 자극하는가, 아니면 오히려 폭력을 조장하는가? TV는 완벽한 서비스를 제공한다. 삶의 질과 물건의 양을 혼동하도록 가르칠 뿐만 아니라, 한 술 더 떠서 매일 폭력에 관한 시청각 교육을 제공한다. 모자란 부분은 비디오 게임이 보충한다. 범죄는 TV의 가장 멋진 볼거리다. 비디오 게임의 고수들은 '놈들이 너에게 한 방 먹이기 전에 네가 먼저 먹여'라고 충고한다. '넌 혼자야, 너에게만 의지해.' 자동차가 날아다니고, 사람들이 폭발적으로 늘어난다. '너도 누군가를 죽일 수 있어.' 그러는 동안 도시는 비대해진다. 특히 라틴아메리카 도시들은 이미 세계에서 가장 큰 도시들이 되고 있다. 그리고 그 도시들과 함께 경악할 만한 속도로 범죄가 늘어난다.

늘어 가는 생산물을 흡수하고 수익률이 떨어지지 않도록 하기 위해서 세계경제는 끝도 없이 팽창하는 소비시장을 필요로 하며, 생산비용을 낮추기 위해 말도 안 되는 가격의 원자재와 노동력도 동시에 필요로 한다. 더 많은 것을 팔아야 하는 체제에서는 더 적게 지불해야만 한다. 이 모순은 또 다른 모순을 낳는다. 북반구에서는 소비자를 늘리기 위해 더욱 거만하게 소비 명령을 내리지만, 범죄자만 훨씬 많이 양산하고 있다. 강도는 다른 사람의 물건을 갖고 싶어서 희생자를 물색한다. 인간에게 실제로 존재한다는 느낌을 주는 우상들을 손에 넣음으로써 그 물건을 갖고 있던 사람처럼 되기 위해서다. 너희는 서로 무장하여라. 오늘날 길거리 정신병동에서는 누구든 총에 맞아 죽을 수 있다. 굶주려 죽기 위해 태어난 사람은 물론이고 소화불량으로 죽기 위해 태어난 사람도 총에 맞아 죽을 수 있다.

소비사회의 틀에 맞춰 강요된 문화의 평준화를 수치로 환산할 수는 없다. 반면에 경제의 불평등을 계량하는 사람은 있다. 세계경제가 이처럼 덜 민주적이었던 적은 없었고, 세상이 이처럼 파렴치하게 불공평했던 적도 없었다고 실토한 것은 경제의 불평등을 조장하기 위해 많은 애를 쓰는 국제부흥개발은행(IBRD)*이고, 국제연합 산하의 많은 기구가 그 사실을 다시 확인해 준다. 1960년, 세계 인구의 상위 부유층 20%는 하위 빈곤층 20%보다 30배나 많은 것을 소유했다. 1990년에 그 차이는 60배로 늘었고, 시간이 흐를수록 가위의 양날은 계속 벌어졌다. 2000년에는 90배가 될 것이다.

「포브스(*Forbes*)」나 「포춘(*Fortune*)」의 외설 경제면에서 볼 수 있는 부자 중에서도 최고 부자들과, 거리와 농촌에서 볼 수 있는 가난한 사람들 중에도 최고 가난한 사람들 사이에 존재하는 나락은 훨씬 더 깊다. 아프리카의 임신부는 유럽의 임신부보다 100배나 더 많은 죽음의 위협에 처해 있다. 매년 미국의 애완동물용품 판매액은 에티오피아 국민총생산의 네 배에 달한다. 제너럴모터스와 포드라는 두 거대기업의 판매액만 해도 검은 아프리카**의 전체 생산액을 충분히 웃돈다.

---

* 별칭은 세계은행(World Bank).
** 아프리카 대륙에서 사하라 사막 이남의 흑인 지배 지역. 멜라노 또는 니그로가 산다.

유엔개발계획(UNDP)에 따르면, "세계의 부자 열 명이 50개국의 총생산액에 맞먹는 부(富)를 소유하고 있고, 447명의 억만장자가 세계 인구 절반의 1년 수입보다 많은 재산을 갖고 있다."고 한다.

1997년, 유엔개발계획의 책임자 제임스 구스타브 스페스(James Gustave Speth)는 최근 반세기 동안 세계의 부자는 두 배로 늘어났지만, 가난한 사람은 세 배로 늘어났으며, 16억 명의 인구가 15년 전보다 못한 생활을 하고 있다고 밝혔다.

그 얼마 전에 개최된 국제부흥개발은행과 국제통화기금(IMF) 총회에서 국제부흥개발은행 총재는 그 자리에 모인 사람들에게 찬물을 끼얹는 발언을 했다. 두 기구가 행사하고 있는 전 지구적 통치력의 유쾌한 행진을 성대히 축하하는 자리에서 제임스 울펜슨(James

---

반면, 사하라 이북의 아프리카는 원주민인 베르베르인과 지중해인 그리고 좁은 홍해를 사이에 두고 아리비아 반도와 접해 있어 일찍이 아랍인 이민자가 건너오기 시작했고, 이슬람과 아랍어가 보급되어 있다.

Wolfensohn)은 만일 이 상태가 지속된다면 30년 내에 가난한 사람은 50억 명 더 증가할 것이고, "시한폭탄 같은 불평등은 다음 세대의 바로 코앞에서 폭발할 것"이라고 경고했다. 한편 달러로도, 페소로도, 그렇다고 물건으로도 돈을 받지 못한 어느 누군가는 부에노스아이레스의 담벼락에 이런 글을 남겼다. "기아와 가난을 타파하라! 가난한 우리들을 먹어 치워라!"

멕시코 작가 카를로스 몬시바이스(Carlos Monsiváis)가 충고하듯 우리의 희망을 견고하게 뒷받침하기 위해 세상은 여전히 제 갈 길을 간다. 각 나라에서는 국가들의 관계 정립을 요구하는 불공평이 재생산되고, 모든 것을 가진 사람과 아무것도 가지지 못한 사람 사이의 격차는 한해 두해 점점 더 벌어지고 있다. 이 사실은 아메리카 대륙의 예를 들면 잘 알 수 있다. 미국에서는 반세기 전에 최고 부자들이 국민 소득의 20%를 벌어들였다. 지금은 40%가 되었다. 그렇다면 남반구는 어떨까? 라틴아메리카는 세상에서 가장 불공평한 지역이다. 그 어떤 곳에서도 밥과 반찬을 그렇게 말도 안 되는 방식으로 나누지 않는다. 그 어떤 곳에서도 명령할 권리가 있는 극소수와 복종할 의무가 있는 대다수 간의 거리가 그렇게 멀지는 않다.

라틴아메리카 경제는 포스트 모던 경제인 척하는 노예경제다. 아프리카 수준의 임금을 치르고, 유럽 수준으로 돈을 받는데, 가장 효율적으로 생산되는 상품은 불의와 폭력이다. 1997년 멕시코시티의 공식 기록을 보면, 가난한 사람 80%, 부자 3%, 나머지는 중간 계층이다. 멕시코시티는 1990년대에 갑작스럽게 부를 축적한 억만장자를 세계에서 가장 많이 배출한 멕시코의 수도다. 국제연합의 자료에 따르면,

멕시코에서는 부자 한 명이 가난한 사람 1,700만 명의 전 재산에 맞먹는 재산을 소유하고 있다.

그렇지만, 세계 어느 곳엘 가도 브라질만큼 불평등한 나라는 없다. 어떤 전문가들은 다가올 미래를 묘사하면서 세계의 브라질화를 이야기한다. 브라질화라는 말은, 물론 보기만 해도 즐거운 축구라든가, 굉장한 볼거리인 카니발, 죽은 자마저 깨워 일으키는 음악 등 최고 수준의 광채를 발하는 분야의 국제적 확산을 의미하는 것이 아니라, 사회 불평등과 인종차별에 뿌리를 둔 사회 모델이 세계적으로 강요되는 현상을 말한다. 브라질화의 사회 모델에서는 경제성장이 가난과 소외를 증폭시킨다. 벨린디아(Belindia)는 브라질의 또 다른 이름이다. 소수의 사람들이 벨기에(Belgium)의 부자들처럼 소비하는 뒷마당에서 대다수는 인도(India)의 가난한 사람들처럼 살아간다고 해서 경제학자 에지마르 바샤(Edmar Bacha)가 이름 붙인 것이다.

사유화와 자유시장의 시대에 돈은 중개업자 없이 스스로 통치하고 지배한다. 그런 시대에서 국가가 할 수 있는 기능은 무엇인가? 국가는 손에 쥘 것도 없는 임금을 받는 값싼 노동력을 훈련시키고, 일자리를 구하지 못해 위험해진 노동력 부대를 진압하는 데 주력해야 한다. 다시 말해 재판관과 헌병의 역할 외에 국가는 달리 할 일이 없다. 세계 각국에서 사회정의는 형사상의 정의로 축소되었다. 국가는 공공의 안녕을 책임지고 나머지는 시장에 맡긴다. 경찰이 가난—가난한 사람들, 가난한 지역—에 대해서 손을 쓸 수 없는 경우에는 신께서 돌보실 것이다. 정부가 자비심 많은 어머니의 가면을 쓰고 싶을지라도 이미 기운이 쇠진했다. 이젠 감시하고 처벌하는 일만 남았다. 오늘날

++ 관점 1
부엉이, 박쥐, 방랑자, 도둑의 눈에 황혼은 아침식사 시간이다.
비는 관광객에게는 저주이나, 농부에게는 희소식이다.
현지인의 눈에 관광객은 그림처럼 보일 뿐이다.
카리브 해 섬의 인디언들 눈에 깃털 달린 모자를 쓰고 붉은 우단 망토를 입은 콜럼버스는 한번도 본 적 없는 종류의 앵무새였다.

의 신자유주의 시대에 공권(公權)은 권력이 베푸는 은혜로 전락해 버렸고, 권력은 선거 전날 자선을 베풀기라도 하듯이 국민 보건과 공교육에 관심을 가진다.

가난은 엄청난 인명 피해를 냈던 제2차 세계대전 때보다 더 많은 사람을 매년 죽음에 이르게 한다. 그러나 권력자들의 시각에서 볼 때, 급증하는 인구를 조절하는 데 일익을 담당할 수 있다면, 그러한 떼죽음이 결국 나쁜 것만은 아니다. 전문가들은 남반구의 잉여 인구를 고발한다. 그들은 밤낮으로 구약성서 십계의 제6계명인 살인하지 말라는 계명을 어기는 일밖엔 아무것도 할 줄 모르는 무식한 군중이다. 여자들은 언제나 원하고, 남자들은 언제나 할 수 있는 일이 제6계명이다. 1제곱킬로미터당 17명의 인구가 사는 브라질이나 29명의 인구가 사는 콜롬비아에 잉여 인구라니? 네덜란드에는 1제곱킬로미터당 400명이나 살고 있지만 아무도 굶어죽지 않는다. 그러나 브라질과 콜롬비아에서는 한줌의 탐욕스러운 무리가 모든 것을 차지하고 있다. 아이티와 엘살바도르는 아메리카 대륙 제일의 인구 과잉 국가지만 인구밀도는 독일과 같은 정도에 불과하다.

불의(不義)를 행하고 불의로 생명을 유지하는 권력은 모든 땀구멍으로 폭력을 발산한다. 좋은 분과 나쁜 놈으로 양분된 사회, 변두리의 지옥에서는 검은 피부의 사악한 인간들이 숨어서 엿보고 있다. 그들은 스스로 가난에 책임이 있고, 유전적으로 범죄 성향을 지닌다. 광고는 그들의 입가에 군침이 돌게 만들고, 경찰은 그들을 밥상머리에서 쫓아버린다. 꿈을 현실로 만들어 주는 마법의 물건들, TV가 약속하는 화려함, 도시에 밤이 내리면 천국임을 알려 주는 네온사인 불빛, 가상의 부유함이 보여 주는 광채 등 체제는 체제 자신이 제공하는 것을 부정한다. 그리고 실제로 부유한 사람들이 잘 알고 있는 것처럼 그 많은 불안감을 잠재울 신경안정제도, 그 많은 풍랑을 가라앉힐 우울증 치료제도 없다. 감옥과 총알만이 가난한 자들의 치료법이다.

20년 혹은 30년 전만 하더라도 가난은 불의의 산물이었다. 좌파는 그것을 고발했고, 중도파는 인정했으며, 우파는 아주 드물게 부정했다. 세월은 너무도 짧은 시간에 너무 많은 것을 바꾸어 놓았다. 지금 가난은 무능력에 대한 정당한 벌이다. 가난한 자에겐 연민이 일어나지만, 더 이상 가난이 의분(義憤)을 유발하지는 않는다. 운명의 손길이나 기회가 오지 않아 가난한 사람들도 있다. 그렇다고 폭력이 불의의 자식인 것도 아니다. 지배 언어, 그 대량 생산된 이미지와 단어는 거의 언제나 당근과 채찍의 체제를 위해 소임을 다한다. 그런 체제에서 산다는 것은 극소수의 승자와 패배하기 위해 태어난 대다수의 패자들이 벌이는 무자비한 경주나 마찬가지다. 폭력은 대개 가난한 사람과 가난한 나라가 만들어 내는, 수도 많고 위험하기 짝이 없는 다수의 사회 부적응자들, 그 저질의 패배자들이 나쁜 행동을 저지르기 때문에 생겨나는 산물로 묘사된다. 폭력은 그들의 본성이다. 폭력은 가난과 마찬가지로

++ 관점 2
남반구의 시각에서 볼 때, 북반구의 여름은 겨울이다.
지렁이의 시각에서 볼 때, 스파게티 한 접시는 한바탕 마시고 떠들 수 있는 파티다.
힌두교도들은 신성한 암소를 보는데, 어떤 이들은 큰 햄버거를 본다.
히포크라테스, 갈레노스[고대 그리스의 의사], 마이모니데스[에스파냐의 유대계 의사이자 철학자], 파라켈수스[스위스의 의사]의 시각에서 볼 때, 소화불량이라는 질병은 있었지만 굶주림이라는 질병은 존재하지 않았다.
카르도나(Cardona) 마을 주민들의 시각에서 볼 때, 여름이나 겨울이나 같은 옷만 입고 다니는 토토 사욱은 감탄할 만한 사람이었다. 사람들은 "추위를 전혀 모르나 봐."라고 말했다.
그는 아무 대답이 없었다. 그는 추웠다. 단지 외투가 없었을 뿐이었다.

자연의 질서, 생물학의 질서, 어쩌면 동물학의 질서에 따른다. 지금도 그렇고, 과거에도 그랬으며, 앞으로도 그럴 것이다. 불의는 폭력을 영원하게 만드는 원천이지만, 오늘날의 상황은 남반구뿐만 아니라 북반구에서도 그 어느 때보다 더 정의롭지 못하지만, 세계적 규모로 여론을 만들어 내는 거대 매스컴으로 봐서는 거의 혹은 전혀 뉴스거리가 되지 않는 일이다.

1,000년이 끝나는 시점의 윤리법은 불의가 아니라 실패를 비난한다. 베트남 전쟁 책임자 가운데 한 명인 로버트 맥나마라(Robert McNamara)는 어느 책에선가 베트남 전쟁은 실수였다고 인정했다. 그러나 300만 명의 베트남인과 5만 8,000명의 미국인이 사망한 그 전쟁이 부당했기 때문에 실수라고 말한 것은 아니었다. 이길 수 없는 전쟁이라는 것을 알면서도 미국이 전쟁을 계속했기 때문에 실수였다는 말이다. 죄는 패전이었지 불의가 아니었다. 맥나마라에 따르면, 이미 1965년에 침략군이 승리할 수 없음을 드러내는 명백한 증거들이 나타났지만,

++ 관점 3
통계학 관점에서 볼 때, 한 사람은 1,000달러를 받고 다른 사람은 한 푼도 못 받는 경우, 1인당 소득은 각각 500달러를 받는 것으로 산정된다.
인플레이션 퇴치의 관점에서 볼 때, 긴축정책은 좋은 치료책이다. 그 정책으로 고통 받는 사람들의 관점에서 볼 때, 긴축조치는 콜레라, 티푸스, 결핵과 기타 질병을 몇 배로 증가시킨다.

미국 정부는 여전히 승리할 수 있을 것처럼 행동했다. 미국이 베트남에 베트남 국민이 원치 않는 정부를 심기 위해 국제적 테러 행위를 15년 동안 자행한 사실은 논의의 대상이 아니다. 세계 제일의 군사강국이 어느 작은 나라에 제2차 세계대전 기간 내내 투하한 것보다 더 많은 폭탄을 퍼부은 사실도 전혀 중요하지 않다.

그 기나긴 학살 기간 동안 미국은 결국 누구든 침략할 수 있고 무엇이든 강요할 수 있다는 강대국의 권리를 행사했다. 권력을 휘두르는 여러 국가의 군인, 실업가, 은행가, 여론과 감정의 제조업자들은 다른 나라에게 군사독재 혹은 고분고분 말 잘 듣는 정부를 강요할 권리가 있다. 그들은 또한 경제정책을 비롯한 기타 여러 정책을 지시할 수도 있고, 패가망신이 분명한 무역관행과 고리대금의 차관을 받아들이라고 명령을 내릴 수도 있으며, 자신들의 생활방식을 충실히 따르라고 강력하게 요구할 수도 있고, 자신들의 소비성향을 강제할 수도 있다. 그것은 강대국만의 신성화된 천부인권으로서, 강대국은 뻔뻔하게 권리를 행사하지만 권리를 행사했다는 사실은 신속하게 잊는다.

권력은 잊지 않기 위해서가 아니라 정당화하기 위해 과거를 기억해 낸다. 권력은 상속에 의한 특권의 영원함을 정당화하고, 지배자들의 범죄를 사면해 주며, 그들의 연설에 알리바이를 제공한다. 학교나 매스컴에서는 단순히 권력의 자기 신성화에 관한 따분한 설명만을 되풀이하여 전달하는데, 마치 그것이 과거를 기억하는 유일하고도 가능한 방법인 것처럼 가르친다. 불처벌은 기억상실을 요구한다.

성공을 거둔 나라(사람)도 있고, 실패한 나라(사람)도 있다. 유능한 국가나 사람은 상을 받을 만하고, 쓸모없는 국가나 사람은 벌을 받을 만하다. 파렴치한 행동을 위업으로 둔갑시키기 위해서 북반구의 기억은 남반구의 기억과 갈라서고, 축재(蓄財)는 강탈에서 분리되며, 부유함은 약탈과 아무런 상관이 없다. 부서진 기억은 우리에게, 부유함은 가난과 무관하여 죄가 되지 않고, 부와 가난은 영원에서 와서 영원으로 제 갈 길을 걸어가고 있으며, 세상의 관례대로 혹은 신께서 그렇게 원하셨기 때문에 세상일이란 다 그런 것이라고 믿게 만든다.

세계의 여덟 번째 불가사의, 베토벤의 열 번째 교향곡, 하나님의 열한 번째 계명을 보자. 지구 어느 구석에서든 번영의 원천이자 민주주의의 보증인인 자유시장을 칭송하는 찬가가 들린다. 자유무역이 신상품인 것처럼 팔리고 있지만, 사실 그 역사는 오래되었다. 그 역사는 어느 날 갑자기 하늘에서 떨어지거나 땅에서 솟아난 것처럼 위세를 부리는 불의의 발단과 매우 깊은 관계를 맺고 있다.

3~4세기 전, 영국, 네덜란드, 프랑스는 자유무역이란 미명하에 해적질을 일삼았다. 그 가운데에서 프랜시스 드레이크(Francis Drake), 헨리 모건(Henry Morgan), 피에트 헤인(Piet Heyn), 프랑수아 롤로누아(François Lolonois)를 비롯한 당대의 신자유주의자들이 훌륭한 역할을

담당했다.

- 자유무역은 전 유럽이 노예매매로 인육을 팔면서 부를 축적하기 위해 둘러댄 알리바이였다.
- 미국이 영국에서 독립했을 때 가장 먼저 한 일은 자유무역 금지였다. 미국산 직물이 영국산 직물보다 비싸고 품질도 낮았지만, 아기 기저귀에서 수의에 이르기까지 미국산을 의무적으로 사용해야 했다.
- 그럼에도 이후 미국은 수많은 라틴아메리카 국가들에게 미국 상품, 미국 차관, 미국 군부독재를 강요하기 위해 자유무역의 깃발을 높이 들었다.
- 똑같은 자유무역 깃발의 펄럭임에 휩싸인 영국 군인들은 중국에서 포격을 가하며 아편 소비를 강요했고, 해적 윌리엄 워커(William Walker)는 중미 지역에서 역시 포격을 가하며 역시 자유라는 미명 아래 노예제를 재건했다.
- 영국 기업은 자유무역에 충성을 맹세하며 인도를 최대 빈곤국으로 전락시켰고, 영국 은행은 1870년까지만 해도 라틴아메리카에서 유일하게 참된 의미의 독립국가였던 파라과이의 초토화에 뒷돈을 댔다.
- 시간이 흘러 1954년, 과테말라가 소련에서 석유를 사들임으로써 자유무역을 실행해 보고자 하자, 미국은 침공을 단행하여 모든 것을 원위치 시켰다.
- 얼마 지나지 않아, 강제로 부과되는 가격을 수용해야 무역 자유를 누릴 수 있다는 사실을 알지 못했던 쿠바가 금지된 러시아산 석유를 사들였다. 바로 떠들썩한 소란이 벌어져, 결국 피그스(Pigs) 만 침공과

끝도 없는 경제봉쇄가 이어졌다.

모든 역사 사건을 볼 때, 자유무역을 포함한 기타 금전의 자유는 국가의 자유와 닮았다는 사실을 알 수 있다. 칼잡이 잭(Jack the Ripper)* 이 앗시시의 성인 프란체스코(San Francesco d'Assisi)를 닮았듯이 말이다. 자유시장으로 인해 남반구의 국가들은 수입산 싸구려 물건으로 가득 찬 시장판으로 변해 버렸다. 그것마저 대부분의 사람들에게는 눈요깃거리일 뿐 가질 수는 없다. 신발도 못 신은 우리의 군인들이 쟁취한 독립을 상인과 지주들이 강탈하여 판매하기 시작했던 그 옛날부터 지금까지 변한 것은 하나도 없다. 그때 국가 산업의 근간이 될 수도 있었던 수공예 공장들이 전멸했다. 항구와 대도시들은 지방 도시들을 철저히 파괴하며, 창조를 향한 도전의식 대신에 소비의 환희를 선택했다. 세월이 흘러, 지금 베네수엘라의 슈퍼마켓에는 위스키에 섞어 마시는 스코틀랜드산 물이 진열돼 있고, 돌멩이마저도 땀을 줄줄 흘리는 중미의 도시들에서는 귀부인을 위한 모피 목도리가 팔린다. 페루에는 흙바닥에 전기도 들어오지 않는 집을 위한 독일산 바닥 왁스칠 기계가 있고, 브라질에는 마이애미에서 들여온 플라스틱 야자수가 있다.

선진국들은 반대의 길을 걸었다. 그들은 자기 아이들의 생일잔치에 헤롯 왕이 절대로 못 들어오게 했다. 자유시장은 보조금 없이 생산되는 유일한 상품이지만, 오로지 수출용으로만 만들어졌다. 북반구는 그 유일한 상품을 팔고, 남반구는 사들인다. 북반구는 자국의 농산물

* 1888년 8월 7일부터 11월 10일까지 런던 이스트엔드 근처에서 매매춘부 일곱 명을 죽인 살인범의 별명. 영국의 미해결 범죄 가운데 하나로 유명하다

++ 말 1

다국적기업은 세계 여러 나라에서 동시에 경영되고 있기 때문에 다국적이라는 이름으로 불리지만, 실상 부와 정치력, 군사력, 문화, 과학지식, 기술력을 독점한 몇몇 국가의 소유다. 세계 10대 다국적기업의 현재 수입은 100개 나라의 수입을 모두 합친 것보다 많다.

개발도상국이란 전문가들이 다른 나라의 발전에 밟혀 뭉개진 나라들을 지칭하기 위해 만들어 낸 이름이다. 국제연합에 따르면, 개발도상국은 불평등한 무역과 금융 관계로 인해 대외원조비로 받는 돈보다 열 배나 많은 돈을 선진국에 보낸다. 대외원조란 국제관계에서 악덕이 미덕에게 지불하는 약간의 세금을 이른다. 대외원조는 대체로 불의를 더욱 강화하는 방식으로 분배되지, 불의를 거스르는 방식으로 분배되는 경우는 가뭄에 콩 나는 격이다. 1995년 세계 여러 나라의 에이즈 발병 건수의 75%가 검은 아프리카에서 발생했지만, 아프리카는 여러 국제기구가 에이즈 예방 차원에서 나누어 주는 기금의 3%만을 지원받았을 뿐이다.

생산에 아직도 대단히 후한 원조를 함으로써, 엄청나게 높은 비용에도 엄청나게 낮은 가격의 농산물을 남반구에 넘치게 한다. 결국 남반구의 농민들은 망하는 일만 떠맡는다. 국제연합의 자료에 따르면, 미국의 농민이 국가에서 받는 평균 보조금은 필리핀 농민의 수입에 비해 100배나 많다. 그렇다고 자신들에게 가장 중요한 것을 비호하기 위해 선진 강대국들이 펼치는 맹렬한 보호무역주의를 잊어서는 안 된다. 그들에게 가장 중요한 것은 바로 첨단 기술, 생물공학, 지식 산업, 커뮤니케이션 산업의 독점이다. 그들이 젖 먹던 힘까지 다해 이 특권을 사수하는 이유는, 앞으로도 북반구는 계속 알고 있고 남반구는 계속 따라하기에 바쁘며 세기에 세기를 거듭하도록 똑같은 상황을 유지하기 위해서다.

수많은 경제 장벽은 여전히 높기만 한데, 그 어느 때보다 높이 솟아 있는 것은 인간 장벽이다. 유럽 각국의 새로운 이민법이나, 미국

++ 말 2

1995년, 아르헨티나 언론은 국영 나시온(Nación) 은행의 일부 간부들이 정상 가격보다 1억 2,000만 달러를 웃도는 서비스를 계약하는 대가로 미국의 IBM에서 3,700만 달러를 받았다고 폭로했다.
3년 후 그 은행의 간부들은 얼마 안 되는 돈을 받아서 스위스 은행에 예치해 두었다고 인정했지만, 고상하게도 '뇌물'이라든가 저속하지만 대중적인 표현인 '봉투'라는 말은 피했다. 대신에 한 사람은 위로금이라는 말을 사용했고, 또 다른 사람은 '친절'이라고 했으며, 섬세한 누군가는 'IBM의 기쁨의 표시'라고 설명했다.

이 멕시코 국경을 따라 건설 중인 강철 장벽을 한번 보기만 하면 안다. 그것은 베를린 장벽에서 사망한 자들을 기리기 위한 것이 아니라, 이주의 자유가 돈의 특권임을 알고 싶어 하지 않는 멕시코 노동자들의 면전에서 닫혀버린 또 하나의 문이다(장벽이 너무 불쾌한 느낌이 들지 않게 연어 색깔이 나는 페인트를 바르고, 어린이들 그림으로 장식된 타일을 전시하며, 반대편을 들여다보기 위한 작은 구멍도 만든다고 한다).

아메리카 대륙의 대통령들은 모일 때마다, 그것도 쓸데없이 자주 모일 때마다, "자유시장은 번영에 기여할 것이다."만을 되풀이하며 결의안을 내놓는다. 그런데 누구의 번영인지는 명확하지 않다. 현실은 존재하지만 때때로 거의 눈에 띄지 않고, 때때로 입 다물고 있는 척한다. 그러나 현실은 벙어리는 아니다. 현실은 우리에게 자본의 자유로운 유통이 마약 거래상들과 마약으로 벌어들인 달러에 도피처를 제공한 은행가들을 더욱 살찌우고 있다는 사실도 가르쳐준다. 국가의 재정과 경제의 통제가 무너짐으로써 그들은 쓸 만한 가면을 제공받고, 마약 배급과 돈세탁 망을 가장 효과 있게 조직할 수 있으니, 일하기가 훨씬 더 쉬워진다. 현실은 또한 자유시장의 파란불이 상징에 불과한 임금과 핵폐기물을 비롯한 온갖 쓰레기를 선물로 제공하면서 북반구의 오염성 강한 산업을 남쪽과 동쪽으로 이전시키도록 도와준다는 것도 귀띔해 준다.

++ 말 3

빅토리아 여왕 시대에는 미혼 여성 앞에서 바지라는 말을 입에 올리지 못했다. 오늘날에도 어떤 말은 대중 앞에서 이야기하면 상황이 껄끄러워지기도 한다. 예를 들어 보자.

- 자본주의는 **시장경제**라는 예명을 자랑한다.
- 제국주의는 **세계화**라고 한다.
- 제국주의의 희생자들은 **개발도상국**이라고 불리는데, 이는 어린이들을 난쟁이라고 부르는 것과 같다.
- 기회주의는 **실용주의**라고 불린다.
- 배신은 **현실주의**로 불린다.
- 가난한 사람은 **없는 사람**, **부족한 사람** 또는 **자산이 거의 없는 사람**이라고 불린다.
- 가난한 어린이들이 학교 밖으로 내쫓기는 것은 **중퇴**라고 한다.
- 고용주가 해고 수당도 없고 아무 설명도 없이 노동자를 해고할 권리는 **노동시장의 유연화**로 불린다.
- 여성의 권리를 **소수**의 권리에 포함한다. 인류의 절반인 남성이 다수이기나 한 것처럼 말이다.
- 군부독재 대신에 **과정**이라고 이야기한다.
- 고문은 **불법 핍박** 또는 **신체와 심리에 가해지는 압력**이라 한다.
- 도둑놈이 좋은 집안 출신이면, 도둑이 아니라 **도벽이 있는 사람**이다.

- 부패 정치인의 공금 횡령은 **불법 축재**라고 한다.
- 자동차가 저지르는 범죄는 **우연한 사고**다.
- 맹인은 **보지 못하는 사람**이라고 한다.
- 흑인은 **유색인**이라고 한다.
- 암이나 에이즈는 **장기간의 고통스러운 질병**이라고 한다.
- 심장마비는 **갑작스러운 고통**을 의미한다.
- 절대로 죽음이라고 하지 않고, **육체의 사라짐**이라고 말한다.
- 전투에서 사망한 사람은 **전시 사상자**로, 아무 죄도 이유도 없이 전투에 얽힌 민간인들은 **부차적 피해**라고 한다.
- 1995년 남태평양에서 프랑스의 핵폭발 실험이 있었을 때, 주 뉴질랜드 프랑스 대사는 이렇게 말했다. "나는 그 폭탄이라는 말이 마음에 들지 않는다. 폭탄이 아니다. '폭발하는 장치'다."
- 군대와 연계돼 암살을 일삼는 콜롬비아의 살해 조직 이름은 **함께 살다**(Convivir)이다.
- **존엄**(Dignidad)은 칠레의 독재 시절 어느 수용소의 이름이고, **자유**(Libertad)는 우루과이의 독재 시절 가장 큰 감옥의 이름이다.
- **평화와 정의**(Paz y Justicia)는 1997년 멕시코 치아파스 주 악테알 마을의 한 교회에서 기도를 올리던 45명의 농민들 — 대부분 여성과 어린이들 — 을 등 뒤에서 난자해 살해한 준군사조직의 이름이다.

기본 과정: 인종차별주의와 남성우월주의

여성이 남성에게 복종해야 하듯이, 부하는 상관에게 영원히 복종해야 한다. 어떤 사람은 지배하기 위해 태어나고, 어떤 사람은 지배받기 위해 태어난다.

인종차별주의는 남성우월주의와 마찬가지로 유전 특질로 정당화된다. 가난한 사람은 역사의 과오 때문이 아니라 생물학적으로 그런 유전 성질을 갖고 있기 때문에 빌어먹을 놈들이 되었다. 인간은 스스로의 운명을 핏속에 지니고 있는데, 더 나쁜 것은 열등 염색체가 범죄의 나쁜 씨앗과 쉽게 섞인다는 점이다. 검은 피부의 가난한 사람이 접근하면, 위험 표시기가 적색 등을 켠다. 그리고 경보음이 울린다.

신화, 의식 그리고 이정표

아메리카와 유럽에서 경찰은 정형화된 인물을 사냥한다. 얼굴을 달고 다니는 죄를 저지른 사람들이다. 백인이 아닌 용의자는 우리의 집단의식 깊은 곳에 보이지 않는 잉크로 쓰인 법칙을 분명하게 드러내준다. 즉, 범죄는 검은색이거나 밤색, 아니면 최소한 노란색이다.

세계사를 들춰보면 이러한 악마 만들기는 오래전부터 무수히 자행되어 왔다. 최근 5세기 동안만을 한정하여 이야기한다 하더라도, 백인이 저지른 범죄를 찾기는 어렵지 않다. 르네상스 시대에 백인은 세계 인구의 5분의 1을 넘지 않았으나, 자신들이 신의 의지를 구현한다고 벌써 떠들어 대고 있었다.

신의 이름으로 아메리카 대륙에서 얼마나 많은 인디언의 씨를 말렸는지 어찌 알겠으며, 얼마나 많은 흑인을 아프리카에서 납치했는지 누가 알겠는가. 노예의 자식들이 광산과 농장에서 다시 노예로 태어나게 하기 위해 아메리카와 아프리카에서 세습 노예제를 수립한 왕과 인디언 착취자, 흑인 노예 매매업자는 모두 백인이었다. 이어지는 그 다음 여러 세기에도 천지 사방에 제국주의 권력을 무자비하게 심어 놓기 위해 문명이 저지른 무수한 야만행위의 장본인들도 모두 백인이었다. 일본의 도움을 등에 업고, 20세기에 6,400만 명 — 대부분 민간인 — 의 목숨을 앗아간 두 번의 세계대전을 실행에 옮긴 국가원수들과 호전적 우두머리들도 백인이었다. 나치 수용소에서 빨갱이와 집시, 동성애자를 포함한 유대인 대학살을 계획하고 이행한 자들도 백인이었다.

지구상에 존재했던 모든 제국의 갈 길을 인도한 것은, 어떤 이들은 자유롭게 살기 위해 태어나고 다른 어떤 이들은 노예가 되기 위해 태어난다는 확신이었다. 그러나 인종차별주의가 유럽의 배부름을 위해 도덕적 면죄 체계로 정립된 것은 르네상스 시기와 신대륙 정복 때부터였다. 백인들은 식민지에 살던 다수의 사람들을 내쫓고, 소수자를 소외시켰다. 인종차별주의는 그때부터 세계를 지배했다. 식민지 시대에는 화약만큼이나 인종차별도 필요했다. 로마에서는 신이 싹쓸이 약탈 명령을 내렸기 때문이라며 교황들이 줄줄이 신을 모욕했다. 군부가 인종차별주의를 발판으로 삼아 잔학한 행위를 일삼고, 인간과 대지도 인종차별주의를 알리바이로 하여 무자비하게 착취당할 때, 침공과 약탈 행위에 법적 가치를 부여하기 위해 국제법이 탄생했다.

라틴아메리카에서는 혼혈로 인한 백인의 몰락 정도에 따라 사회에서 차지하는 위치를 규정하기 위해 새로운 단어를 만들어냈다. 물라토(mulato)는 백인과 흑인 사이의 혼혈을 말하는데, 수탕나귀와 암말 사이에서 태어난, 새끼를 낳지 못하는 노새(mula)를 강하게 암시한다. 반면 다른 많은 단어들은 신대륙의 유럽 사람, 아메리카 사람, 아프리카 사람들 사이의 끊임없는 혼혈로 생겨난 수천 가지 색깔을 분류하기 위해 만들어졌다. 단순명사의 예를 들어 보자. 카스티소, 콰르테론, 킨테론, 모리스코, 촐로, 알비노, 로보, 삼바이고, 캄부호, 알바라사도, 바르시노, 코요테, 차미소, 삼보, 히바로, 트레살보, 하로초, 루나레호, 라야도 등이 있다. 토르나트라스(뒤로 돌아), 아이테스타스(넌 거기에 있어), 텐테넬라이레(꼼짝 마), 노텐티엔도(네가 무슨 말을 하는지 모르겠어)* 등의 복합명사들도 혼혈을 가리키는 말인데, 이들은 혼혈이

---

* 카스티소(castizo): 순수 혈통의 사람
콰르테론(cuarterón): 메스티소(남)+에스파냐인(여) / 물라토(남)+메스티소(여) / 살타트라스의 후손 / 흑인(남)+테르세론(여) / 백인(남)+물라토(여) / 백인(남)+테르세론(여)
킨테론(quinterón): 백인(남)+콰르테론(여) / 백인(남)+흑인 테르세론(여)
모리스코(morisco): 물라토(남)+유럽인(여)
촐로(cholo): 메스티소(남)+카스티소(여) / 유럽인(남)+인디언(여) / 경멸의 뜻으로 '물라토의 후손'을 이름
알비노(albino): 유럽인(남)+모리스코(여) / 백인(남)+테르세론(여)
로보(lobo): 흑인(남)+인디언(여), 삼보(여) / 인디언(남)+토르나트라스(여) / 로보(남)+물라토(여) / 로보(남)+인디언(여) / 물라토(남)+치노[여, 흑인(남)+인디언(여)] / 치노 캄

열대성 잡탕의 산물이자 유전적 저주임을 말해 준다.

특히 노텐티엔도는 의미심장하다. 신대륙의 발견이라고 부르는 그

부호[남, 치노(남)+캄부호(여)]+인디언(여)
삼바이고(zambaigo): 인디언(남)+흑인(여) / 치노(남)+인디언(여) / 캄부호[남, 알바라사도(남)+흑인(여)]+인디언(여) / 인디언(남)+바르시노[여, 알바라사도<남, 코요테(남)+모리스코(여)>+메스티소(여)] / 인디언(남)+로보(여) / 인디언(남)+삼보(여)
캄부호(cambujo): 치노[남, 모리스코(남)+에스파냐인(여)]+인디언(여) / 삼바이고(남)+치노(여) / 삼바이고(남)+인디언(여) / 인디언(남)+흑인(여) / 알바라사도[남, 히바로(남)+물라토(여)]+흑인(여) / 로보(남)+인디언(여) / 로보(남)+인디언(여) / 인디언(남)+차미소(여) / 물라토(남)+삼바이고(여)
알바라사도(albarazado): 치노(남)+헤니사로(여) / 캄부호(남)+물라토(여) / 히바로[남, 그리포(남)+삼보(여)]+물라토(여) / 로보[남, 살타트라스(남)+물라토(여)]+인디언(여) / 텐테넬라이레[남, 캄부호(남)+인디언(여)]+물라토(여) / 코요테[남, 메스티소(남)+인디언(여)]+물라토(여) / 코요테[남, 메스티소(남)+인디언(여)]+모리스코(여) / 히바로(남)+인디언(여)
바르시노(barcino): 알바라사도(남)+인디언(여) / 알바라사도(남)+백인(여) / 알바라사도(남)+코요테(여) / 알바라사도(남)+물라토(여) / 히바로(남)+로보(여)
코요테(coyote): 콰르테론[남, 물라토(남)+메스티소(여)]+메스티소(여) / 바르시노(남)+물라토(여) / 에스파냐인(남)+인디언(여) / 메스티소(남)+인디언(여) / 인디언(남)+코요테(여) / 물라토(남)+차미소(여)
차미소(chamiso): 코요테(남)+인디언(여) / 메스티소(남)+카스티소(여) / 인디언(남)+알바라사도[여, 코요테(남)+모리스코(여)] / 살타트라스(남)+인디언(여) / 인디언(남)+물라토(여)
삼보(zambo): 흑인(남)+인디언(여) / 흑인(남)+물라토(여), 콰르테론(여)
히바로(jíbaro): 로보[남, 살타트라스(남)+물라토(여)]+치노[여, 물라토(남)+에스파냐 사람(여)] / 알바라사도[남, 치노(남)+헤니사로(여)]+칼파물로(여) / 칼파물라토[남, 물라토(남)+인디언(여)] / 그리포[남, 인디언(남)+로보(여)]+삼보(여) / 로보(남)+물라토(여)
트레살보(tresalbo): 메스티소(남)+인디언(여)
하로초(jarocho): 흑인(남)+인디언(여)
루나레호(lunarejo): 에스파냐인(남)+인디언(여), 메스티소(여)
토르나트라스(tornatrás): 에스파냐인(남)+알비노(여) / 노텐디엔도(남)+인디언(여) / 물라토(남)+메스티소(여) / 로보(남)+인디언(여)
텐테넬라이레(tentenelaire): 콰르테론(남)+물라토(여) / 히바로(남)+알바라사도(여) / 테르세론(남)+물라토(여) / 콰르테론(남)+테르세론(여) / 에스파냐인(남)+토르나트라스(여) / 에스파냐인(남)+레킨테론(여) / 칼파물라토(남)+캄부호[여, 알바라사도(남)+흑인(여)] / 캄부호[남, 알바라사도(남)+인디언(여)]+인디언(여) / 칼파물라토(남)+삼보(여) / 알바라사도[남, 코요테(남)+메스티소(여)]+살타트라스(여) / 인디언(남)+로보(여), 그리포(여) / 메스티소(남)+메스티소(여)
노텐티엔도(notentiendo): 텐테넬라이레[남, 칼파물라토(남)+캄부호(여)]+물라토(여)

때부터 '네가 무슨 말을 하는지 모르겠어'를 5세기 동안 사용하고 있다. 콜럼버스는 인디언은 인도 사람으로, 쿠바인은 중국 사람으로, 아이티인은 일본 사람이라고 생각했다. 그의 형제 바르톨로메오는 신성 모독죄로 여섯 명의 인디언을 산 채로 불태워 죽였고, 아메리카 대륙에 사형제도를 수립했다. 새로운 신이 풍작을 가져다주기를 기원하며 조그만 가톨릭 성화(聖畵)들을 땅에 묻었다는 것이 죄목이었다. 멕시코 동쪽 해안에 도착한 정복자들이 이곳의 이름이 무엇이냐고 물었다. 원주민들은 "무슨 말인지 하나도 모르겠다."라고 대답했는데, 그 발음이 마야어로 유카탄(Yucatán)과 비슷하게 들렸다. 그래서 그때부터 지금까지 유카탄으로 불리게 되었다. 이번엔 정복자들이 남아메리카의 좀더 중심부까지 들어와서는 이 호수의 이름이 무엇이냐고 물었다. 원주민들은 "물 말씀이십니까?"라고 했는데, 과라니어로 이파카라이(Ypacaraí)와 비슷한 소리가 났다. 파라과이의 수도 아순시온 근교에 있는 그 호수는 그때부터 그렇게 불린다. 인디언들은 몸에 털이 하나도 없다. 그러나 1694년, 앙투안 퓌레티에르(Antoine Furetière)는 자신의 『만능사전(*Dictionnaire universel*)』에서 그들이 "온몸이 털로 뒤덮인 털북숭이"라고 묘사했다. 유럽의 성상학(聖像學) 전통에서는 야만인들이 원숭이처럼 털이 많다고 여겼기 때문이다. 1774년, 과테말라의 산안드레스잇차판(San Andrés Itzapan) 마을의 교리 담당 신부는 인디언들이 성모 마리아가 아니라 성모 마리아의 발밑에 짓밟힌 뱀을 숭상한다는 사실을 알았다. 뱀은 오랜 친구이자, 마야인들의 신성(神性)이었다. 그는 또한 인디언이 십자가를 숭배한다는 사실도 발견했는데, 그것은 십자가가 비와 땅이 만나는 형상을 하고 있기 때문이었다.

++ 정체성

내 조상은 어디에 있을까? 나는 누구를 기념해야 하는가? 어디에서 내 원료품을 찾을 수 있을까? 내 첫 번째 아메리카 조상은…… 인디언…… 초창기의 인디언이었다. 그런데 당신들의 조상이 그의 껍질을 산 채로 벗겼고, 나는 고아가 되었다.

– 백인이었던 마크 트웨인, 「뉴욕 타임스」, 1881년 12월 26일자

바로 같은 시기에, 단 한 번도 아메리카 대륙을 밟아본 적 없는 독일 쾨니히스베르크[지금의 칼리닌그라드]의 철학자 이마누엘 칸트는 인디언은 문명화되기 불가능하고 멸종할 운명을 타고난 사람들이라고 잘라 말했다. 비록 그들의 천성과는 거의 관계가 없지만, 인디언의 멸종은 이미 진행되고 있었다. 화승총과 대포 사격, 아메리카 대륙에는 없었던 바이러스와 박테리아의 공격, 금·은 광산과 들판에서 끝도 없는 강제노역을 이기고 살아남은 인디언은 그리 많지 않았다. 뿐만 아니라, 우상을 숭배했다는 죄로 태형이나 화형, 교수형을 받은 사람도 부지기수였다. 그러나 개화되기 불가능한 사람들은 자연과 더불어 살았고, 그들의 후손이 아직도 믿고 있듯이 땅은 신성하고, 땅위에서 걸어 다니는 것과 땅에서 나온 모든 것은 신성하다고 생각했다. 세기가 바뀌어도 백인들의 착각은 계속되었다.

19세기 말, 아르헨티나 남부 지역 인디언을 싹쓸이하기 위한 군사 작전명은 '사막의 정복(conquista del desierto)'이었다. 비록 당시의 파타고니아는 지금보다 덜 황무지였지만 '사막'이라는 이름을 붙였다. 얼마 전만 해도 아르헨티나의 호적등기소는 '외국인이라는 이유'로 인디언 이름을 받아들이지 않았다. 인류학자인 카탈리나 불리우바시(Catalina Buliubasich)는 호적등기소가 아르헨티나의 북부 산악지대 살타(Salta)의

인디언을 기록으로 남기는 문제를 해결했다는 사실을 알아냈다. 그들의 이름은 체브롤레타, 포드, 베인티시에테[27이라는 뜻], 오초[8이라는 뜻], 트레세[13이라는 뜻]처럼 외국 냄새가 나지 않는 이름으로 바뀌었고, 경의를 표하는 의미에서 도밍고 파우스티노 사르미엔토[Domingo Faustino Sarmiento, 1868년부터 1874년까지]란 완전한 이름 — 그는 인디언에게 그저 구역질만 느끼는 정치가였다 — 으로 개명하여 다시 세례를 받는 일까지 있었다.

국가경제의 상당 부분을 인디언의 노동력으로 유지하는 나라들에서도 그들을 무용지물로 취급하고, 또 그 나라들이 갈망하는 플라스틱 문화에서는 발전을 저해하는 방해물로 취급한다. 멸종이라는 인구 통계학적 재앙에서 살아남은 몇 안 되는 나라 가운데 하나인 과테말라에서는 인디언이 인구의 다수를 형성하고 있음에도 인디언은 소수계층 중에서도 가장 소외된 소수계층으로 학대받고 있다. 메스티소[백인과 인디오 사이에서 태어난 혼혈인]나 백인 또는 백인임을 자처하는 사람들은 인디언처럼 보이지 않으려고 마이애미 사람들처럼 옷을 입고 생활하거나, 그렇게 하고 싶어 한다. 한편, 수천 명의 외국인들은 끊임없이 치치카스테낭고(Chichicastenango) 시장으로 순례행진을 온다. 아름다움의 극치를 보여 주는 보루인 이 시장에서는 인디언들이 경이로운 창조력으로 만들어 낸 아름다운 직물을 감상할 수 있다. 1954년에 권력을 찬탈한 카를로스 카스티요 아르마스(Carlos Castillo Armas) 대령은 과테말라를 디즈니랜드처럼 만들고자 했다. 그는 무지와 퇴보에서 인디언을 구하기 위해, 정부 선전물에서 잘 설명하고 있듯이 "직물, 자수를 비롯한 수예 기술을 가르침으로써 미적 취향에 눈뜨게" 하자고

++ 형법 강의
1986년, 멕시코의 한 국회의원이 치아파스(Chiapas) 주의 세로 우에코(Cerro Hueco) 감옥을 방문했다. 그곳에서 그는 자기 아버지의 목을 베어 죽이고 30년형을 선고받은 한 초칠족(Tzotzil) 인디언을 만났다. 그러나 그 국회의원은 죽은 아버지가 매일 정오에 수감생활을 하는 아들에게 오믈렛과 강낭콩을 가져다주는 것을 보았다.
그 초칠족 죄수는 자기가 거의 혹은 전혀 알지 못하는 에스파냐어로 심문 받고 재판받았으며, 늘씬하게 몽둥이찜질을 받고 나서 자신이 부친 살해의 주범이라고 털어놓았다.

제안했다. 이 일이 한창 진행 중일 때 그는 숨을 거두었다.

목욕하기 싫어하는 어린이들에게 어떤 엄마들은 “안 씻으니 꼭 인디언 같네,” 또는 “너한테 흑인 냄새가 나.”라고 말한다. 그것도 인디언이나 흑인 인구가 가장 많은 나라들에서 말이다. 그러나 신대륙 정복사가들은 인디언들이 자주 목욕하는 것을 보고 정복자들이 놀라 혼미한 상태에 빠졌다고 기록했다. 처음에는 인디언들이, 좀더 후에는 아프리카 노예들이 캐나다에서 칠레에 이르는 아메리카 대륙의 다른 사람들에게 친절하게도 위생 습관을 전해 주었다.

기독교 신앙은 목욕하는 행위를 좋지 않게 여겼다. 목욕이 쾌락을 주기 때문에 죄와 비슷하다고 생각한 것이다. 에스파냐의 종교재판소 시절, 자주 목욕하는 사람은 이슬람 이단 신앙을 자백하는 셈이었고, 인생을 불구덩이에서 마감할 수도 있었다. 오늘날 에스파냐의 마르베야[Marbella, 에스파냐 남부 지중해 연안의 휴양도시]에서 피서를 즐기는 이들은 아랍인이다. 가난한 아랍인은 무어인[711년부터 이베리아 반도를 정복한 아랍계 이슬람 교도]에 불과하고, 인종차별주의자들에게는

'악취 나는 무어인'일 뿐이다. 그라나다(Granada)의 알람브라(Alhambra) 궁전에서 벌어지는 물의 축제에 참가한 적 있는 사람이라면 잘 알듯이, 기독교 문화가 먹는 물 아닌 물은 모두 거부했던 시절부터 이슬람 문화는 물의 문화다. 사실 샤워만 해도 유럽에서는 상당히 늦게 보편화되었다. 어림잡아 TV의 등장과 같은 때라고 할 수 있다.

원주민들은 비겁하고 흑인들은 깜짝깜짝 잘 놀란다고들 하지만, 그들은 정복전쟁, 독립전쟁, 내전, 라틴아메리카 국경분쟁에서 언제나 쓸 만한 총알받이 병사들이었다. 에스파냐의 신대륙 정복 시절에 인디언을 대학살하기 위해 이용한 군인들은 바로 인디언이었다. 19세기에 터져 나온 라틴아메리카 독립전쟁에서 언제나 최전선에 배치되었던 아르헨티나 흑인들은 대학살의 참사를 겪었다. 파라과이 전쟁*에서 숨진 브라질 흑인의 시체는 전쟁터를 붉은 피로 물들였다. 페루와 볼리비아가 칠레와 벌인 전쟁에서도 군인은 인디언이었다. 페루의 작가 리카르도 팔마(Ricardo Palma)가 "그 비열하고 타락한 종족"이라고 불렀던 인디언이 도살장으로 실려 갈 때, 장교들은 "조국 만세!"를 외치며 도망쳤다. 최근 에콰도르와 페루 사이에 벌어진 전쟁에서 싸늘한 시체로 남은 것도 인디언이었고, 과테말라 산악지대에서 인디언 마을을 초토화한 군대는 인디언으로만 구성되어 있었다. 메스티소 장교들은 매번 범죄를 저지를 때마다 자신들 몸속에 흐르는 피의 절반을 액막이하기 위해 모골이 송연한 굿판을 벌였다.

흑인은 모두 게으르다고 생각하는 사람들은 "검둥이처럼 일한다."

---

* 1865~1870. 라틴아메리카 역사상 가장 처참했던 전쟁. 파라과이와 아르헨티나·브라질·우루과이의 삼국동맹국 간에 벌어졌다.

++ 여신

이에마냐(Iemanyá)를 기념하는 밤, 해안 전체는 축제로 덮인다. 바이아, 리우데자네이루, 몬테비데오를 비롯한 다른 해변에서도 바다의 여신을 기린다. 수많은 사람들이 백사장에 촛불을 밝히고, 하얀 꽃송이를 바다에 던진다. 꽃만이 아니라, 자신이 좋아하는 향수, 목걸이, 케이크, 사탕 그리고 알록달록한 물건도 바다에 던진다. 그리고 소원을 이야기한다.

숨겨진 보물지도,
금지된 사랑의 열쇠,
길 잃은 사람들의 귀향,
사랑하는 사람의 부활.

이야기를 하는 동안 그들의 소원은 이루어진다. 어쩌면 기적은 사람들이 말을 하는 그 순간만 지속되는지도 모르지만, 불가능을 가능하게 하는 그 순간 사람들은 광채를 띠고 어둠 속에서도 빛을 발한다.
헌납한 물건을 파도가 가져가 버리면, 그들은 여신에게 등을 보이지 않도록 수평선 쪽을 쳐다보며 뒷걸음질한다. 그리고 아주 느린 걸음으로 도시로 되돌아온다.

는 표현도 즐겨 쓴다. "백인은 뛰어가고, 흑인은 도망간다."라고도 한다. 뛰어가는 백인은 물건을 빼앗긴 사람이고, 도망가는 흑인은 도둑이다. 아르헨티나 고전문학에 등장하는 가난하고 학대받는 가우초(gaucho)* 마르틴 피에로마저도, 악마가 지옥의 불길을 활활 타오르게 하기 위한 장작으로 쓰려고 흑인을 만들었고, 따라서 흑인은 모두 도둑놈이라고 주장했다. 인디언도 마찬가지였다. "인디언은 인디언이네. 그렇게도 비참한 자기의 운명을 바꾸려 하지 않는다네. 도둑놈 인디언이 태어났다네. 도둑놈 인디언이 죽는다네." 흑인 도둑놈, 인디

* 에스파냐나 포르투갈인과 원주민 사이의 혼혈인으로 남미의 대초원에서 소몰이 일을 한다. 남미에서는 가우초 문학이라는 특이한 장르가 있는데, 가우초의 생활과 감정을 묘사한 문학 장르를 말한다. 에르난데스의 작품이 가우초 문학의 정수로 꼽히는데, <가우초 마르틴 피에로> <마르틴 피에로의 귀환> 등이 유명하다.

언 도둑놈. '네가 무슨 말을 하는지 잘 모르겠어'의 전통 때문에 도둑놈들이 가장 많이 도둑맞게 되었다.

정복과 노예의 시절부터 인디언과 흑인은 능력과 토지, 노동력, 풍요로움뿐만 아니라 말과 기억마저도 도둑맞았다. 라플라타 강 유역에서 '킬롬보(quilombo)'라는 말은 사창가, 혼돈, 무질서, 소란을 뜻한다. 그러나 아프리카 반투족(bantu) 언어인 이 말은 사실 훈련소를 뜻한다. 브라질에서는 도망친 노예들이 밀림 속에 건설한 자유의 공간이 킬롬보였다. 그 성역(聖域) 가운데 일부는 상당 기간 명맥을 유지했다. 알라고아스(Alagoas)의 오지에 있던 팔마레스 공화국*은 네덜란드와 포르투갈 군사 원정대의 30차례가 넘는 공격에 저항하며 한 세기 동안이나 굳건히 버텼다. 아메리카 대륙의 정복과 식민화의 진정한 역사는 끈질긴 자존심의 역사다. 반란이 일어나지 않는 날이 없었지만, 공식 역사 기록에서는 모든 봉기를 없는 일로 해 버렸다. 버릇 나쁜 종복에게나 어울리는 경멸감을 감추지 못했던 것이다. 결국 흑인과 인디언이 노예

* Republic of Palmares, 1605~1694. 브라질 북동부 알라고아스 주에 도망친 노예들이 세운 자치국가다.

++ 지옥

식민지 시절, 팔렝케(Palenque)는 카르타헤나데인디아스(Cartagena de Indias)와 콜롬비아 해안의 농장에서 도망친 흑인 노예를 감춰 주는, 밀림 속 자유의 성소(聖所)였다.

여러 해가 지나고, 여러 세기가 흘렀다. 팔렝케는 살아남았다. 팔렝케 사람들은 여전히 그들의 대지는 산과 밀림, 바람, 사람으로 만들어진 몸이고, 나무를 통해 숨을 쉬며, 시냇물을 통해 운다고 믿는다. 또한 천국에서는 인생을 즐긴 사람들이 보상받고, 지옥에서는 신의 명령을 거역한 사람들이 벌을 받는다고 여긴다. 다시 말해 기쁘고 열정을 다해 인생을 즐기며 살라는 신의 명령을 거스른 냉담한 사람들은 꺼지지 않는 불구덩이 속에서 불탄다고 믿는다.

제도나 강제노역을 운명으로 받아들이기 거부했을 때는 우주의 구성 원리를 뒤엎으려는 시도를 하고 있는 셈이었다. 아메바와 신 사이에서 우주의 질서는 연속적인 종속의 긴 사슬 위에 수립되어 있다. 행성이 태양 주위를 돌듯이 하인은 주인의 주위를 맴돌아야 한다. 사회의 불평등과 인종차별은 식민지시대부터 우주의 조화를 구성하고 있다. 상황은 지금도 그대로이고, 비단 아메리카 대륙에서만 벌어지는 일도 아니다. 1995년, 이탈리아의 정치가 피에트로 인그라오(Pietro Ingrao)는 이렇게 언급했다. "우리 집에 필리핀 하녀 한 명을 두고 있습니다. 참 이상하지요. 필리핀 가정에서 백인 하녀를 쓴다는 건 생각하기도 어려운 일 아닙니까?"

지배 계급의 편견을 과학의 범주로까지 끌어올릴 능력이 있는 사상가는 어느 시대에나 있었지만, 19세기 유럽에는 특히 많았다. 근대 사회학의 창시자 가운데 한 사람인 오귀스트 콩트(Auguste Comte)는 백인은 우월하고, 여성은 영원히 어린애라고 믿었다. 다른 철학자들과 마찬가지로 그는 이 기본원칙을 조금도 의심하지 않았다. 백인은 사회의 하층계급 사람들에게 지배권을 행사하기에 적합한 사람들이라는 것이다.

체사레 롬브로조(Cesare Lombroso)는 인종차별을 범죄학의 문제로 둔갑시켰다. 이탈리아에서 교수 생활을 하던 유대인인 그는 원시 미개인의 위험성을 증명하기 위해, 반세기 후에 히틀러가 유대인 배척운동을 정당화할 때 사용한 것과 대단히 비슷한 방법을 사용했다. 범죄자는 범죄자로 태어나고, 그들의 생김새는 몽골 인종의 후손인 아메리칸인디언이나 아프리카 흑인과 똑같다는 것이 롬브로소의 주장이다. 살인범은 광대뼈가 넓고 머리카락은 검은 곱슬머리이고 수염이 적으며 송곳니가 크다. 또 도둑놈은 코가 납작하고, 강간범은 입술과 눈꺼풀이 두툼하다. 범죄자는 미개인과 마찬가지로 얼굴이 붉어지는 일이 없기 때문에 뻔뻔하게 거짓말을 할 수 있다. 여자들은 얼굴을 붉히곤 했지만, 롬브로조는 '정상이라고 생각되는 여자들까지도 범죄자의 용모를 지니고 있다'고 말했다. 혁명가에 대해서도 "나는 균형 잡힌 얼굴을 지닌 무정부주의자를 본 적이 없다."면서 크게 다르지 않은 견해를 나타냈다.

허버트 스펜서[Herbert Spencer, 영국의 사회학자·철학자]는 오늘날 시장의 법칙이 되어 버린 불평등의 문제를 이성의 제국 탓으로 돌렸다. 1세기가 더 흘렀지만, 그가 가진 확신은 현대 신자유주의 시대에 대단히 잘 들어맞는 주장으로 들린다. 스펜서에 따르면, 가장 강하고 최고의 재능을 가진 사람에게 권력을 부여하는 적자생존의 과정에 개입하지 않기 위해 국가는 옆으로 물러나 있어야 한다. 사회보장제도는 건달을 양산할 뿐이고, 공립학교는 불만의 씨를 뿌릴 뿐이다. 국가는

++ 영웅과 망나니

일부 운동선수 안에 군중이 자리하고 있다. 1940년대, 미국의 흑인이 묘지조차도 백인과 같이 쓸 수 없었을 때, 잭 로빈슨[Jack Robinson, 미국 메이저리그 사상 최초의 흑인 선수]은 야구로 스타가 됐다. 짓밟힌 수백만의 흑인은 백인 전용 스포츠인 야구에서 누구보다도 빛을 발했던 그에게서 자신들의 존엄성을 인식했다. 관중은 그에게 욕설을 퍼부었고 땅콩을 집어던졌으며, 상대팀 선수들은 침을 뱉었다. 집에서는 죽이겠다는 협박을 받기도 했다.

1994년, 세계는 넬슨 만델라(Nelson Mandela)에게 갈채를 보내며 인종차별 철폐를 위한 그의 기나긴 역정을 박수로 맞이했고, 조시아 투과네(Josiah Thugwane)는 1996년 애틀랜타 올림픽에서 금메달을 획득함으로써 메달을 획득한 최초의 남아프리카 공화국 흑인이 되었다. 최근에는 케냐, 에티오피아, 소말리아, 부룬디, 남아프리카 공화국 등이 올림픽에서 메달을 거머쥐는 일이 이상하게 보이지 않는다. 골프의 모차르트라고 불리는 타이거 우즈(Tiger Woods)는 돈 많은 백인 스포츠에서 승승장구하고 있고, 농구와 권투의 스타가 흑인이 된 지는 이미 오래전이다. 축구에서 기쁨과 아름다움을 함께 느끼게 해 주는 선수들은 흑인이거나 물라토가 많다.

인종차별주의자들의 이중 잣대에 따르면, 성공한 흑인에게 환호를 보내면서도 그 외의 흑인에게 저주를 퍼붓는 일이 왜 있을 수 없는 일인지 의문이다. 1998년, 프랑스가 우승을 차지한 월드컵대회에서 프랑스 국가대표 유니폼을 입고 출전하여 프랑스 국가(國歌)에 맞춰 경기를 시작한 선수 대부분은 이민자들이었다. 월드컵대회 즈음에 실시한 여론조사에 따르면, 프랑스 사람 열 명 가운데 네 명이 인종차별주의자지만 모두들 흑인이나 아랍인이 마치 잔 다르크의 후손이나 되기라도 한 것처럼 자국의 승리를 축하했다.

열등 인종에게 손으로 하는 일만 가르치고, 알코올을 가까이 못하게 유지하는 일만 담당해야 한다. 경찰이 수색 작업을 펼칠 때와 마찬가지로 인종차별주의는 뿌린 것이 무엇이든 찾아내어 거두고야 만다. 20세기 초반까지만 하더라도 지능을 재기 위해 뇌의 무게를 달아보는 일이 유행했다. 추잡한 뇌수(腦髓) 과시주의의 구실을 제공한 이 과학적 방법은 인디언, 흑인, 여성의 뇌가 조금 가볍다는 사실을 보여 주었다. 19세기 볼리비아의 위대한 지성 가브리엘 레네 모레노(Gabriel René

Moreno)는 저울을 손에 들고 인디언과 메스티소의 뇌가 백인의 뇌보다 5에서 10온스 정도 가볍다는 사실을 확인했다. 뇌의 무게와 지능의 관계는 남성 성기의 크기와 성 능력의 관계와 같다. 즉, 아무 관계도 없다는 말이다. 그러나 과학자들은 유명인사들의 두개골을 찾아 나섰고, 자신들의 작전을 혼란스럽게 만드는 결과가 나와도 전혀 기가 죽지 않았다. 예를 들어, 아나톨 프랑스(Anatole France)의 뇌는 이반 투르게네프(Ivan Turgenev)의 뇌 무게의 절반에 불과했다. 문학 재능은 비슷하다고 여겨지는데도 말이다.

1세기 전 파리에서 알프레드 비네(Alfred Binet)가 교사들의 도움을 더욱 필요로 하는 어린이들을 가려내기 위한 건전한 목적으로 세계 최초로 지능지수(IQ) 테스트를 만들어냈다. 그는 지능은 결코 측량될 수 없는 것이며, 이 검사가 지능을 재기 위한 것이 아니므로 절대로 어느 누구를 부적격자로 평가하기 위해 사용되어서는 안 된다는 점을 최초로 경고한 사람이기도 했다. 그러나 이미 1913년에 미국은 자유의 여신상 바로 앞에 있는 뉴욕의 관문에 막 도착한 유대인, 헝가리인, 이탈리아인, 러시아인에게 이 테스트를 강제로 실시했고, 열 명 중 여덟 명의 이민자가 유아의 두뇌를 갖고 있다는 결과를 얻었다. 3년 후 볼리비아는 포토시(Potosí) 공립학교에서 같은 테스트를 실시했다. 열 명 가운데 여덟 명이 비정상이었다. 그때부터 지금까지 인종과 사회의 편견은 인간을 숫자로 취급하는 IQ의 과학 분위기에 의지하고 있다. 1994년 『벨 커브(*The Bell Curve*)』라는 책이 미국에서 큰 인기를 끌었다. 두 명의 대학 교수가 집필한 그 책은 많은 사람들이 머릿속으로는 생각하지만 감히 입 밖에는 내지 못하거나 소곤거리기만 하던

++ 이름

마라토너인 키체족[quiché, 과테말라의 중서 고지대에 사는 마야 인디언. 에스파냐의 정복 이전에 높은 수준의 정치·사회 조직과 발달된 문화를 가지고 있었다.] 인디언 도로테오 과무시(Doroteo Guamuch)는 과테말라 역사상 가장 중요한 운동선수였다. 그는 국가의 자랑이자 명예였으므로 자신의 마야족 인디언 이름을 바꿔야만 했고, 결국 마테오 플로레스(Mateo Flores)라는 이름으로 불리게 되었다.
그의 업적을 기리는 의미에서 볼리비아에서 가장 큰 축구 경기장이 마테오 플로레스 축구장이 되었지만, 정작 그는 마야 골프 클럽(Mayan Golf Club)에서 골프채를 짊어지고, 골프공과 팁을 주워 담는 캐디로 생활비를 벌었다.

것을 거침없이 쏟아냈다. 즉, 흑인과 가난한 사람은 백인이나 부자와 비교할 때 유전적으로 낮은 IQ를 가졌다는 것, 따라서 그들을 위해 교육과 사회보장비용을 낭비하는 것은 밑 빠진 독에 물 붓기라는 것이다. 가난한 사람, 특히 가난한 흑인은 바보지만, 가난해서 바보가 아니라 바보이기 때문에 가난하다는 것이다.

인종차별은 자신들의 편견을 뒷받침해 줄 수 있는 증거만을 인정한다. 20세기를 대표하는 유명한 화가와 조각가들에게 아프리카 예술은 영감의 원천이었고, 많은 경우 뻔뻔스러운 표절의 대상이 되었다. 아프리카 리듬이 슬픔과 지겨움으로 죽어 가는 이 세계를 구원하고 있다는 사실도 의심의 여지가 없다. 아프리카에서 와서 브라질, 미국, 카리브 해 연안에서 듣지도 보지도 못한 경이로움을 만들어 낸 음악이 없다면 우리는 어떻게 살까? 그렇지만 호르헤 루이스 보르헤스(Jorge Luis Borges), 아널드 토인비(Arnold Toynbee)를 비롯한 수많은 현대 지성들은 흑인 문화의 불모성을 굳게 믿었다.

현재의 아메리카 문화는 여러 어머니가 낳은 자식이다. 이곳의

++ 정의

1997년, 관용차 한 대가 상파울루 대로를 규정 속도로 달리고 있었다. 출고한 지 얼마 안 된 그 비싼 차에는 세 사람이 타고 있었다. 교차로에서 경찰 한 명이 차를 세웠다. 경찰은 그들을 차에서 내리게 한 뒤, 한 시간 가량 손을 위로 든 채 뒤돌아서 있게 하고, 어디에서 그 차를 훔쳤느냐고 연신 추궁했다.

세 명 모두 흑인이었다. 그중의 한 명인 에지발두 브리투(Edivaldo Brito)는 상파울루 주정부의 법무장관이었고, 나머지 두 명은 법무부 직원들이었다. 브리투에게 이 사건은 그다지 새로운 일이 아니었다. 1년도 안 되는 기간 동안 같은 일을 다섯 번이나 겪었기 때문이다. 그런데 그들을 제지했던 경찰도 흑인이었다.

다양한 정체성은 그 정체성을 구성하는 여러 부분의 풍요로운 모순에서 출발하여 창조적 생명력을 얻는다. 그러나 우리는 우리를 보지 못하도록 길들여졌다. 인간을 불구로 만드는 인종차별 때문에 인간의 조건은 제 색깔을 완전히 드러내며 빛나지 못한다. 아메리카 대륙은 인종차별로 시름시름 아프다. 북쪽 끝에서 남쪽 끝에 이르기까지 두 눈이 다 멀었다. 우리 세대의 라틴아메리카 사람들은 할리우드의 교육을 받았다. 인디언은 침울한 얼굴에 깃털 장식과 물감을 칠하고 멀미가 날 정도로 원을 그리며 도는 작자들이고, 아프리카에 대해서도 그 땅에 한 번도 가 본 적 없는 소설가가 만들어 낸 인물인 타잔[Tarzán, 대중소설의 등장인물 가운데 가장 많이 알려지고 또 가장 오래 인기를 끈 인물 중 하나]이 가르쳐 준 것만 알 뿐이다.

유럽 기원의 문화가 아닌 것은 문화가 아니라 무식함이고, 기껏해야 열등 인종의 무능함을 입증하기 위해서거나 관광객을 끌어들이기 위해서 혹은 졸업여행이나 국경일에 특이한 장식미를 더하기 위해서만 유용하다. 그렇지만 실상 혼혈문화의 정원에서 인디언의 뿌리와 아프리카의 뿌리는 유럽의 뿌리만큼 강렬하게 꽃을 피우고 있다. 최고급 예술에서뿐만 아니라 경멸의 의미가 담긴 수공예업과, 민속학으로 강등된 문화와, 미신으로 전락해 버린 종교에서도 탐스럽게 열린 열매를 분명히 볼 수 있다. 무시당했지만 무식하지 않은 그 뿌리는 사람들이 모르고 있거나 혹은 알고 싶어 하지 않을지라도 우리의 일상을 풍요롭게 한다. 그 뿌리는 말을 통해 혹은 침묵을 통해 우리가 누구인지를 매일 나타내는 언어에, 음식을 먹고 요리하는 방식에, 어깨를 들썩이게 하는 멜로디에, 즐거운 놀이에, 우리를 살아 있게 해 주는 은밀한, 혹은 서로 공유하는 그 수많은 의식 속에 생생하게 살아 있다.

수세기 동안 과거의 아메리카나 아프리카 해안에서 유래한 신(神)들은 법으로 금지되어 몸을 숨겨야 했다. 지금은 숨어 살지만은 않는다. 여전히 멸시당하는 아픔을 겪고 있지만, 많은 백인과 메스티소가 그들에게 경의를 표하거나, 최소한 인사를 하고 부탁을 청하기도 한다. 안데스 산맥 국가들에서 땅의 여신인 파차마마(Pachamama)가 마실 수 있게 술잔을 기울여 처음 한 모금을 떨어뜨리는 사람들은 인디언뿐만이 아니다. 카리브 해 제도와 남미의 대서양 연안에서 바다의 여신인 이에마나(Iemanyá)에게 알록달록한 잡동사니들과 꽃을 바치는 사람들도 더 이상 흑인만은 아니다. 인디언과 흑인의 신들이 살아남기 위해서 기독교 성인으로 둔갑할 수밖에 없던 시절은 이제 지나갔다. 하지만 더 이상 박해나 처벌을 받는 일은 없어도, 여전히 경멸의 대상이다. 수세기 동안 자신을 들여다보는 거울에 침 뱉는 훈련을 받아 서로 화합하지 못하는 사회에서 아메리카가 발상지인 종교와, 흑인 노예선을 타고 아프리카에서 건너온 종교가 지배적인 기독교와 동등한 대접을 받기란 쉽지 않다. 더도 말고, 눈곱만치도 더 말고 동등한 대접을 원한다. 종교? 우상숭배? 이교도들의 자연 예찬? 인간의 열정을 축하하는 위험한 의식? 형식적으로야 다채로워 보이고 어떤 경우엔 호감을 느낄 수도 있겠지만 깊숙이 들여다보면, 그저 무지와 퇴보의 단순한 표현에 불과하다.

흑인과 그들의 정체성의 상징을 무지와 퇴보로 동일시하는 아주 오래된 전통이 있다. 조국 도미니카 공화국을 발전시키기 위해 라파엘 레오니다스 트루히요(Rafael Leónidas Trujillo) 대원수님은 1937년에 2만 5,000명의 아이티 출신 흑인을 낫으로 사지를 절단하여 죽이라는 명령을 내렸다. 대원수님 역시 할머니가 아이티 출신인 물라토로서, 쌀가루로 자기 얼굴을 하얗게 만들곤 했을 뿐 아니라, 나라 전체도 하얗게 만들고 싶어 했다. 도미니카 정부는 아이티 정부에 배상금 형식으로 사망자 한 명당 29달러를 지불했다. 지난한 협상이 오가고 결국 트루히요는 1만 8,000명의 사망자를 인정함으로써 총 52만 2,000달러를 냈다.

한편, 아메리카 대륙에서 멀리 떨어진 독일에서는 아돌프 히틀러(Adolf Hitler)가 집시와 세네갈 출신 흑인 병사들의 자식들인 물라토를 불임으로 만드는 작업을 진행했다. 물라토는 수년 전에 프랑스 제복을 입고 독일에 도착한 병사들이었다. 아리안 혈통의 순수성을 유지하기 위한 나치의 계획은 유전병 환자들과 범죄자를 불임시키는 일에서 시작하여 유대인 학살로 이어졌다.

최초의 우생학 법률은 1901년 미국의 인디애나 주에서 통과되었다. 30년 후에는 이미 30개의 주에서 정신지체자, 위험한 살인자, 성폭

++ 관점 4

지구 동쪽에서 보면, 서쪽의 낮은 밤이다.
인도에서는 상복(喪服)이 흰색이다.
고대 유럽에서 풍요한 대지를 나타내는 검정색은 삶의 색이었고, 뼈를 나타내는 흰색은 죽음의 색이었다.
콜롬비아 초코(Chocó) 지방의 나이 많은 현자들에 따르면, 아담과 하와는 흑인이었고, 그들의 자식인 카인과 아벨도 흑인이었다. 카인이 아벨을 몽둥이로 내리쳐 살해하자, 신의 분노가 폭발했다. 하느님의 노기(怒氣) 앞에서 카인은 죄책감과 공포로 하얗게 질렸고, 너무도 질린 나머지 생을 마감하는 날까지 흰둥이로 살았다. 백인은 모두 카인의 후예다.

력범뿐만 아니라, '사회적 도착증 환자, 알코올과 마약 중독자, 질병이 있는 사람과 타락한 사람들'처럼 대단히 모호한 기준에 속하는 사람들까지도 불임시킬 수 있게 법으로 제정했다. 불임수술을 당한 사람들 대부분은 당연히 흑인이었다. 유럽에서도 사회의 위생과 인종의 순수라는 환상에 고무되어 법률을 제정한 나라가 독일만은 아니었다. 최근 스웨덴에서는 1930년대에 제정된 법에 따라 6만 명이 넘는 사람들이 불임수술을 받았다고 시인했다. 그 법은 1976년에 이르러 폐기되었다.

1920~1930년대에는 아메리카에서 가장 저명하다는 교육자들까지도 '인종 쇄신, 종족 개량, 어린이들의 생물학적 품질 변화'의 필요성을 아무렇지도 않게 이야기하곤 했다. 1930년, '제6차 미주어린이회의'가 개최되었을 때, 페루의 독재자 아우구스토 레기아(Augusto Leguía)는 '페루 어린이에 관한 전국대회'에서 '지체 아동, 타락한 아동, 범죄 아동'에 대해 강도 높은 경고 메시지가 나왔던 사실을 환기시키며, 인종 개량을 힘주어 역설했다. 그보다 6년 전 칠레에서 열렸던 '범미주 어린이회의'에서는 "질 나쁜 어린이들을 만들어 내지 않기 위해 뿌리

는 씨앗을 선별"하라고 촉구했다. 아르헨티나의 일간지 「라 나시온(*La Nación*)」은 "인종의 미래를 주의하여 돌보아야" 할 필요성을 주제로 사설을 실었고, 칠레의 일간지 「엘 메르쿠리오(*El Mercurio*)」는 인디언의 유전자는 "습관과 무지로 인해 일부 근대 관습과 개념의 수용을 어렵게 만든다."라고 경고했다.

칠레에서 열린 회의의 주역 가운데 한 사람인 사회주의자 의사 호세 인헤니에로스(José Ingenieros)는 1905년에 발표한 글에서 "수치스러운 찌꺼기"인 흑인들은 "순전히 생물학적 사실"을 이유로 노예제도에 종속될 만하다고 했다. "문명화된 백인보다는 유인원류에 더 근접해 보이는 이 원숭이 같은 존재들"에게 인권은 확대 적용될 수 없었다. 아르헨티나 젊은이들 사이에서 선도자 역할을 했던 인헤니에로스는 "인간의 살로 된 이 추물(醜物)들"은 시민이 되기를 갈망해서도 안 된다고 했는데, "법률상 인간으로 간주될 수 없기 때문"이라고 했다. 그보다 몇 년 전, 역시 의사이자 브라질 인류학의 선구자인 하이문두 니나 호드리게스(Raymundo Nina Rodrigues)는 그렇게까지 터무니없는 용어를 동원하지는 않았지만 다음과 같이 주장했다. "열등 인종이 지적으로나 유기적으로 무능력하다는 사실을 잘 관찰한 실례를 과학계에 제공했다."

아메리카의 지성인 대부분은 열등 인종이 발전에 걸림돌이 된다는 확신에 사로잡혀 있었다. 각국 정부도 그들과 같은 입장을 견지했다. 미국 남부에서는 서로 다른 인종간의 결혼이 금지되었으며, 흑인은 백인 전용 공동묘지뿐 아니라 학교와 공중화장실도 출입할 수 없었다. 코스타리카의 흑인은 수도인 산호세(San José)에 통행증 없이 들어갈

++ 인디언은 바로 이래서 열등하다
(16~17세기 정복자들의 생각)

카리브 해 제도의 인디언들이 자살하는가? **나태하고, 일하기 싫어하기 때문이다.**
몸 전체가 얼굴인 것처럼 벗은 몸으로 활보하는가? **야만인은 부끄러움을 모르기 때문이다.**
소유권을 무시하고, 모든 것을 공유하며, 부에 대한 욕심이 없는가? **인간보다는 원숭이에 더 가깝기 때문이다.**
의심스러울 정도로 자주 몸을 씻는가? **마호메트 종파의 이교도에 가깝기 때문인데, 종교재판소의 불구덩이에서 활활 타오를 것이다.**
꿈을 믿고, 그 소리에 복종하는가? **사탄의 영향이거나 단순히 우둔하기 때문이다.**
동성애가 자유로운가? 처녀의 순결은 전혀 중요하지 않은가? **난교(亂交)의 습성이 있고, 지옥문 바로 코앞에서 살고 있기 때문이다.**
절대로 어린아이들을 때리지 않고, 자유롭게 놓아두는가? **벌을 줄 능력도 가르칠 능력도 없기 때문이다.**
먹어야 할 시간에 먹지 않고, 배고플 때 먹는가? **본능을 통제할 줄 모르기 때문이다.**
자연을 숭배하고, 자연을 어머니로 여기며, 자연은 신성하다고 믿는가? **종교를 가질 능력도 없거니와, 우상만을 숭배할 줄 알기 때문이다.**

수 없었고, 흑인은 그 누구도 엘살바도르 국경을 통과할 수 없었다. 멕시코의 도시 산크리스토발데라스카사스(San Cristóbal de Las Casas)에 사는 인디언은 인도로 걸어 다닐 수 없었다.

그럼에도 라틴아메리카에는 우생학 관련법이 존재하지 않았다. 아마도 굶주림과 경찰이 그 일을 책임지고 있었기 때문일지도 모르겠다. 지금도 과테말라, 볼리비아, 페루의 인디언 아이들이 치료 가능한 질병이나 기아로 떼죽음을 당하고 있다. 그리고 브라질에서 군사 혹은 준군사조직에 의해 살해되는 거리의 어린이 열 명 중 여덟 명은 흑인이다. 미국에서 우생학에 관한 법률이 마지막으로 철폐된 것은 1972년 버지니아 주에서였지만, 흑인 영아 사망률은 백인 영아 사망률의 두

++ 흑인은 바로 이래서 열등하다
(18~19세기 사상가들의 생각)

근대 민주주의의 아버지 몽테스키외(Montesquieu) **남작**: 대단히 현명한 존재인 신께서 정신을, 그것도 선한 정신을 검은 육체에 부여하셨다는 것은 생각할 수도 없는 일이다.

동·식물 분류학자 카를 폰 린네(Carl von Linné): 흑인은 떠돌이이고 게으르며 태만하고, 나태하며, 방탕한 습성을 지녔다.

인간 지성에 정통한 데이비드 흄(David Hume): 흑인도 인간의 어떤 속성은 발전시킬 수 있다. 앵무새가 몇몇 단어를 말할 수 있게 되는 것처럼 말이다.

해부학 현인(賢人) **에티엔 세레스**(Etienne Serres): 흑인은 미개할 수밖에 없는 벌을 받고 태어났다. 왜냐하면 배꼽과 성기 사이의 길이가 얼마 되지 않기 때문이다.

무능력자의 번식을 막기 위한 과학적 방법인 우생학의 아버지 프랜시스 골턴(Francis Galton): 악어는 결코 영양(羚羊)이 될 수 없고, 흑인은 결코 중산계급의 일원이 될 수 없다.

저명한 동물학자 루이 아가시(Louis Agassiz): 성인 흑인의 뇌는 7개월 된 백인 태아의 뇌에 해당한다. 흑인의 두개골은 백인의 두개골보다 훨씬 먼저 닫히기 때문에 뇌의 발전도 중단된다.

배에 달하고, 전기의자나 주사, 알약, 총살, 교수형으로 사형되는 성인 열 명 중 네 명은 흑인이다.

제2차 세계대전 당시, 미국의 수많은 흑인 군인들이 유럽의 전쟁터에서 목숨을 잃었다. 하지만 미국 적십자사는 흑인의 헌혈을 거부했는데, 이는 수혈을 통해 피가 섞이지 않게 하기 위해서였다. 피가 섞이는 일은 이불 속에서도 금지된 일이었다. 윌리엄 포크너(William Faulkner)의 뛰어난 일부 문학 작품과, 두건을 쓴 KKK단의 수도 없이 잔인한 행위에서 잘 드러난 감염에 대한 공포는 미국인의 악몽에서 아직 사라지지 않은 환영이다. 어느 누구도 민권운동이 거둔 승리를 부정할 수는 없으리라. 최근 몇 십 년 동안에 인종차별 반대운동은 놀라운

성과를 거두었다. 흑인의 처지는 많이 나아졌다. 그러나 아직도 흑인은 백인 실업률의 두 배에 이르고, 대학교보다는 감옥을 더 자주 들락거린다. 미국의 흑인 네 명 중 한 명은 감옥에서 형을 살았거나 현재 살고 있는 중이다. 미국의 수도 워싱턴에 사는 흑인 네 명 중 세 명은 최소한 한 번은 검거된 적이 있다. 로스앤젤레스에서 고급 승용차를 모는 흑인은 자동적으로 경찰에 체포되는데, 1991년 집단 분노를 폭발시키며 도시 전체를 부들부들 떨게 만들었던 로드니 킹(Rodney King) 구타사건에서 보듯이 흑인이 수모를 당하거나 구타 당하는 일은 보통 있는 일이다. 1995년, 제임스 치크(James Cheek) 주아르헨티나 미국 대사가 독자 행보를 위한 희미한 동작에 지나지 않았던 아르헨티나 특허법을 평가절하하며 다음과 같이 경솔하게 말했다. "그건 부룬디에나 어울리는 일이다." 그러나 그의 발언에 아르헨티나, 미국, 부룬디 그 어느 나라도 미동조차 하지 않았다. 말이 난 김에 하는 얘긴데, 그 당시 부룬디는 전쟁 중이었고 유고슬라비아도 전쟁에 휩싸여 있었다. 국제 통신사들의 표현을 빌리자면, 부룬디에서는 부족들이 대치하고 있었지만 유고슬라비아에서는 인종, 국적, 종교 집단 사이의 분쟁이 있었다.

200년 전, 라틴아메리카의 현실을 바라볼 줄 알았던 독일의 과학자 알렉산데르 폰 훔볼트(Alexander von Humboldt)는 "피부색이 사람이 사회에서 차지하는 계급을 결정한다."라고 말했다. 물론 그동안 일어난 변화를 부인할 수는 없지만, 그의 발언은 라틴아메리카뿐 아니라 북쪽 끝에서 남쪽 끝까지 아메리카 대륙 전체를 아직도 상당히 잘 묘사하고 있다. 비록 최근 볼리비아에서 인디언 부통령이 탄생했으며,

미국에는 많은 훈장을 받은 흑인 장군들이 있고, 걸출한 흑인 정치인과 사업계에서 성공한 흑인들이 얼마간 있을지라도 말이다.

18세기 말, 재산을 축적한 몇 명의 라틴아메리카 물라토는 에스파냐 왕가나 포르투갈 왕가에서 '백색 증명서'를 구입할 수 있었는데, 피부색의 갑작스러운 변화는 그들에게 그 사회적 변화에 해당하는 권리를 선사하였다. 그다음 여러 세기 동안에도 돈은 여전히 그와 유사한 연금술을 행하는 능력이 있었다. 예외적으로 재능이 연금술사가 되는 경우도 있었다. 19세기 라틴아메리카 최고의 작가인 마샤두 지 아시스(Machado de Assis)는 물라토였지만, 동료 주어킹 나부쿠(Joaquim Nabuco)의 표현을 빌리자면, 문학적 완숙함 덕분에 백인이 되었다. 그러나 일반적으로 아메리카에서 이른바 인종 민주주의는 오히려 사회적 피라미드에 더 가깝다고 말할 수 있다. 그리고 그 부유한 정점에는 백인 혹은 백인이라고 믿는 사람들이 자리하고 있다.

캐나다 인디언의 처지는 미국 흑인의 처지와 상당히 닮았다. 다시 말해, 캐나다 인디언은 인구의 5% 정도밖에 되지 않지만, 열 명의 죄수 가운데 세 명이 인디언이고, 인디언 영아 사망률은 백인 영아 사망률의 두 배에 달한다. 멕시코 인디언이 받는 임금은 전체 평균의 절반에 간신히 미칠 정도지만, 영양실조는 두 배에 이른다. 브라질의 대학교나 드라마 연속극, 광고물에서 피부가 검은 사람을 만나는 일은 드물다. 브라질 공식 통계자료에서는 흑인 인구가 실제보다 훨씬 더 적고, 아프리카 종교를 믿는 신자들도 가톨릭 신자로 나타난다. 좋든 나쁘든 조상이 흑인이 아닌 사람이 없는 도미니카 공화국에서는 주민 등록증에 피부색을 기록하고 있지만, '흑인'이라는 단어는 절대 등장하지 않는다. "'흑인'이라고는 쓰지 않아요. 평생을 불행하게 할 이유는 없잖아요." 어느 공무원이 이렇게 설명했다.

도미니카 공화국과 흑인의 나라인 아이티 사이에 놓인 국경은 '곤경(The Bad Pass)'이라고 불린다. 라틴아메리카 전역에서 '용모 단정한 직원'을 구하는 신문 광고는 사실 흰 피부의 직원을 바란다는 말이다. 리마(Lima)에 흑인 변호사가 한 명 있는데, 판사들은 언제나 그를 피고와 혼동한다. 1996년, 상파울루 시장은 가난한 사람들, 즉 흑인과 강렬한 피부색의 물라토에게는 금지구역이었던 개인 소유 건물의 엘리베이터를 모든 사람이 사용할 수 있도록 바꾸고, 이를 어길 시에는 약간의 벌금을 물도록 하는 법령을 공포했다. 그해 말 크리스마스 이브, 아르헨티나 북부 지역의 살타(Salta) 대성당에서 아기 예수의 탄생 장면을 보여 주는 마구간 성탄 인형 때문에 커다란 소동이 벌어졌다. 목자들과 세 명의 동방박사, 성모 마리아와 성 요셉뿐 아니라 막 태어난 아기 예수까지도 인디언 모습과 복장을 하고 있었기 때문이다. 이 엄청난 신성 모독은 오래갈 수 없었다. 지역 고위층의 분노와 방화 위협으로 성탄 기념 인형은 모두 치워지고 말았다.

이미 신대륙 정복 시절에도 인디언은 이승에서 노예의 삶을 살다가 저승에서는 지옥에 떨어지는 벌을 타고 났다는 사실에 아무도 의문의 여지를 두지 않았다. 아메리카 대륙에서 사탄의 영향력을 증명하는 예는 차고도 넘친다. 반박할 수 없는 여러 증거들 중에서도 카리브해 연안과 기타 지역에서 동성애가 자유롭게 행해졌다는 사실을 들 수 있다. 알폰소(Alfonso) 왕의 칙령으로 1446년부터 포르투갈의 동성애자들은 모두 불구덩이에서 타 죽었다. "일반법으로 명령하고 처리하

노니, 그 죄를 범하는 자는 누구든지, 그 방법이 어떻든지 간에 불에 타 재가 되고, 이후에 그의 육체나 무덤에 대해서조차 기억하는 소리를 들을 수 없으리라." 1497년, 에스파냐의 이사벨(Isabel)과 페르난도(Fernando) 가톨릭 국왕 부처(夫妻)도 그 당시까지는 돌로 쳐 죽이거나 교수대에 매달아 죽이던 '사악한 남색(男色)의 죄'를 범한 자들을 산 채로 불태워 죽이라는 명령을 내렸다. 신대륙을 정복한 군인들은 동성애자를 처벌하는 기술에 실로 대단한 공헌을 했다. 1513년, '태평양 발견'이라고들 떠드는 그 일이 있기 이틀 전에 바스코 누녜스 데 발보아(Vasco Núñez de Balboa) 대장은 '자연의 이치에 거역하는 역겨운 죄'를 범하여 신을 모욕한 50명의 인디언을 끔찍하게 괴롭혔다. 그들을 산 채로 불태워 죽이는 대신 인육을 뜯어먹는 훈련을 받은 개들에게 던져 넣은 것이다. 이 일은 파나마(Panamá)에서 불가마의 불기운이 찬란한 가운데 진행되었다. 발보아의 개 레온시코는 육군 소위의 월급을 받았는데, 내장 꺼내는 기술에서 빛나는 솜씨를 발휘했다.

거의 5세기가 지난 1997년 5월, 브라질의 작은 도시 사웅곤살루두 아마란치(São Gonçalo do Amarante)에서 한 남자가 열다섯 명을 살해한 후 자신의 가슴에 총을 쏘아 자살했다. 이유는 마을에 그가 동성애자라는 소문이 돌았기 때문이었다. 신대륙 정복 이래로 세상을 지배하는 질서는 성서의 전통을 세우기 위해 세속의 자산을 사회화하는 대신 열성을 다해 끔찍한 공포를 보편화하는 일에 집착했다.

지금은 게이와 레즈비언 운동이 특히 북반구 국가들에서 상당히 많은 자유와 존중의 영역을 확보했지만, 우리의 판단을 흐리게 하는 케케묵은 생각이 여전히 남아 있다. 많은 사람들이 아직도 동성애를

++ 관점 5

만약 예수의 12제자가 여성이었고 그들이 복음서를 썼다면, 예수가 탄생하던 밤을 어떻게 묘사했을까?

성 요셉은 별로 좋은 기분이 아니었다. 짚으로 만든 요람에서 막 태어난 아기 예수가 광채를 발하는 마구간에서 유독 그만이 시무룩한 표정을 지었다. 성모 마리아, 천사와 목자들, 양 떼와 소, 당나귀, 그리고 동방박사들, 그들을 베들레헴까지 인도했던 별, 모두 미소 짓고 있었다. 단 한 명만 빼고 모두가 미소 짓고 있었다. 성 요셉이 침울하게 중얼거렸다. "딸이길 바랐는데……."

속죄할 수 없는 죄, 전염성이 강하고 지울 수도 없는 낙인 혹은 순진한 사람을 물들여 파멸로 이끄는 일로 간주한다. 보는 시각에 따라 죄인도 되고, 환자나 범죄자가 되기도 하지만, 동성애자들은 어쨌든 공공의 위험요소가 된다. 수많은 동성애자들이 과거에도 그랬고 지금도 역시 콜롬비아의 '사회청소단체', 브라질 살인 부대 또는 자신의 이웃을 때리거나 칼이나 총으로 난도질하며 자신에게 든 귀신을 내쫓는 의식을 벌이는 광신자들—그들은 제복을 입을 수도 있고 민간인 복장을 했을 수도 있다—가운데 어느 누구의 손에 걸려 희생자가 되고 있다. 바이아(Bahía) 게이 그룹의 인류학자 루이스 모트(Luiz Mott)는 최근 15년 동안 브라질에서 살해된 동성애자가 적어도 1만 8,000명이라고 밝혔다. 경찰은 "자기들끼리 죽인다구요." "암컷 버러지들이 그렇지 뭐."라고 말한다. 이는 아프리카에서 일어나는 전쟁에 관해 "흑인들이 그렇지 뭐."라고 말한다든가, 아메리칸인디언의 대학살에 관해 "인디언이 그렇지 뭐."라는 말과 똑같다.

"여자들이 그렇지 뭐."라는 말도 한다. 인종차별주의자들과 남성우월주의자들은 원천이 같은 우물의 물을 마시고 비슷한 말을 내뱉는

++ 관점 6

하와가 창세기를 썼다면, 인류가 사랑하던 첫날밤은 어땠을까?
하와는 자신이 다른 이의 갈비뼈에서 태어나지 않았고, 뱀이라고는 한 마리도 알지 못하며, 어느 누구에게도 사과를 먹으라고 건네준 일도 없고, 하느님이 자신에게 잉태하는 고통을 크게 더하고 남편이 자신을 다스릴 것이라고 말한 일도 없음을 밝히는 일부터 시작했을지도 모른다. 그리고 그 모든 이야기는 아담이 언론에 흘린 새빨간 거짓말이라고 했을지도 모른다.

다. 아르헨티나의 범죄학자 에우헤니오 라울 사파로니(Eugenio Raúl Zaffaroni)에 따르면, 모든 형법의 원조가 되는 책은 1546년 출간된 『마녀들의 망치』라는 책으로 인류의 절반인 여성에 반대하는 내용을 담고 있으며 종교재판소의 안내서로 쓰였다. 종교재판관들은 책의 첫 장부터 마지막 장에 이르기까지 여성의 처벌을 정당화하고 여성의 생물학적 열등함을 드러내기 위해 전력을 다했다. 멍청한 하와 때문에 하느님이 인간을 천국에서 내쫓았고, 경망스러운 판도라가 상자를 열어 세상이 불행으로 가득 차게 된 그때부터 여성은 성서와 그리스 신화에서 충분히 학대받았다. 사도 바울은 고린도 사람들에게 "여자의 머리는 남자다."라고 이야기했고, 19세기 후 사회심리학의 창시자 가운데 한 사람인 구스타브 르 봉(Gustave Le Bon)은 '똑똑한 여자 만나기란 머리가 두 개인 고릴라만큼이나 드문 일'이라고 주장했다. 찰스 다윈은 직관과 같은 여성의 장점을 일부 인정하긴 했지만, 그것은 "열등 인종의 독특한 능력"이었다.

이미 신대륙 정복 초기부터 동성애자들은 남성다움을 거역한다는 비난을 받았다. 하느님 — 남성명사이니까 수컷임이 분명하다 — 을 욕보이는 일 중에서도 가장 용서받을 수 없는 일은 "여성이 되려면 유방과

애 낳는 것만 하면 되는" 그 인디언들의 여성화에 있었다. 지금은 여성 동성애자들에게 여성다움을 거역한다는 비난을 퍼붓는다. 왜냐하면, 그 타락한 여성은 노동력을 재생산하지 않기 때문이다. 아이를 생산하고 가장 하찮은 일부터 가장 고귀한 일까지 두루 떠맡기 위해 태어난 여성은 전통적으로 인디언이나 흑인처럼 선천적으로 우둔하다는 혐의를 받아왔다. 그리고 그들처럼 역사의 변두리로 내던져졌다. 아메리카 대륙의 공식 역사 기록은 남성 영웅들의 충실한 그림자가 되었던 여인들, 희생정신이 투철했던 어머니들, 고통 받았던 과부들에게만 비좁은 자리를 내주고 있다. 깃발, 바늘땀, 슬픔이여! 신대륙 정복을 주도한 유럽 여성이나 독립전쟁에서 손에 칼을 들었던 라틴아메리카 여성을 언급하는 일은 드물다. 비록 남성우월의식에 젖은 역사가들이 이러한 여성의 용기에 박수를 보냈을지도 모르겠지만 말이다. 그런데 식민지 시대의 수많은 반란에 앞장섰던 인디언 여성과 흑인 여성에 대한 언급은 더더욱 드물다. 그녀들은 투명인간이나 마찬가지지만, 깊이 파헤치면 기적처럼 나타난다. 얼마 전 수리남(Surinam)에 관한 책에서 카알라(Kaála)를 알게 되었다. 자유인의 우두머리였던 그녀는 성스러운 지휘봉으로 도망친 노예들을 이끌었고, 성 기능이 부족하다는 이유로 남편을 버렸으며, 그를 고통스럽게 만들었다.

인디언이나 흑인과 마찬가지로 여성도 열등하지만 위협적이다. 구약의 경외서(經外書) 42장 14절에서도 "여자의 친절함보다 남자의 사악함이 더 낫다."라고 경고했다. 오디세우스도 남성을 유혹하여 죽음에 이르게 하는 바다요정 사이렌을 경계해야 한다고 잘 알고 있었다. 무기와 발언권의 남성 독점을 정당화하지 않는 문화적 전통은 존재하

지 않고 여성을 경멸하거나 위험한 존재로 비난하지 않는 대중 전통도 존재하지 않는다. 대를 이어 전해져 내려온 속담에서는 여성과 거짓말은 같은 날 태어났고 여성의 말은 추호의 가치도 없다고 말한다. 또한 라틴아메리카의 신화를 보면 밤에 지나가는 행인을 숨어 기다리며 복수를 하려고 돌아다니는 '사악한 빛', 공포의 혼령은 거의 어김없이 여성이다. 깨어 있어도 잠들어 있어도, 쾌락과 권력의 금지구역에 혹시 여성이 쳐들어오지 않을까 하는 남성의 공포가 점점 커져만 가는데, 그렇게 얼마나 많고 많은 세월이 이어져 왔는지 모른다.

여성이 까닭 없이 마녀사냥의 희생양이 되지는 않았고 비단 종교재판소 시절에만 그랬던 것도 아니다. 격정의 발작, 신음 소리, 어쩌면 오르가슴 — 그것도 모자라 복합 오르가슴 — 은 여성이 귀신에 씌웠다는 증거였다. 사탄에 홀리지 않고서야 금지된 그 욕망의 불길을 설명할 길이 없는데, 그래서 불로 벌을 받았다. 신은 욕망으로 타오르는 여성 죄인들을 산 채로 태워죽이라고 했다. 여성의 쾌락에 대한 질투와 공포는 어제 오늘의 일이 아니다. 오랜 시간 동안 세계 여러 지역의 수많은 문화에서 공통으로 발견할 수 있는, 가장 오래되고 보편적인 신화 가운데 하나는 이가 난 여성의 성기에 관한 것이다. 여성의 성기는 이가 가득 난 입, 남성의 살을 뜯어먹는 사나운 물고기의 탐욕스러운 입과 같다. 오늘날, 이 세기말에도 클리토리스를 절단 당한 여성이

1억 2,000만 명이나 된다.

나쁜 행실로 의심받지 않는 여성은 없다. 라틴아메리카의 성인 발라드 가요에서 여성은 하나같이 불쾌한 존재다. 탱고에서 여성은 어머니만 빼고 모두 매춘부다. 지구의 남반구 국가들에서는 기혼 여성 세 명 가운데 한 명이 자신이 한 일 때문에 혹은 할지도 모르는 일 때문에 허구한 날 매를 맞는다. “우리는 자고 있었어요.”라고 몬테비데오의 카사바예(Casavalle) 마을에 사는 한 여성 노동자가 말한다. “한 왕자가 나타나서 당신에게 입을 맞추고 잠을 재워줘요. 당신이 깨어나면, 그 왕자는 당신을 몽둥이로 때립니다.” 또 다른 여성의 말이다. “나는 엄마가 무서워요. 우리 엄마는 우리 할머니를 무서워했구요.” 소유권의 확인. 수컷과 암컷이 새끼들에 대한 소유권을 매질로 확인하듯이, 수컷은 암컷에 대한 자신의 소유권을 매질로 확인한다.

그리고 성폭력이란, 어쩌면 그 권리를 폭력으로 거행하는 의식은 아닌가? 성폭력범은 쾌락을 추구하지도 쾌락을 얻지도 않는다. 굴복시켜야만 한다. 성폭력은 희생자의 엉덩이에 불로 소유권 낙인을 새겨놓는다. 그것은 언제나 화살, 칼, 총, 대포, 미사일을 비롯한 여러 발기물(發起物)로 표현되어 온 권력의 남근성(男根性)을 가장 잔인하게 표현하는 일이다. 미국에서는 6분마다 한 명의 여성이 성폭력을 당한다. 멕시코에서는 9분마다 한 명 꼴이다. 멕시코 여성이 이런 말을 했다. “성폭력을 당하는 거나 버스에 치이는 거나 별 차이가 없어요. 나중에 남자들이 좋았냐고 물어보는 것만 빼고요.”

통계상으로는 고발이 접수된 성폭력만 기록으로 남는데, 라틴아메리카에서는 언제나 실제 발생 건수가 훨씬 더 많다. 희생자 대부분이 두려워서 침묵하기 때문이다. 수많은 여성과 어린이들이 집에서 성폭력의 희생양이 되고 결국엔 길거리로 나가 헐값에 몸을 판다. 일부는 거리의 다른 어린이들처럼 길에서 산다. 리우데자네이루의 길거리에서 제멋대로 자라난 14세의 렐리아(Lélia)가 말한다. "다들 도둑질해요. 나도 훔치고, 다른 사람도 나한테서 훔쳐요." 렐리아가 몸을 팔며 일해도 받는 돈은 거의 없거나, 돈을 받아도 맞으면서 받는다. 그리고 렐리아가 도둑질을 하면, 렐리아가 훔친 것을 경찰이 훔치고, 그것도 모자라 몸을 훔치기도 한다. 멕시코시티의 거리에 내던져진 16세의 앙헬리카(Angélica)가 말한다. "엄마한테 오빠가 나를 욕보였다고 말했더니, 나를 집에서 내쫓았어요. 지금은 어떤 남자애랑 사는데, 임신했어요. 아들을 낳으면 돌봐주겠다고 했는데, 딸이면 어떻게 할지 아무 말도 안 해요."

국제연합아동기금의 한 여성 간부는 "오늘날 이 세상에서 여성으로 태어나는 것은 위험하다."라고 확인시켜 준다. 그리고 여성운동이 많은 수확을 거두었음에도 아직도 어릴 때부터 여성이 겪는 차별과 성폭력이 존재함을 고발한다. 1995년 중국 베이징에서 개최된 '세계여성학대회'에서 여성은 같은 일을 하더라도 남성 임금의 3분의 1만을 받고 있음이 드러났다. 가난한 사람 열 명 중 일곱 명이 여성이다. 100명 중 겨우 한 명 정도의 여성만이 재산을 소유하고 있다. 인류는 한쪽 날개만 가진 새가 되어 뒤틀린 비행을 하고 있다. 각국 의회에는 의원 열 명당 평균 한 명의 여성 의원이 있고, 여성 국회의원이 한 명도 없는 나라도 있다. 집 안에서나 공장에서 혹은 사무실에서 여성이 쓸모가 있다는 점을 인정하고, 더 나아가 이불 속에서나 요리를 할 때 없어서는 안 될 존재일 수도 있다고 받아들이지만, 공적인 공간은 권력투쟁과 전쟁을 위해 태어난 수컷들이 사실상 독점하고 있다. 국제연합아동기금을 진두지휘하는 캐럴 벨러미(Carol Bellamy)가 눈에 띄는 것도 바로 그런 이유에서다. 국제연합은 평등권을 설교하지만, 실천하지는 않는다. 국제간 최고기구인 국제연합에서 결정권을 행사하는 고위직 열 개 가운데 여덟 개는 남성이 차지하고 있다.

++ 천대받는 엄마

검은 아프리카의 예술작품은 집단 창조력의 산물로서, 특정한 개인의 작품이 아니다. 이 작품들이 우리가 예술가라고 부르는 이들의 작품들과 대등하게 전시되는 경우는 대단히 드물다. 식민지 시대 약탈의 전리품들은 유럽이나 미국의 미술관에 전시되거나 개인 소장품으로 간직되지만, 그 작품들의 **본래** 공간은 인류학 박물관이다. 수공예라든가 민속이라는 표현으로 전락해 버린 아프리카 예술은 이국 마을의 상이한 풍습 가운데에서도 눈여겨볼 만한 가치가 있는 것이다.

서양이라 불리는 세계는 나머지 세계를 다 저당잡고 있는 것처럼 행동하는 버릇이 있는데, 자신들이 진 빚을 인정하는 일에는 별 관심이 없다. 그러나 볼 수 있고 감탄할 수 있는 눈이 있는 사람이라면 누구나 이런 질문을 해볼 것이다. 검은 예술이 기여하지 않았더라면 20세기 예술은 어떻게 되었을까? 젖을 준 아프리카 어머니가 없었다면, 우리 시대의 가장 이름난 회화와 조각품들이 나올 수 있었을까?

윌리엄 루빈(William Rubin)과 그의 동료 연구자들은 뉴욕 현대미술관에서 펴낸 의미심장한 책에서 우리가 예술이라고 부르는 것이 **미개한** 민족들의 예술 — 영감을 얻는 원천이거나 표절의 대상이다 — 에게 진 빚이 얼마나 되는지 한장 한장 비교하며 증명한다.

현대 회화와 조각계의 걸출한 인물들은 아프리카 예술을 자양분으로 성장했으며, 일부는 고맙다는 말 한마디 없이 베껴냈다. 금세기 예술계 최고의 천재인 파블로 피카소(Pablo Picasso)는 언제나 아프리카의 가면과 색실로 짠 주단에 둘러싸여 작업했는데, 그 영향은 그가 남긴 수많은 명작 속에 나타난다. 큐비즘을 낳게 한 작품인 〈아비뇽의 처녀들(Les Demoiselles d'Avignon)〉(바르셀로나의 홍등가 여성)은 수많은 예 가운데 하나다. 그림에서 가장 널리 알려진 얼굴은 전통 균형미를 가장 많이 파괴하고 있는데, 이는 매독으로 일그러진 얼굴을 표현한 콩고의 어느 가면을 똑같이 그려낸 것이다. 그 가면은 현재 벨기에의 왕립 중앙아프리카 미술관에 전시되어 있다.

아메데오 모딜리아니(Amedeo Modigliani)가 조각한 어떤 두상(頭像)들은 말리와 나이지리아의 가면들과 쌍둥이다. 말리의 전통 색실 주단에 나타난 기호의 장식들은 파울 클레(Paul Klee) 표현법의 모델이 되었다. 알베르토 자코메티(Alberto Giacometti)가 태어나기 전에 이미 만들어진 콩고와 케냐의 일부 양식화된 조각품들은 어떤 미술관에서라도 자코메티의 작품으로 통할 것이며, 아무도 눈치 채지 못할 것이다. 현재는 뉴욕의 개인 소장품인 코트디부아르의 나무 조각품 〈어느 기사의 두상〉과 막스 에른스트(Max Ernst)의 유화 〈남성의 두상〉 사이에 어떤 차이점이 있는지 내기를 걸 수는 있겠지만, 알아맞히기는 쉽지 않을 것이다. 알렉산더 콜더(Alexander Calder)의 〈일진의 광풍 속 달빛〉에는 현재 시애틀 미술관에 전시되어 있는 콩고의 루바족(Luba) 가면과 찍어 낸 듯 똑같은 얼굴이 들어 있다.

정의는 뱀과 같아서, 맨발로 다니는 사람들만 무는 법이다.
– 오스카르 아르눌포 로메로(Msgr. Oscar Arnulfo Romero),
산살바도르의 대주교, 1980년 암살됨

공포에 관한 강의

- 공포 가르치기
- 공포 산업
- 재단과 마름질: 적을 어떻게 맞춤하는가?

공포 가르치기

정의보다는 안전을 선호하는 세상이다 보니, 안전의 제단에 정의를 희생물로 바치는 데 동조하는 사람들이 점점 더 늘어나고 있다. 그 의식은 거리에서 거행된다. 범죄자가 난도질당해 죽어 갈 때마다 그가 속한 사회는 성가시게 달라붙는 질병 앞에서 한시름 놓는다. 타락한 인간 한 명의 죽음은 안락한 삶을 사는 사람들에게 약효를 나타낸다. '파머시(pharmacy)'라는 말은 '파르마코스(phármakos)'라는 그리스어에서 왔는데, 이는 위기가 발생했을 때 신에게 제물로 바쳐지던 희생자를 일컫는 말이었다.

세기말의 커다란 위험

1982년도 반이나 지났을 무렵, 브라질의 리우데자네이루에서는 별로 새로울 것도 없는 사건이 또 발생했다. 경찰이 절도 용의자를 죽인 것이다. 경찰이 정당방위 차원에서 살인을 할 때면 늘 그렇듯이 총알은 혐의자의 등을 관통했고, 사건은 일단락되었다. 경찰국장은 보고서에서 그 용의자가 '틀림없는 사회의 세균'이었고, '죽어서 용서를 받았다'

고 썼을 것이다. 브라질의 여러 일간지, 라디오, 텔레비전 등의 언론은 종종 의학이나 동물학 용어로 범죄자를 묘사하곤 한다. 예를 들면, '바이러스, 암, 사회의 전염병, 짐승, 해로운 동물, 벌레, 야수' 등이 있고, 어린이들을 가리킬 때는 '작은 맹수'라고 하기도 한다. 이런 말을 듣는 사람들은 예외 없이 가난한 이들이다. 범죄자가 가난한 사람이 아니면, 기사는 신문의 1면을 장식한다. "절도 현장에서 숨진 젊은이는 중산층", 브라질의 일간지 「폴랴 지 상파울루(*Folha de São Paulo*)」는 1995년 10월 25일자 기사에서 이런 제목을 달았다.

준경찰조직에 의해 사라져 간 수많은 희생자들은 열외로 하고 보자. 1992년 상파울루 경찰국은 하루 평균 네 명을 직무상 살해했다. 연말에 이르자 희생자 수는 15년의 브라질 군사독재 기간 동안 숨진 사망자 수의 네 배에 달했다. 1995년 말에는 '용기와 대담함'으로 무장하고 임무를 수행한 리우데자네이루 경찰들의 봉급을 인상하였다. 경찰 봉급이 인상되자 즉시 늘어난 것이 또 있었다. 총살된 범죄 피의자의 수가 몇 배나 증가한 것이다. "그들은 시민이 아니라 깡패다."라고 말한 닐톤 세르케이라(Nilton Cerqueira) 장군은 군사독재의 상징 인물이자 현재 리우데자네이루의 치안 책임자다. 훌륭한 군인과 훌륭한 경찰은 우선 발포하고 나중에 이유를 묻는다는 것이 그의 지론이다.

라틴아메리카 군부는 1959년 쿠바 혁명을 기점으로 하여 방향을 전환했다. 전통 임무인 국경 수비에서 게릴라의 국가 전복 음모나 무수한 게릴라 양성소 같은 내부의 적을 소탕하는 것으로 담당 임무가 바뀌었다. 자유세계와 민주주의 질서를 수호하기 위해서였다. 그 명분에 힘입은 군인들은 거의 대부분의 라틴아메리카 국가에서 자유와

++ 세계적인 공포
일하는 사람들은 일자리를 잃을까 봐 두려워한다.
일이 없는 사람들은 평생 일자리를 구하지 못할까 봐 두려워한다.
배고픔을 두려워하지 않는 사람들은 먹는 것을 두려워한다.
운전자는 걷는 것을 두려워하고, 보행자는 차에 치일까 봐 두려워한다.
민주주의는 기억을 두려워하고, 언어는 말하는 것을 두려워한다.
민간인은 군인을 두려워하고, 군인은 무기가 바닥날까 봐 두려워하며, 무기는 전쟁이 부족하지 않을까 두려워한다.
이제는 공포의 시대다.
남성의 폭력에 대한 여성의 공포, 두려워하지 않는 여성에 대한 남성의 공포.
도둑에 대한 공포, 경찰에 대한 공포.
자물쇠 없는 문, 시계 없는 시간, 텔레비전 없는 아이, 수면제 없는 밤, 각성제 없는 낮에 대한 공포.
군중에 대한 공포, 고독에 대한 공포, 지난 일에 대한 공포, 앞날에 대한 공포, 죽음에 대한 공포, 삶에 대한 공포.

민주주의를 말살해 버렸다. 1962년에서 1966년까지 불과 4년 사이에 라틴아메리카에서는 아홉 차례의 군사 쿠데타가 발생했고, 이후 군인들은 국가안보라는 교리를 맹신하며 시민정부를 무너뜨리고 양민을 학살했다. 세월은 흘렀고, 문민질서는 회복되었다. 적은 여전히 내부에 있지만, 더 이상 과거의 그 적은 아니다. 군부는 이제 일반 범죄자들과 전쟁을 벌이기 시작했다. 공공안녕을 외치는 히스테리가 국가안보라는 명분을 밀어내고 있다. 군인들은 자신들을 단순한 경찰의 지위로 깎아내리는 것을 털끝만큼도 달가워하지 않지만 현실이 그들을 그렇게 만들고 있다.

약 30년 전까지만 하더라도 기성 권력기구의 적(敵)은 밝은 분홍색에서 강렬한 빨강색까지 다채로웠다. 변두리 칼잡이와 좀도둑 사건은 사건·사고면을 읽는 독자들이나 잔인함을 탐독하는 사람들, 범죄 전문가들만의 관심을 끌 뿐이었다. 이젠 상황이 바뀌어 이른바 일반 범죄가 보편적 강박관념이 되어 버렸다. 범죄도 민주화되어 누구라도 손쉽게 범죄를 저지를 수 있다. 많은 사람들이 범죄를 저지르고, 모든 사람들이 그 영향을 받는다. 범죄는 철권통치와 사형제도를 부르짖는 정치인과 언론인에게 강력한 자극의 원천이 되고, 영외(營外)에서 거두는 성공에 목을 매는 일부 군 장교들에게는 천금 같은 기회를 제공한다. 일부 라틴아메리카 장군들은 정치 캠페인에서 민주주의를 혼란과 불안으로 동일시하는 이 집단적 공포를 대단히 그럴싸한 구실로 활용하여 한몫 단단히 챙겼다. 불과 몇 년 전만 하더라도 그들은 피비린내 나는 독재 권력을 행사하거나 독재의 전면에서 주역으로 활약했지만, 이후엔 국민들의 놀랄 만한 반향을 등에 업고 슬그머니 민주주의 투쟁에 끼어들었다. 과테말라 원주민 학살의 주역인 리오스 몬트(Ríos Montt) 장군과 파라과이의 오비에도(Oviedo) 장군은 대통령 입후보가 불법이라는 판결이 날 때까지만 해도 각종 여론조사에서 선두를 유지했다. 한손으로는 범죄 용의자들을 살해하고, 다른 한손으로는 그렇게 땀 흘려 열심히 번 돈을 스위스 은행에 입금했던 부시(Bussi) 장군은 아르헨티나 투쿠만(Tucumán) 주지사에 당선, 재선되었다. 군복 입은 또 다른 살인자 반세르(Banzer) 장군은 볼리비아 대통령이라는 보상을 받았다.

삶과 죽음마저도 돈으로 환산해낼 수 있는 미주개발은행(IADB, Inter-American Development Bank)의 전문가들에 따르면, 라틴아메리카는 절정을 맞고 있는 범죄로 인해 매년 1,680억 달러의 손해를 보고 있다. 범죄 월드컵에서 승승장구하고 있는 셈이다. 라틴아메리카의

++ 라틴아메리카를 대표하는 풍경
국가는 더 이상 기업인이 아니라 경찰이 되기에 전념한다.
대통령은 외국 기업의 현지 지배인으로 변신하고 있다.
경제부 장관은 훌륭한 통역사다.
기업인들은 수입업자가 되고 있다.
대다수는 극소수가 먹다 남긴 음식에 점점 더 의지한다.
노동자들은 일자리를 잃는다.
농민들은 손바닥만한 땅뙈기도 잃는다.
어린이들은 유년기를 경험하지 못한다.
젊은이들은 믿고 싶은 욕구를 상실한다.
노인들은 연금을 받지 못한다.
"인생은 복권이야." 복권에 당첨된 사람들의 말이다.

살인사건 발생 건수는 전세계 평균의 여섯 배를 웃돈다. 만에 하나, 범죄 성장 속도에 발맞추어 경제가 성장한다면 라틴아메리카는 지구상에서 가장 부유한 곳이 될 것이다. 엘살바도르의 평화를 말하는가? 무슨 평화인가? 엘살바도르에서는 시간당 살인사건이 한 건씩 일어나고 있고, 폭력 건수는 최악의 내전 기간 동안 발생했던 수치의 곱절로 늘어났다. 납치 산업은 콜롬비아, 브라질, 멕시코에서 호황을 맞고 있다. 현재 우리가 살고 있는 이 대도시에서 누군가가 최소한 절도의 위협을 느낀 적이 없다면 평범한 사람은 아닐 것이다. 리우데자네이루에서 발생하는 암살사건은 뉴욕의 다섯 배에 달한다. 콜롬비아의 보고타(Bogotá)는 폭력의 중심지고, 메데인(Medellín)은 과부들만 남은 도시다. 특수 전투군에 속한 엘리트 경찰들이 라틴아메리카 일부 도시에서 거리순찰을 하기 시작했다. 제3차 세계대전의 발발에 대비라도 하는 듯 머리끝에서 발끝까지 중무장한 채 말이다. 야간 적외선 파인더, 보청기, 확성기, 방탄조끼를 갖췄다. 허리춤엔 공격적인 화학약품 캡

슐과 탄환을 장전하고, 손에는 자동소총을 들고 허벅지에는 권총을 찬다.

콜롬비아에서 발생하는 100건의 범죄 가운데 97건은 처벌되지 않는다. 부에노스아이레스 변두리에서도 유사한 비율을 보여 주는데, 이 지역 경찰들은 아주 최근까지도 범죄를 저지르고 젊은이들을 총살하느라 여념이 없었다. 1983년 민주주의가 회복된 시점부터 1997년 중반까지 경찰은 수상해 보이는 젊은이 314명을 사살했다. 1997년 말 경찰조직 개편이 한창일 때 언론은 약 5,000명의 군인들이 월급을 받고 있으나, 그들이 과연 무슨 일을 하는지 또 어디에 있는지조차 알 수 없다고 보도했다. 비슷한 시기에 실시한 여론조사에서는 라플라타 강 유역 주민들이 치안유지군을 얼마나 불신하고 있는지 보여 준다. 이 지역의 아르헨티나인과 우루과이인 중에서 심각한 문제가 발생했을 때 경찰의 도움을 받겠다고 한 사람은 거의 없었고, 열 명의 우루과이 사람들 중에서 여섯 명은 자기가 알아서 처리하겠다고 했으며, 일부는 사격 클럽에 회원으로 등록하기도 했다.

미국에서 실시한 여론조사에 따르면, 시민 열 명 가운데 네 명은 범죄로 인해 일상생활에 변화가 있었다고 했고, 리오그란데(Río Grande) 강 이남에서는 절도라든가 습격사건을 마치 축구나 날씨 이야기하듯 자주 입에 올리고 있다. 여론 산업은 공공의 안녕이 공공의 광적인 집착으로 변모하는 데 상당 부분 기여하고 있다. 불난 집에 부채질하는 격이다. 그러나 무엇보다 많은 기여를 하고 있는 것은 바로 현실이다. 그리고 현실은 폭력이 통계상 나타나는 것보다 훨씬 더 큰 폭으로 증가하고 있음을 말해 준다. 실제로 적잖은 나라에서

사람들은 고발을 하지 않는다. 경찰을 믿지 않거나 두려워하기 때문이다. 우루과이 언론에서는 떠들썩한 강도사건의 주동자들을 '슈퍼 갱'으로, 조직원 가운데 경찰이 섞인 경우에는 '폴리(경찰) 갱'으로 부른다. 베네수엘라 사람 열 명 가운데 아홉 명은 경찰이 범죄를 저지른다고 믿는다. 1996년, 리우데자네이루 경찰 대부분이 뇌물을 받았다고 시인했는데, 경찰 간부 중 하나는 "경찰은 부패하기 위해 창설되었다."라고 말하면서 "부패하고 난폭한 경찰을 원하는" 사회에 그 책임이 있다고 전가했다.

경찰 내부의 비공식 경로를 통해 국제사면위원회(Amnesty International)가 확보한 자료를 보면, 멕시코시티에서 발생하는 열 건의 범죄 가운데 여섯 건은 바로 경찰이 저지르고 있다. 1년 동안 100명의 범죄자를 검거하려면 워싱턴에서는 14명, 파리에서는 15명, 런던에서는 18명 그리고 멕시코시티에서는 1,295명의 경찰이 필요하다. 1997년 멕시코시티 시장은 이런 말을 한 적이 있다. "우리는 경찰이 도를 넘어 부패해도 좋다고 허락했다." '도를 넘어라니?' 언제나 소나기처럼 질문을 퍼붓는 카를로스 몬시바이스[Carlos Monsiváis, 멕시코 문단의 거장]가 물었다. "무슨 말인가? 경찰이 썩었다는 얘기인가 아니면 당신 눈에는 정직하다는 얘기인가? 제대로 일하게 노력 좀 하기 바란다."

세기말인 지금, 모든 것은 세계화되고 모든 것은 닮은꼴이다. 옷, 음식, 식량 부족, 사상, 사상의 부재, 범죄, 범죄에 대한 공포……. 세계 전체로 보자면 범죄는 수치상 나타나는 것보다 훨씬 더 큰 폭으로 증가하고 있다. 1970년 이래로 범죄 고발 건수는 세계 인구보다 세 배나 더 늘어났다. 동유럽에서 소비주의가 공산주의를 매장시키고 있을 때, 일상에서 일어나는 폭력은 임금이 떨어지는 리듬에 맞춰 상승곡선을 그었다. 1990년대 들어 불가리아, 체코 공화국, 헝가리, 라트비아, 리투아니아, 에스토니아에서는 폭력이 세 배나 증가했다. 조직된 범죄와 조직이 파괴된 범죄가 러시아 전역을 휩쓸었고, 어린이 범죄는 유례를 찾아볼 수 없을 정도로 활개를 쳤다. 러시아 거리를 일없이 헤매고 다니는 어린이들을 '잊혀진 어린이들'이라고 부른다. 세기말, 보리스 옐친(Boris Yeltsin) 대통령은 "집 없는 어린이들이 수십만 명이나 된다."라고 인정했다.

1997년 말 루이지애나 주에서 선포된 법을 보면, 미 국민들이 습격을 얼마나 두려워하는지 잘 나타난다. 그 법에 따르면, 차량 운전자는 누구든지 절도하려는 자를 죽일 권리가 있다. 비록 그 도둑이 칼 하나 안 들었어도 말이다. 미스 루이지애나가 만면에 미소를 머금고 TV에 나와 이 전격적인 방법을 홍보했다. 또한 '관용 제로' 정책을 입안해 범죄자들에게 매서운 일격을 가한 루돌프 줄리아니(Rudolph

Giuliani) 뉴욕 시장의 인기도 수직 상승했다. 경찰의 만행을 고발하는 건수가 상승하는 것과 동일한 폭으로 뉴욕의 범죄율이 떨어졌다. 야만적 진압 방식은 마법의 명약이라는 매스컴의 찬사를 받았으나, 뉴욕 시민의 다수를 구성하는 흑인과 소수 민족이 그 성난 화살의 표적이 되어야 했다. '관용 제로' 정책은 신속히 라틴아메리카 여러 도시들에 모범 사례가 되었다.

1997년 온두라스 대통령 선거에서 안전은 모든 대선 주자들의 연설에서 핵심 주제였다. 후보들은 저마다 범죄에 놀란 가슴을 쓸어내리는 국민들에게 안전을 약속했다. 같은 해, 아르헨티나의 국회의원 선거에서 노르마 미라예스(Norma Miralles)는 사형제도에 찬성한다고 밝혔다. 덧붙여 사형되기 전에 고통을 받아야 마땅하다는 의견도 내놓았다. "사형수를 죽이는 것만으로는 모자란다. 고통 받지 않기 때문이다." 바로 그 전에 루이스 파울루 콘지(Luiz Paulo Conde) 리우데자네이루 시장은 종신형이나 강제노역을 선호한다고 밝혔다. 사형은 "너무 빠른 일"이기 때문이란다.

법과 상관없이 사는 사람들이 아무리 공격해도 효력을 발휘하는 법은 존재하지 않는다. 놀란 가슴을 진정시키는 사람들이 몇 곱절로 늘어나는데, 이 놀란 사람들은 그들을 위협하는 위험보다 더 위험할 수도 있다. 그러나 모든 것이 풍족한 사람들만 위험해서 못 살겠다고 하는 건 아니다. 궁핍한 사람들의 상당수도 마찬가지다. 그들은 자신들보다 더 가진 것 없고 더 절망적인 삶을 이어가는 사람들이 주는 상처로 고통 받는다. "제 정신 잃은 일당, 오렌지 훔친 어린이를 산 채로 불태워"라는 제목의 신문 기사도 있다. 1979년에서 1988년 사이,

브라질 매스컴에 오르내린 폭력사건은 272건이나 된다. 못 가진 자들에 대한 못 가진 자들의 맹목적 분노, 잘 봐달라고 경찰에게 돈을 찔러줄 형편도 안 되는 자들이 자행하는 잔인한 보복이다. 1997년 과테말라에서 발생한 52건의 폭력사건도, 1986년에서 1991년 사이에 자메이카에서 발생한 166건의 폭력사건도 가해자는 모두 가난한 사람들이었다. 같은 5년 동안 자메이카 경찰이 툭하면 당기곤 하던 방아쇠에 1,000명 이상의 혐의자가 목숨을 잃었다. 이후 실시된 여론조사를 보면, 자메이카 국민의 3분의 1 정도가 범죄자를 교수형에 처해야 한다고 답했다. 시민의 보복도 경찰의 폭력도 충분치 않다는 것이 그 이유다. 1997년 리우데자네이루와 상파울루에서 실시한 조사에서는 응답자의 반수 이상이 불량배의 폭력을 정상 행동으로 보고 있음이 드러났다.

또한 국민의 상당수가 드러내놓고 혹은 혼자 속으로 죽음의 부대(death squads)의 활약을 지지하고 있다. 법이 허락하지 않아도 알아서 사형을 집행하는 이 부대에는 늘 경찰이나 군인이 참여하거나 공범으로 끼어 있다. 브라질에서는 게릴라로 시작해서 성인 범죄자, 동성애자와 거지들, 마지막으로 청소년과 어린이 차례로 죽었다. 1991년 리우데자네이루 상인연합회 회장인 실비우 쿵냐(Silvio Cunha)는 이런

++ 공공의 적 1

1997년 4월, 브라질 TV 시청자들은 다음과 같은 질문을 받았다. 잔인한 폭력 사건을 주동한 젊은이는 어떤 처벌을 받아야 마땅한가? 압도적 다수가 씨를 없애버리자고 했다. 감옥에 보내느니 사형을 시키자는 의견이 두 배나 높았다.

베라 말라구치(Vera Malaguti) 연구원에 따르면, 공공의 적 제1호의 이미지는 여전히 빈민가에 살면서, 문맹이고, 펑크 음악을 좋아하며, 마약을 복용하거나 마약 거래로 살아가고, 오만하고 남을 짓밟는 성격에, 눈곱만큼도 죄책감을 느끼지 않는 노예의 후손으로 각인되어 있다.

주장을 했다. "빈민가 어린이 하나 죽이는 건 사회에 봉사하는 것이다." 보타포구(Botafogo) 지역의 한 가게 주인은 두 달 사이에 네 차례나 강도를 당했다. 경찰이 그 주인에게 애들을 붙잡아 가도 판사가 그냥 풀어 주고 나면 다시 돌아와 날마다 도둑질로 살아가기 때문에 아무런 소용이 없다고 이야기했다. "아줌마 하기 나름이에요."라고 경찰이 말했다. 그리고 자기가 비번일 때 일을 처리해 주겠다고 하면서 적당한 가격을 제시했다. "그놈들을 없애는 거요."

"없앤다고요?"

"맞아요. 바로 그거예요."

브라질에서는 자위대(self-defense groups)라고 불리길 좋아하는 이 싹쓸이 집단이 상인들의 부탁을 받고 도시 청소를 담당하고, 그들의 총잡이 동료들은 농촌 대지주의 부탁을 받고 땅 없는 농민들이나 귀찮은 사람들을 무참하게 죽여 농촌을 깨끗이 청소한다. 잡지 「이스투에(*Isto é*)」의 1998년 5월 20일자 기사에 따르면, 마란냐웅(Maranhão) 지역에서 판사의 목숨은 500달러, 사제의 목숨은 400달러다. 변호사 하나를 죽이는 데는 300달러면 족하다. 청부 살인조직들은 인터넷을

++ 공공의 적 2
1998년 초, 사무엘 블릭슨(Samuel Blixen) 기자는 다음과 같이 기막힌 비교를 했다. 우루과이에서 가장 악명 높은 범죄조직이 50회의 강도질로 건진 돈은 500만 달러였고, 은행과 금융업자 한 사람이 총 한 번 쏘지 않고 두 번 강도질해서 챙긴 돈은 7,000만 달러에 달했다.

통해 서비스를 제공하는데, 회원으로 등록하면 특별한 가격에 모셔주기도 한다.

콜롬비아에서는 죽음의 부대를 '사회청소단체'라고도 하는데, 이들 역시 시작은 게릴라 살인이었으나, 지금은 상인이나 지주뿐 아니라 돈만 받으면 아무나 살해한다. 그중 상당수는 사복 차림의 경찰이나 군인으로서, 어린이들에게 살인 조기교육을 시키기도 한다. 메데인에서 운영되는 몇몇 청부 살인학교는 돈도 쉽게 벌고 짜릿한 흥분도 맛보게 해 준다며 십대 아이들을 유혹한다. 살인기술을 전수받은 그 아이들은 돈을 받고 때로는 자기들만큼이나 굶주린 다른 아이들을 살해하기도 한다. 늘 그렇듯이 가난한 사람 대 가난한 사람의 투쟁이다. 가난은 너무도 작은 담요라서, 각자 자기 쪽으로 잡아당기기에 바쁘다. 그러나 명망 있는 정치인이나 유명한 기자가 희생자가 될 수도 있다. 일단 표적이 되면 '개' 또는 '짐 꾸러미'로 불린다. 젊은 살인자들은 그 개의 중요성과 작업의 위험도에 따라 돈을 받는다. 살인자들은 종종 안전을 판매하는 회사의 법적 가면을 쓰고 보호를 받으며 일한다. 1997년 말, 콜롬비아 정부는 3,000개의 사설 경비업체를 관리하기 위해 겨우 30명의 감독관을 두고 있다고 밝혔다. 한 해 전, 형식적인 시찰이 실시되었다. 일주일이 걸린 이 순찰에서 감독관한 명이 400개의 자위대를 점검했다. 이상한 점은 하나도 없었다.

죽음의 부대는 흔적 하나 남기지 않는다. 처벌되지 않는다는 원칙이 매우 드물게 깨지기도 하고, 매우 드물게 침묵이 깨지기도 한다. 예외를 보자. 1991년 중반, 콜롬비아의 페레이라(Pereira)에서 70명의 걸인이 무참히 살해됐다. 살인자들은 붙잡히지 않았지만, 최소한 열세 명의 경찰과 두 명의 군장교가 '규율상 징계'를 받고 강제로 옷을 벗었다. 또 다른 예외의 경우를 보자. 1993년 중반, 브라질 리우데자네이루의 칸델라리아(Candelaria) 성당 입구에서 자고 있던 50명의 아이들이 기관총에 맞아 그중 여덟 명이 사망했다. 이 사건은 세계적으로 큰 반향을 불러일으켰고, 사복 차림으로 작전을 수행했던 두 명의 헌병이 체포되었다. 기적이었다.

아파나지우 자자지(Afanásio Jazadji)는 상파울루 주(州) 역사상 최다 득표를 기록하며 주의원에 당선되었다. 그는 라디오에서 인기를 끌기 시작했다. 그는 매일 손에 마이크를 들고 '문제는 차고 넘친다, 해결의 시간이 왔다'고 설교를 해댔다. 콩나물시루 같은 교도소 문제는 이렇게 해결하겠다고 말했다. "그 구제불능의 죄수 놈들 코를 꿰어 끌어다

벽을 향해 세워 놓은 다음 화염방사기로 태워버려야 한다. 아니면 폭탄을 쑤셔 박아버려라. 꽝! 하는 사이 일은 해결된다. 무위도식하는 이런 놈들이 우리의 돈을 얼마나 축내는지 모른다." 1987년 벨 슈비니(Bell Chevigny)와 인터뷰에서도 그는 경찰은 죄 지은 사람들만 고문하기 때문에 고문도 무방하다고 말했다. 남편이 아내를 때릴 때처럼, 경찰도 때로는 누가 어떤 죄를 지었는지 모르고 있다가 때리는 와중에 알게 된다고도 했다. 덧붙여 진실을 밝힐 수 있는 유일한 방법이 고문이라는 결론도 내렸다.

1252년경, 교황 인노첸시오(Innocentius) 4세는 이단 혐의가 있는 자들에게 고문을 가해도 좋다고 승인했다. 종교재판소는 고통을 주는 새로운 기술을 발전시켰는데, 20세기의 테크놀로지는 이를 산업화해 완벽한 단계에까지 올려 놓았다. 국제사면위원회는 50개국에서 전기고문이 체계적으로 자행되고 있다고 밝혔다. 13세기에 권력은 숨김없이 말했다. 그러나 지금, 고문은 행해지고 있지만 아무도 말하지 않는다. 권력은 곤란한 말을 피한다. 1996년 말, 이스라엘 대법원은 팔레스타인 수감자들을 고문해도 좋다고 허락하면서 '적당한 신체적 고통'이라고 칭했다. 라틴아메리카에서는 고문을 '불법적 핍박'이라고 부른다. 언제나 그렇듯 일반 범죄자 혹은 범죄형으로 생긴 사람이면 누구나 라틴아메리카의 경찰서에서 핍박을 당한다. 경찰이 군사독재 시절 정치범에게 가했던 것과 같은 똑같은 고문을 하여 자백을 끌어내는 건 그저 습관으로, 별일 아닌 것으로 간주된다. 차이점이라면 그 당시 정치범의 상당수는 중산층 혹은 상류층이었다는 점이다. 사회계급의 경계선을 따라 때로는 불처벌이 용인될 수도 있다. 공포로 가득했던

군사독재 시절, 인권단체들이 전개했던 고발 캠페인이 항상 메아리 없이 되돌아오기만 했던 것은 아니다. 어떤 경우에는 독재에 휘둘린 그 숨 막히는 나라에서, 또 세계 언론에서 상당한 공감을 불러일으켰다. 반면, 일반범을 보라. 누가 그들의 말에 귀를 기울이는가? 그들은 사회적으로 멸시당하고, 법적으로는 보이지 않는 사람들이다. 자신이 고문당했다고 고발하는 정신 나간 짓을 하는 사람이 있다면 경찰은 몇 배나 더 잔인하게 그를 다시 고문할 것이다.

더럽고 불결한 형무소, 시루 속 콩나물 같은 죄수들, 그들 대부분은 판결도 받지 못한 이들이다. 상당수는 기소조차 되지 않았고, 왜 그곳에 있는지 이유도 모른 채 그냥 갇혀 있다. 이 어수선하게 끓어오르는 감옥을 굳이 비교하자면, 단테의 『신곡』에 등장하는 지옥은 디즈니랜드다. 차고 넘치는 이들 형무소에서는 줄기차게 폭동이 일어난다. 그러면 치안유지대가 그들을 총으로 진압하고, 내친 김에 죽일 만한 사람은 모두 죽여 버린다. 공간 부족의 문제는 그렇게 다소 해결된다.

1992년 한 해에만 50차례가 넘는 폭동이 라틴아메리카에서도 가장 빽빽한 콩나물시루 형무소에서 발생했다. 모두 900명이 사망했고, 거의 모두 매우 잔인하게 죽임을 당했다.

벙어리마저도 불게 하는 고문 덕택에 많은 수감자들은 저지르지도 않은 죄목으로 갇혀 있다. 자유로운 죄인으로 사는 것보다 철창 안에서 죄 없는 자로 지내는 게 더 낫기 때문이다. 어떤 이는 일부 군 장성들의 화려한 업적과 비교한다면 어린이들 장난 같은 살인죄를 자백하기도 하고, 기업인이나 은행가들이 사기 치는 것이나 정치인이 나라를 야금야금 팔아치울 때 챙기는 수수료와 비교한다면 코웃음으로 넘겨버릴 만한 절도죄를 고백하기도 한다. 더 이상 군사독재는 없어도, 금방이라도 터져 버릴 것 같은 형무소를 보면 라틴아메리카 민주주의의 현실을 알 수 있다. 두말할 필요 없이 죄수들은 가난하다. 이제 막 개통한 다리가 내려앉아도, 부정한 방법으로 손에 넣은 은행이 파산해도, 기초공사도 하지 않고 지은 건물이 폭삭 주저앉아도 누구 하나 잡혀가는 사람 없는 곳에서는 가난한 사람들만 형무소에 간다.

이런 권력조직 때문에 빈곤이 생산되고, 이런 권력조직 때문에 절망에 빠진 사람들이 양산되는데, 그들에게 전면전을 선포하는 장본인은 다름 아닌 권력조직이다. 100년 전, 조르주 바셰르 드 라푸주(Georges Vacher de Lapouge)는 인종을 순화하기 위해 더 많은 단두대가 필요하다고 주장했다. 모든 천재는 독일인이라고 믿었던 이 프랑스 사상가는 단두대만이 자연도태설의 오류를 수정하고, 무능력자와 범죄자의 대책 없는 번식을 막을 수 있다고 확신했다. 가혹한 사회적 치료법을 요구하는 자들은 이제 "훌륭한 도둑놈은 죽은 도둑놈이다."라고 말한다. 건달과 마약 복용자들이 득시글대는 빈민가의 위협을 눈앞에 둔 사회는 국민건강을 위한 정당방위 차원에서 사람을 죽일 권리가 있다. 사회문제는 경찰 문제로 축소되었고 사형에 찬성하는 목소리가 날로 커지고 있다. 사형은 감옥 유지비를 줄이고 엄포를 놓는 의미의 쓸 만한 효과가 있으며 재범 가능성이 있는 자들을 사전에 제거함으로써 재범의 문제가 해결되기 때문에 정당한 형벌이라고들 이야기한다. 사람들은 죽으면서 배운다. 라틴아메리카 대부분의 국가에서 법적으로는 사형이 금지되어 있다. 비록 경찰의 경고사격으로 발사된 총알이 범죄 용의자의 목덜미를 관통할 때마다, 또 죽음의 부대가 이후 아무런 처벌을 받지 않고도 사살을 할 때마다, 국가는 사실상 사형제를 시행하고 있지만 말이다. 법이 있거나 없거나 국가는 사전 모의된 살인, 배신, 차별을 자행하고 있지만, 국가가 아무리 죽이고 또 죽일지라도 황무지로 변해 버린 거리의 도전을 피할 수는 없어 보인다.

권력은 잡초를 잘라 내고 또 잘라 낸다. 그러나 자기 자신의 생명을 위협하지 않고는 잡초 뿌리를 완전히 뽑아낼 수 없다. 범죄자에게 형을 언도하지만, 범죄자를 만들어 내는 기계는 무사하다. 이는 마치 약물로 위안을 얻어야 하는 삶의 방식과 도피 망상은 젖혀 두고 마약 복용자들만 처벌하는 것과 같다. 점점 더 많은 사람들을 거리와 감옥으로 내몰고 점점 더 많은 절망과 실망을 안겨 주는 사회질서는 그렇게 책임을 면제받는다. 다니엘 드루(Daniel Drew)가 증명했듯이, 법은 거미줄과 같아서 파리 같은 작은 곤충은 잡지만, 커다란 짐승의 진로를 방해하지는 못한다. 100년 전, 시인 호세 에르난데스(José Hernández)는 법을 칼에 비유하여 그것을 휘두르는 자를 절대 욕보이지 않는다고

++ 있는 그대로 말합시다

제1차 남미경찰회의가 1979년 군사독재가 활개를 치고 있던 우루과이에서 개최되었다. 회의의 최종 결의안을 인용하자면 "라틴아메리카 국민들이 가는 길에 놓인 반짝이는 고매한 이익을 위하여" 역시 군사독재 치하에 있던 칠레에서 활동을 계속하기로 결정했다.

군사독재의 길을 함께 가고 있던 아르헨티나 경찰은 1979년의 그 회의에서 어린이와 청소년 범죄 추방을 위해 치안유지대가 해야 할 임무를 일깨워줬다. 아르헨티나 경찰의 보고서는 거침없이 모든 걸 드러내놓고 이야기하고 있었다. "문제를 지나치게 간소화하는 것으로 보일 수 있겠지만, 문제의 뿌리와 본질, 생기를 불어넣는 듯한 그 동력과 발전의 실체에 접근하기 위한 최소한의 공통기반은 반복해 다시 이야기하건대 가정이다. 그것은 사회, 경제, 문화의 측면과는 거의 무관하다. 무언가 부족한 청소년은 다른 하위문화(히피, 범죄 등)에서 동일화 모델을 발견하는데, 바로 그렇게 사회화과정이 중단되고 만다. 공공질서 유지는 집단의 차원을 넘어서서 개인 내부 문제로 후퇴한다. 그래서 개인은 개인적 존재이자 사회적 존재라는, 독특하면서도 따로 떼어 내 생각할 수 없는 현실을 다시 떠맡는다. 일부 미성년자들이 개인적 사회적 위험을 야기하며 부적절한 행실로 타락하는 행동을 보여 주었을 때, 우리는 그들을 손쉽게 색출하여 선도하였고, 문제는 해결되었다."

했다. 그러나 높은 분의 말씀을 들으면, 법이 법망을 빠져나갈 수 없는 불행한 자들만이 아니라 만인을 위해 존재하는 것처럼 느껴진다. 가난한 범죄자들은 영화에서 악역을 맡고, 돈 있는 범죄자들은 시나리오를 쓰고 배우들을 감독한다.

한때 경찰은 풍부하고 말 잘 듣는 노동력을 필요로 하는 생산체제에 봉사하기도 했다. 법은 부랑자를 처벌했고, 경찰은 그들에게 총검을 겨누어 공장에 밀어 넣었다. 그렇게 유럽 산업사회는 농민을 프롤레타리아로 만들었고 도시에서 직업윤리를 강요할 수 있었다. 이제는 어떤 방법으로 실업윤리를 강요할 것인가? 지금도 직업이 없고 앞으로도 직업이 없을 수많은 사람들, 점점 늘어만 가는 그들을 강제로라도 복종하게 하려면 어떤 기술을 써야 먹혀들 것인가? 조난자가 하나 둘이 아닌데 그들이 뗏목 위로 기어오를 때 뗏목이 뒤집히지 않게 하려면 무엇을 해야 하는가?

오늘날 국가이성은 전세계를 쥐락펴락하며 투기만을 양산해내는 금융시장의 이성이다. 치아파스 원주민의 대변인 마르코스(Marcos)는 현재 상황을 정확하게 묘사했다. “우리는 우리나라가 스트립쇼 하는 걸 보고 있다. 우리나라는 반드시 필요한 속옷만 내버려 두고 나머지는 모두 벗어 버린다. 마지막 남은 그 속옷은 바로 억압이다. 진실의 시간, 모두 할 일을 찾아 제자리로 돌아간다. 국가는 외채를 갚고 사회의 평화를 보장하기 위해서만 존재할 가치가 있다.”

국가는 행동으로 살인하고 부주의로 살인한다. 1995년 말, 브라질과 아르헨티나의 언론에 난 기사다.

- 행동에 의한 범죄: 리우데자네이루 헌병은 전년 같은 기간 대비 여덟 배나 빠른 속도로 시민들을 죽였고 부에노스아이레스 변두리의 담당 경찰들은 젊은이들을 파리 잡듯이 없애버렸다.
- 부주의에 의한 범죄: 브라질 북동부의 카루아루(Caruarú) 마을에서는 40명의 신장병 환자들이 죽어가고 있었다. 보건소에서 그들에게 오염된 물로 투석을 했기 때문이다. 아르헨티나 북동부의 미시오네스(Misiones)에서는 살충제에 오염된 식수 때문에 언청이나 척수 기형아가 태어났다.

리우데자네이루 빈민가에서는 여자가 물이 든 깡통을 머리 위에 왕관처럼 쓰거나 아이들이 바람에 연을 날려서 경찰이 떴다는 신호를

보낸다. 카니발이 다가오면 흰색 곱슬머리 가발과 반짝이는 목걸이에 비단 망토를 두른 검은 피부의 왕과 여왕이 빈민가에서 내려온다. 어떤 사람들은 카니발이 끝나고 관광객도 모두 돌아간 재의 수요일에도 변장을 벗지 않는데, 경찰은 카니발 동안 아주 잠깐 군주의 자리에 올랐던 평민들을 카니발 기간을 제외한 1년 내내 인정사정없이 옥죄는 일에 열심이다.

금세기 초만 해도 리우데자네이루에 판자촌은 단 한 곳밖에 없었다. 이미 몇몇 판자촌이 형성되었던 1940년대에 작가 스테판 츠바이크(Stefan Zweig)*가 방문했다. 그곳에선 폭력도 슬픔도 찾을 수 없었다. 하지만 현재 리우의 판자촌은 500군데를 넘는다. 그곳에선 쥐꼬리만 한 돈을 받으며 부유한 집에 가서 주방 일을 하고 세차와 빨래와 화장실 청소를 하는 사람들, 노동시장과 소비시장에서 소외된 사람들

* 독일의 작가. 1934년 나치에 쫓겨 영국으로 이주했다가 1940년 브라질로 갔다. 새로운 환경에 점점 더 외로움과 환멸감을 느껴 자살했다.

이 산다. 마약으로 돈을 벌거나 안식을 찾는 사람들도 있다. 그들을 만들어 낸 사회의 관점에서 본다면, 판자촌은 조직범죄나 마약 거래의 도피처에 지나지 않는다. 헌병들이 종종 판자촌으로 쳐들어온다. 그들은 베트남 전쟁을 방불케 하는 작전으로 빈민가를 덮친다. 전담 해결사 부대도 수십 개나 된다. 사망자들은 읽을 줄도 쓸 줄도 모르는 사람들의 읽을 줄도 쓸 줄도 모르는 자식들로 대부분 흑인 청소년들이다.

1세기 전, 미국 일리노이 주의 소년원장은 수감된 아이들의 3분의 1 가량은 구제 대상이 아니라는 결론을 내렸다. 그들은 미래의 범죄자들이고, "속세와 육체와 악마를 사랑하는" 아이들이라는 것이다. 그 많은 아이들을 어떻게 했는지는 명확하지 않지만, 이미 그 당시만 해도 영국인 시릴 버트(Cyril Burt)를 비롯한 일부 과학자들은 극빈층의 "종족 번식을 막음으로써" 범죄의 싹을 잘라야 한다고 주장했다. 100년이 지난 지금, 남반구의 후진국에서는 극빈층을 마치 쓰레기처럼 취급한다. 북반구의 선진국은 자국의 유해 산업폐기물을 후진국에 수출함으로써 말끔히 처리해 버리지만, 후진국은 자국의 유해 인간쓰레기를 수출하지 못한다. 그렇다면 구제할 길 없는 극빈층은 어떻게 할 것인가? "그런 쓰레기 종족의 번식"을 막기 위해 총탄이 발사되고, 세계의 군사 선도자인 미 국방부는 21세기 전쟁에서는 거리 폭동과 약탈을 진압하기 위해서 더욱 특수한 무기가 필요할 것이라는 이유를 들어 군수품 교체 계획을 발표한다. 미국의 워싱턴이나 칠레의 산티아고 같은 아메리카 대륙의 일부 도시와 영국의 많은 도시에는 이미 거리를 감시하는 카메라가 설치되어 있다.

소비사회는 찰나를 소비한다. 물건과 사람의 예를 들어 보자. 오래

가지 않도록 제조된 물건들은 태어나자마자 사라지고, 세상 빛을 볼 때부터 벌을 받는 사람들이 갈수록 늘어난다. 보고타의 거리에 버려진 아이들, 전에는 '부랑아'라고 불렸지만 요즘엔 '일회용'으로 불리는 그 아이들에겐 죽음의 낙인이 찍혀 있다. 이름 없는 무수한 사람들, 현재 있는 곳에 잘못 놓인 사람들은 전문 용어로 말하자면 '경제적으로 구제불능'이다. 시장의 법칙은 남아도는 게 값싼 노동력이라며 그들을 내쫓는다. 인간 잉여물의 운명은 무엇인가? 세상은 그들에게 사라지라고 유혹하며 이렇게 말한다. "당신들은 존재하지 않습니다. 존재할 가치가 없으니까요." 정부의 공식 자료에서는 그들을 숨기거나 잃어버리려 애쓴다. 예를 들어, 비대하게 불어난 부에노스아이레스의 변두리 지역은 '숨겨진 도시'로 불린다. 또 멕시코시티의 협곡과 쓰레기장에 들어선 판자촌과 깡통촌은 '잃어버린 도시들'로 불린다.

카사 알리안사(Casa Alianza) 재단은 과테말라시티의 거리에서 살았거나 살고 있는 수많은 어린이들 가운데에서 140여 명의 고아와 기아를 인터뷰했다. 그들 모두는 동전 몇 푼에 몸을 팔았던 적이 있고, 성병을 앓고 있었으며 본드나 용해제 등을 흡입하고 있었다. 1990년 어느 날 아침, 그 어린이들 중 몇 명이 공원에서 이야기를 나누고

있었는데, 무장 군인들이 와서 어린이들을 트럭에 싣고 갔다. 한 소녀는 쓰레기통 속에 숨어 있다가 살아남았다. 며칠 뒤, 네 어린이의 시신이 발견되었다. 그러나 귀도 눈도 혀도 없었다. 경찰이 정말 본때를 보여 준 것이다.

1997년 4월, 브라질리아를 방문 중이던 인디언 지도자 갈디노 헤수스 도스 산토스(Galdino Jesús Dos Santos)는 버스 정류장에서 자고 있다가 산 채로 타 죽었다. 좋은 집안 출신의 십대 다섯 명이 술을 마시고 야단법석을 떨다가 그에게 알코올을 뿌리고 불을 붙였다. 그들은 이렇게 변명했다. "거지인 줄 알았어요." 1년 후 브라질 법원은 살인 의도가 명백하지 않다는 이유로 그들을 가벼운 금고형에 처했다. 연방직할지 법원의 기록관은 이렇게 말했다. 소년들은 가지고 있던 알코올의 반밖에 사용하지 않았고, 바로 그 점이 "살인이 아니라 즐기려는 마음"이었다는 것이다. 걸인들을 불태워 죽이는 것은 브라질 상류층 자제들이 심심찮게 즐기는 스포츠지만, 그런 기사는 대체로 신문에 실리지 않는다.

일회용 인간들: 거리의 어린이, 부랑아, 거지, 창녀, 여장 남성이나 남장 여성, 동성애자, 소매치기, 시시껄렁한 좀도둑, 마약 복용자, 주정뱅이. 1993년, 콜롬비아 **일회용** 인간들은 자신들을 짓누르고 있던 돌을 들어내고 함께 모여 시위를 벌였다. '사회청소단체'가 걸인들을 죽인 후, 바랑키야(Barranquilla) 자유대학 의대생들의 해부학실험 교재로 팔아치우고 있다는 사실이 알려졌을 때였다. 시위에 참가한 동화구연자인 니콜라스 부에나벤투라(Nicolás Buenaventura)는 사회제도에 경악을 금치 못하고 구토 증세를 일으키는 사람들에게 창조의 진실을 이야기

했다. 그의 말에 따르면, 신이 창조한 모든 것이 조금씩 다 남아돌았다. 신은 자신의 손으로 태양, 달, 시간, 세상, 바다, 밀림을 만들어 나가다가, 남아돌아 못쓰는 부스러기들은 나락에 빠뜨렸다. 그러다 신은 잠시 딴생각을 하다가 남성과 여성을 만드는 것을 잊어버려서 그 나락의 맨 밑바닥, 즉 쓰레기장에 쓰고 버린 쓰레기를 주워다 남성과 여성을 만들었다. 이렇듯 우리 인간은 쓰레기에서 태어났기 때문에 모두가 얼마간 낮의 밝음과 밤의 어두움을 지니고 있고, 우리 모두는 시간이고 흙이며 물이고 바람이다.

공포 산업

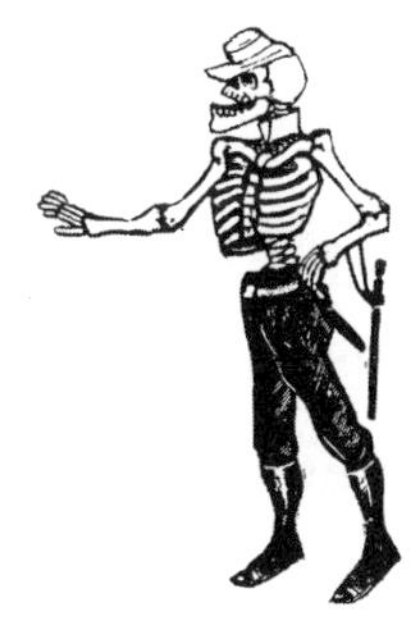

공포는 날로 호경기를 맞고 있는 사설 경비 산업과 사회통제 산업의 원료다. 확고한 수요 때문에 장사가 유지된다. 수요는 그 수요를 있게 만든 범죄만큼 혹은 그 이상 불어 나고 있고, 전문가들은 이 추세가 계속될 것이라고 전망한다. 사설 경찰과 사설 감옥 시장은 대목을 맞고 있는데, 개인마다 정도의 차이는 있을지라도 우리 모두는 점점 더 이웃의 감시자요, 공포의 포로가 되어 가고 있다.

간수가 포로가 되는 시대

"우리의 최고 홍보는 TV 뉴스다." 보안 물품 판매 전문가가 이런 말을 했는데, 정말 맞는 말이다. 과테말라에는 180개, 멕시코에는 600개, 페루에는 1,500개의 경비업체가 있다. 콜롬비아에는 3,000개나 있다. 캐나다와 미국에서는 사설 경비에 쏟아 붓는 돈이 공공치안 유지비의 두 배에 이른다. 세기가 바뀌는 시점에는 미국의 사설 경찰 수가 200만 명에 달할 것이다. 아르헨티나의 보안사업은 한 해 10억 달러 시장이다. 우루과이에서는 세 개가 아니라 네 개짜리 자물쇠를 걸어 잠그는 집이 나날이 늘어나고 있어서, 어떤 집의 문은 십자군 원정에 나선 전사들 같다.

브라질의 가수 쉬쿠 부아르키(Chico Buarque)의 노래 중에 경찰 사이렌 소리로 시작하는 것이 있다. "도둑놈 불러! 도둑놈 불러!" 그는 이렇게 외친다. 습격, 납치, 성폭력, 범죄 뉴스만이 라틴아메리카의 범죄와 통제 산업의 자양분은 아니다. 매우 열심히 죄를 범하면서도 수상쩍게도 무능함만을 일삼는 국가경찰의 오명(汚名)도 한몫 단단히 한다. 아무리 적은 것이라도 무언가 잃을 것이 있는 사람들의 집은 예외 없이 철책이나 철조망으로 둘러싸여 있다. 우리 무신론자들까지도 경찰에 의지하기 전에 신에게 의지한다.

국가경찰이 효력을 발휘하는 국가들에서도 범죄 위협에 대한 우려와 걱정은 공포의 사유화로 변모하여 나타난다. 미국에서는 사설 경찰만 급증하는 것이 아니라, 머리맡 탁자나 자동차 앞좌석 보관함에 넣어 두는 총기류도 폭증하고 있다. 배우 찰턴 헤스턴(Charlton Heston)이 이끌고 있는 '전미총기연합'은 회원수가 약 300만 명에 달하는데, 성서를 인용하며 총기 소지를 정당화하고 있다. 그들이 으스대고 잘난 척할 만한 이유가 있으니, 시민이 소지한 총기가 총 2억 3,000만 자루나 되기 때문이다. 이는 영아와 유아를 제외하면 국민 1인당 평균 한 자루씩 갖고 있는 셈이 된다. 사실, 무기 소지는 전 국민의 3분의 1 가량에 집중되어 있다. 바로 그 3분의 1 가량의 사람들에게 무기는 사랑하는 여인과 같아서 곁에 두지 않고는 잠을 이룰 수 없고, 신용카드와도 같아서 지니지 않고는 문밖 출입을 할 수 없다.

세계적으로 애완견이라는 사치를 누릴 수 있는 개는 점점 줄어들

++ 어린이들이 내게 오는 것을 막지 마라

미국에서는 미성년자에게 총기를 판매할 수 없게 돼 있지만, 광고는 그들을 겨냥한다. '전미총기연합'은 사격 스포츠의 미래가 "우리 손자들의 손에" 달려 있다고 말한다. 또한 '전국사격스포츠재단'이 발행한 팸플릿에서는 10세 정도면 누구든지 혼자 집에 있거나 혼자 물건을 사러 갈 때 총기를 소지해야 한다고 적혀 있다. 무기 제조업체인 뉴잉글랜드 파이어암스(New England Firearms)사의 카탈로그에서는 어린이들이 "우리 모두가 사랑하는 이 스포츠의 미래"라고 밝히고 있다. '폭력 정책 센터'의 자료에 따르면, 미국에서만 19세 이하 청소년들 중 열네 명이 매일범죄, 자살 혹은 사고의 총알받이 역할을 하고 있다. 미국은 어린이들의 총 놀이 때문에 숨이 막힌다. 거의 예외 없이 백인이고 주근깨투성이인 어린이가 같은 반 친구나 선생님에게 잔인하게 총을 난사하는 경우도 심심찮게 나타난다.

고, 수상한 침입자를 위협해야만 좋아하는 뼈다귀를 얻어먹는 개는 점점 더 늘어난다. 마나님들 핸드백이나 남성의 주머니 속에 있다가 미친 듯이 삑삑거리는 소형 경보기와 차량 경보기가 날개 돋친 듯 팔려나간다. 뿐만 아니라, 수상한 사람을 기절시키는 휴대용 전자봉인 쇼커(shockers)나 멀리서도 사람을 마비시킬 수 있는 스프레이도 불티난 듯 팔린다. 세기말의 격정을 잘 반영한 사명(社名)의 '시큐리티 패션(Security Passions)'이라는 회사는 최근 시선은 끌어들이고 총알은 튕겨나가게 하는 우아한 재킷을 내놓았다. 스포츠 룩의 이 가죽 방탄조끼는 "당신을 방어하십시오. 그리고 당신의 가족을 방어하십시오."라는 선전문구로 인터넷에도 등장한다. (콜롬비아에서는 날로 번창하는 방탄조끼 제조업체들이 갈수록 어린이용 사이즈를 더 많이 내놓고 있다.)

폐쇄 회로(CC) TV와 경보장치가 도처에 설치되어 화면으로 사람과 기업체를 감시한다. 때로는 그 사람들과 그 기업들이, 또 때로는 국가가 경비를 부담한다. 아르헨티나에서는 정부 정보기관에 소속된 1만 명의 공무원이 전화 도청, 녹화, 녹음 등 남을 염탐하는 데만 하루 평균 200만 달러를 퍼붓고 있다.

해명의 구실이나 변명거리로 치안을 내세우지 않는 나라는 없다. 몰래 카메라와 도청 마이크가 은행, 슈퍼마켓, 사무실, 스포츠 경기장에도 설치돼 있다. 때로는 사생활의 경계를 넘어 이불 속까지 뒤를 밟기도 한다. 텔레비전 화면을 통해서 날 보고 있는 눈이 있지나 않을까? 재떨이에 숨어서 몰래 엿듣는 귀는 없을까? TV에서 예수의 청빈함을 전파하여 수백만 달러를 벌어들인 빌리 그레이엄(Billy Graham) 목사는 전화 통화할 때, 심지어는 이불 속에서 부인과 이야기할 때도 무척 조심한다고 말했다. "우리 사업은 빅 브라더(Big Brother)를 조장하지 않는다."라고 규정한 것은 '미국 안보사업연합회' 대변인이다. 약 반세기 전에 조지 오웰(George Orwell)은 예언 성격의 한 소설에서 빅 브라더라는 이름의 권력자가 TV 화면으로 모든 시민을 감시하는 어느 도시의 악몽을 상상으로 그려냈다. 소설 제목은 『1984』. 그는 어쩌면 연도를 혼동했을지도 모르겠다.

대체 누가 간수이고 누가 죄수인가? 어떻게 이야기하면 어쩌면 우리 모두가 포로라고 말할 수도 있을 것이다. 감옥 안에 있는 사람들과 밖에 있는 사람들. 살기 위해 일하는 사치를 누릴 수 없어서 일하기 위해 살아야만 하는 궁핍함의 포로들은 자유로운가? 그리고 일자리도 없고 생길 기미도 안 보여서 남의 물건을 훔치거나 기적을 꿈꾸며 살아야 하는 절망의 포로들은 어떠한가? 그렇다면 우리 공포의 포로들은 자유로운가? 상류층, 하류층, 중류층 우리 모두가 공포의 포로는 아닌가? 할 수 있는 놈은 제 목숨 자기가 건지라는 식의 사회에서는

감시인이든 감시받는 자든, 선택받은 사람이든 그렇지 않은 사람이든 모두가 포로다. 아르헨티나의 만화가 니크(Nik)는 기자의 인터뷰에 응하는 동네 사람을 그려낸 적이 있다. 그는 창살을 손으로 꼭 붙잡고 대답을 건넸다.

"이것 봐요. 쇠창살이나 감시 카메라, 서치라이트, 이중 잠금장치, 방탄유리 같은 거 설치 안 한 집이 없어요."

"이젠 친척들도 오지 않겠네요?"

"오긴 하죠. 방문시간을 정해 뒀어요."

"그럼 경찰은 뭐라고 하던가요?"

"내가 말을 잘 들으면, 일요일 아침에 빵집까지는 나갈 수 있다고 하더군요."

도시 변두리의 깡통집이나 판자촌에 사는 사람들도 자신보다 더

++ 어느 가족 이야기
니콜라스 에스코바르가 가장 좋아하는 이모가 파라과이의 수도 아순시온 자택에서 매우 편안한 죽음을 맞았다. 니콜라스는 TV 앞을 떠날 줄 모르는 여섯 살 꼬마였다. 이모가 죽었다는 이야기를 들은 니콜라스는 이렇게 물었다. "이모는 누가 죽였어?"

없는 사람들을 막기 위해 쇠창살을 쳐놓고 산다. 그들 모두 정말 찢어질 만큼 가난한데도 말이다. 도시 발전은 불평등의 전이(轉移) 현상이다. 도시 외곽은 점점 비대해지고, 그 외곽엔 움막집과 정원이 나란히 들어선다. 부자 마을 외곽은 하인이나 정원사, 경비원을 손쉽게 구할 수 있는 변두리에서 그다지 멀지 않은 곳에 있기 마련이다. 절망의 공간에서는 약탈로 먹고 사는 자들이 내뱉는 욕설이 잠복하고 있다. 특권의 공간에서는 가진 자들이 가택 연금 상태로 살고 있다. 부에노스아이레스에 있는 그들만의 마을 산 이시드로(San Isidro)에서 신문을 배달하는 청년의 이야기다. "여기에서 사는 거요? 내가 미쳤어요? 아무것도 숨길 게 없다면, 왜 갇혀 살아요?"

여러 대의 헬리콥터가 시내 중심부에 있는 건물 옥상과 호화 감옥을 오가며 상파울루 창공을 비행한다. 악당들에게 납치되고 공해에 중독된 거리는 피하고 싶은 함정이다. 폭력과 스모그에서 탈출한 자들, 그 부자들은 은밀하지 않을 수 없다. 과시하고 싶은 욕망과 모순된다. 풍요로움은 점점 더 높은 성벽 뒤, 다른 사람들의 시기와 질투에도 보이지 않는 얼굴 없는 집에 틀어박혀야 한다. 대도시 외곽에는 미니 신도시들이 들어서고 있다. 바로 그곳에 그들의 국경을 보호해 주는 무장 경비원과 복잡한 경비 시스템의 보호를 받는 대저택이 모여 있다.

쇼핑센터가 지난 시절의 성당에 해당한다면, 우리 시대의 이 성(城)들은 감시탑, 표지등, 총안(銃眼)을 설치하여 적이 설치지 못하게 한다. 하지만 그 옛날 돌로 만들었던 요새처럼 아름답지도 않고 영주도 없다.

공포의 포로들은 자신들이 포로라는 사실을 모른다. 그러나 가슴에 번호를 달고 있는 행형제도의 죄수들은 자유를 잃었고, 자신들이 죄수라는 사실을 잊을 권리도 잃었다. 최신식 감옥은 최신식 유행을 살려 하나같이 철통 같은 경비 시스템을 갖춘다. 이젠 더 이상 예전에 그랬듯이 범죄자를 사회에 재편입하거나 길 잃은 양을 구한다거나 하지 않는다. 그저 범죄자들을 격리시키고자 한다. 이제 그 누구도 수고스럽게 잔소리를 늘어놓지 않는다. 정의는 범죄자들의 사회 재편입의 첫 단계라 할 수 있는 사안들, 예를 들면 범죄자가 어디에서 왔는지, 왜 범죄를 저질렀는지를 알지 못하게 한다. 세기말의 본보기가 되는 감옥은 추호도 구제하려는 의도가 없다. 처벌의 의도는 더더욱 없다. 사회는 공공의 위험인물을 감옥에 넣어 두고, 감옥 열쇠를 던져 버린다.

미국에서 최근 지어진 감옥들은 벽이 강철로 되어 있고, 창문도 없으며, 문은 전자동으로 열리고 닫힌다. 미국의 행형제도는 중독효과가 확실한 TV를 보급할 때에만 너그러워 보인다. 수감자들은 다른 수감자들과 거의 접촉을 하지 못하거나 아예 접촉하지 못한다. 고립된 수감자가 때로 간수를 볼 수도 있겠지만, 이제 간수들도 갈수록 보기 드물게 됐다. 현재 기술로는 간수 한 명이 관리실에서 100명의 죄수를 감시할 수 있다. 기계가 모두 다 책임진다.

러브(Love), 좀더 정확히 말하면 잭 러브(Jack Love)라는 이름의 판사가 리모컨 팔찌를 그야말로 사랑스럽게 고안해 낸 이후로 가택 연금된 죄수들도 전자장치의 통제를 받고 있다. 죄수의 손목이나 발목에 이 팔찌를 채우면, 죄수의 행동반경을 감시할 수 있고, 팔찌를 벗어 버리려 하는지도 알 수 있으며, 술을 마시는지 혹은 집에서 도망치는지도 파악할 수 있다. 범죄학자인 닐스 크리스티(Nils Christie)는 지금 추세로 본다면 조만간 피고를 기소한 검사나 그 피고를 변호하는 변호사, 판결을 내리는 판사도 피고를 직접 대면하지 않은 채 비디오 화면으로 소송이 이뤄질 것이라고 예측한다.

1997년, 미국의 죄수는 총 180만 명이었는데 10년 전에 비해 두 배로 늘어났다. 그러나 이 수치는 가택에 연금된 사람, 가석방이나 보호감찰 대상인 사람들까지 합하면 세 배나 폭증한다. 남아프리카 공화국이 전개했던 아파르트헤이트(인종분리정책)이 최악의 상황에 달했을 때의 수감자보다도 흑인은 다섯 배나 많고, 전체 수감자는 덴마크 전체 인구와 맞먹는다. 투자가들의 구미를 당기게 한 것은 이렇게 엄청난 고객 리스트였는데, 바로 이는 감옥이 민영화하는 여러 요인 가운데 하나가 되었다. 미국에서는 개인이 운영하는 감옥이 갈수록 늘어나고 있다. 식사는 형편없고 학대가 다반사로 이뤄진다지만, 그것은 사설 감옥이 국영 감옥에 비해 싸지도 않다는 사실을 잘 나타내 주는 증거다. 비용을 절감해도 이익은 과도하게 늘어난다.

17세기경, 영국의 간수들은 죄수를 보내달라고 판사들에게 뇌물을 제공하곤 했다. 석방시간이 다가오면 죄수들은 빚에 몰려 생을 마칠 때까지 간수들을 위해 노동을 하거나 구걸을 하곤 했다. 20세기 말 현재 CCA(Corrections Corporation of America)라는 미국의 한 사설 교도소

회사는 뉴욕 증시 상위 5위 내에 랭크돼 있다. 이 회사는 켄터키프라이드치킨(KFC)에서 나온 자금으로 1982년 설립되었는데, 치킨 팔듯이 감옥을 팔아댈 것이라고 광고했다. 1997년 말, 이 회사의 주가는 무려 70배나 뛰어올랐고, 영국과 오스트레일리아, 푸에르토리코에도 감옥을 수출하기에 이르렀다. 하지만 내수시장이 사업의 기반이었다. 미국의 죄수는 나날이 늘어만 가고 감옥은 언제나 빈 방이 없는 호텔이다. 1992년에는 100여 개가 넘는 회사가 감옥을 디자인하고 건설하고 경영했다.

1996년, 이렇듯 활발하게 전개되고 있는 사업의 이윤을 극대화하기 위해 월드리서치그룹(World Research Group)의 후원으로 전문가 회의가 열렸다. 회의 개최 알림문에는 이렇게 쓰여 있다. "체포하고 구형(求刑)하는 일이 늘어나면 수익도 늘어난다. 그 수익은 범죄 수익이다." 사실 미국에서 최근 몇 년 동안 범죄는 줄어들었지만, 시장은 더욱 많은 죄수를 공급하고 있다. 수감자 수는 범죄 건수가 늘어날 때만 늘어나는 것이 아니라 줄어들 때도 늘어난다. 자신이 저지른 일로 인해 감옥에 가는 것이 아니라 저지를지도 모르는 일로 감옥에 가기 때문이다. 범죄 통계 때문에 한창 잘나가는 사업을 망칠 이유가 하나도 없다. 게다가 이 방면의 경영 간부인 다이안 매클루어(Diane McClure)는 1997년 10월, "우리의 시장조사에 따르면, 청소년 범죄는 지속적으로 증가할 것입니다."라는 희소식을 전하며 주주들을 안심시켰다.

1998년 초의 한 인터뷰에서 소설가 토니 모리슨(Toni Morrison)은 "사설 교도소의 잔인함은 이제 텍사스인들마저 놀랄 만큼 파렴치의 극에 달했다. 인심 좋기로 유명한 곳이 아닌 텍사스에서 계약을 파기하

++ 팝니다

다음은 1998년 4월, 미국의 「커렉션 투데이(*Corrections Today*)」라는 잡지에 실린 광고문구 중의 일부다.

벨 애틀랜틱(Bell Atlantic)사는 통화 내용을 감시하고 녹음하기 위해 "가장 안전한 전화 시스템"을 내놓는다. 그것은 "죄수들이 누구에게, 언제, 어떻게 전화했는지를 완벽하게 통제"하는 것이다.

US 웨스트(US West)사의 '수감자 텔레폰 서비스' 광고에는 담배꽁초를 입에 물고 잠복 중인 한 죄수가 등장한다. "그가 당신의 배를 갈라버릴지도 모릅니다. 감옥 어느 구석에선가 골치깨나 썩이는 범죄자 하나가 날이 시퍼렇게 선 흉기를 숨기고 있을지도 모릅니다."

위협적인 공포가 깔려 있는 다른 페이지를 보자. 또 다른 죄수 한 명이 잠복하고 있다. "그에게 단 1인치도 허락하지 마시오."라는 경고는 고도의 보안을 유지하기 위한 최고급 자물쇠 제작사인 LNC사가 내놓았다. 물 샐 틈 없이 굳게 잠기지 않은 문은 "드러내놓고 화를 자초하는" 격이다.

"죄수들은 그 어느 때보다도 더 흉악해져만 간다. 다행스럽게 우리 제품도 그렇다." 파괴 불가능한 가구를 제작하는 모듀 폼(Modu-Form)사의 카피다.

모터 코치 인더스트리(Motor Coach Industries)사는 최신 모델인 바퀴로 굴러가는 감옥을 선보였는데, 쇠창살로 나뉜 개집과 비슷하다. 이 감옥을 제작한 마크 커렉셔널 시스템(Mark Correctional Systems)사는 "시간을 아껴라, 돈을 아껴라."라고 충고해 마지않는다. "경제성! 품질! 신속함! 내구성! 안전성!"

는 사태가 벌어지고 있다."라고 말했다. 하지만 자유롭지 못한 죄수들이 자유로운 시장을 위해 봉사해야 한다. 그들은 다른 어떤 상품보다 나은 취급을 받을 만한 가치도 없다. 사설 감옥은 철통 경비와 낮은 비용을 전문으로 하며, 이 모든 것이 고통과 체벌의 사업이 계속해서 번창할 것임을 말해 준다. '전국형법정의위원회(National Criminal Justice Commission)'는 현재 수감자 수 증가 추세에 따라 2020년에는 흑인 남성 열 명 중 여섯 명은 철창 안에 있게 될 것이라고 추산한다. 최근 20년 동안 정부가 교도소에 지출한 비용은 900%나 인상됐지만, 불안으로 고통 받고 있는 국민의 공포는 눈곱만큼도 줄어들지 않았다.

그러나 교도소 사업 번창에는 확실히 기여했다.

닐스 크리스티는 '결국 감옥은 돈을 의미한다'라고 주장하면서, 영국의 국회의원 에드워드 가드너(Edward Gardner) 경의 예를 든다. 그는 교도소 민영화 상황 연구차 유럽위원회를 이끌고 1980년대에 미국을 방문했다. 교도소 민영화에 철저히 반대했던 그가 런던으로 돌아와서는 생각을 바꾸고 콘트랙트 프리즌 PLC(Contract Prisons PLC)의 회장으로 변신했다.

재단과 마름질: 적을 어떻게 맞춤하는가?

상당수의 덩치 큰 사업들은 범죄를 조장하고, 범죄로 먹고 산다. 자본과 과학기술 지식이 똘똘 뭉쳐 이처럼 죽음의 생산에 매진했던 적도 없다. 다른 나라에 무기를 가장 많이 파는 국가들이 다름 아닌 세계평화를 책임지고 있는 나라들이다. 그들에겐 천만다행으로 평화의 위협은 점점 힘을 잃어 가고, 전쟁시장은 회복되어 짭짤한 수입원인 대량학살이 가져다줄 희망찬 전망을 보여 준다. 먹구름은 이미 멀어져 가고 있다. 무기 제조공장들은 필요에 따라 적을 맞춤식으로 만들어 내는 공장들처럼 쉬지 않고 돌아간다.

넓디넓은 악마의 옷장

군수경제를 위해서는 좋은 소식, 이 말은 경제를 위해서는 좋은 소식이라는 말과 똑같다. 무기 산업, 죽음의 판매, 폭력의 수출은 잘 굴러가고 번창한다. 세상은 확고부동할 뿐 아니라 상승곡선을 그리고 있는 시장을 제공하고 있는데, 세계에 뿌려둔 불의의 싹은 쉬지 않고 풍성한 수확을 안겨 주고, 범죄와 마약 중독, 사회 불안, 지방간·지역간·개인

++ 관점 7

샌프란시스코의 어떤 벽에 이런 글이 쓰여 있다. "만에 하나 투표를 해서 무언가를 바꿀 수 있다면, 불법일 것이다."

리우데자네이루의 어떤 벽에는 이런 글이 쓰여 있다. "남자들이 아이를 낳을 수 있다면, 법에서 낙태를 허용할 것이다."

밀림에서 약자를 잡아먹는 일을 **도시의 법칙**이라고들 하는가?

병을 앓는 국민의 눈으로 볼 때, 건강한 돈이란 무엇을 의미하는가?

무기 판매는 경제 면에서 보자면 좋은 소식이다. 그 무기의 희생자들에게도 좋은 소식이 될 수 있을까?

간 증오심은 날로 커져만 간다.

냉전 종식 이후 몇 년간 내리막길을 걸었지만, 무기 판매는 다시 고개를 들기 시작했다. 세계 무기시장은 1996년 총 판매액이 400억 달러에 이르러 8% 성장을 기록했다. 무기 수입국의 선두 주자는 사우디아라비아로 총 90억 달러를 퍼부었다. 사우디아라비아는 아주 오래 전부터 인권유린 국가의 선두 자리도 고수하고 있다. 1996년 국제사면위원회는 "구금자를 고문하고 학대한다는 내용의 보고서를 계속 받고 있다. 사우디아라비아 법원은 최소한 27명에게 120대에서 200대의 태형을 선고했다. 그들 중에는 24명의 필리핀인이 포함되어 있는데, 보고서에 따르면 동성애 행위를 문제 삼아 이 같은 처벌을 내렸다. 최소한 69명이 사형을 선고받아 처형되었다." 그뿐이 아니다. "파드(Fahd) 국왕이 이끄는 정부는 정당과 노조 설립을 계속 금지해왔다. 언론 검열도 지속적으로 매우 삼엄하게 이루어졌다."

산유군주국 사우디아라비아는 이미 오래 전부터 미국의 무기 산업과 영국의 전투기 산업 최고의 고객으로 군림해 왔다. 사우디아라비아

++ 관점 8

얼마 전까지만 하더라도 아테네 민주주의 역사를 기술하는 역사가들은 노예와 여성에 관해서는 그저 지나치는 정도로만 언급했다. 노예는 그리스 국민의 대다수를, 그리고 여성은 절반을 차지하고 있는데 말이다. 노예와 여성의 관점에서 본 그리스의 민주주의는 과연 어떤 것일까?

1776년, 미국은 독립선언문에서 "모든 인간은 평등하게 태어났다."라고 선포했다. 선언문이 발표된 이후에도 여전히 노예를 면치 못했던 50만 흑인 노예들의 관점에서 본다면 그 말은 무슨 의미가 있는가? 그리고 여전히 그 어떤 권리도 가지지 못한 여성은 도대체 누구와 동등하게 태어났는가?

미국의 관점에서 본다면, 베트남 전쟁에서 사망한 미국 병사의 이름이 워싱턴의 어마어마한 대리석 벽에 새겨지는 것은 지당하다. 미국의 공격으로 사망한 베트남인의 관점에서 본다면, 베트남에는 60개의 벽이 필요하다.

독재정권은 석유를 무기와 바꾸는 건전한 거래를 통해 국내 저항을 피로 짓밟을 수 있었고, 미국과 영국 경제가 전쟁으로 제몫을 챙기는 동시에 그 어떤 위협에도 맞서서 무기와 석유라는 에너지원을 확보할 수 있는 길을 터주었다. 파드 국왕이 100만 달러 가량의 엄청난 돈을 지불하여 무기를 구입하고, 내친 김에 불처벌까지 구매한 것이 아닌가 하는 결론을 내린 사람이 있을지 모르겠다. 매스컴에서 사우디아라비아의 만행을 고발한 경우를 단 한 번도 보거나 듣거나 읽은 기억이 없다. 이유는 알라만이 아시리라. 역설적이게도 바로 그 매스컴이 다른 아랍 국가의 인권 문제에 대해 우려를 표명하곤 한다.

이슬람 근본주의는 장사를 훼방 놓을 때만 포악하다. 무기판매상에게 가장 좋은 친구는 두말할 나위 없이 무기를 가장 많이 사주는 사람이다. 미국의 군수 산업은 테러리스트 정부에 무기를 팔면서 반테러 운동을 동시에 전개한다. 테러리스트 정부가 인권과 유일한 연관이 있다면 인권을 짓밟기 위해 할 수 있는 건 뭐든지 다 한다는 점이다.

1946년에 평화의 시대가 시작되었다고들 이야기하는데, 어쨌든 이 평화의 시대에 전쟁으로 적어도 2,200만 명이 목숨을 잃었고 4,000만 명을 웃도는 사람들이 고향과 집과 조국을 등져야 했다. TV 뉴스는 얘깃거리가 떨어지지 않게 소규모 전쟁이라도 빼놓는 날이 절대 없다. 하지만 기자들은 보도하지 않고 평론가들은 평론하지 않으니, 어떤 일이 일어나고 있는지 통 알 수가 없다. 그래서 가장 기본이 되는 질문에 답하는 것부터 시작해야 할 듯싶다. "이 모든 인간의 고통과 거래하는 자는 누구인가? 이 비극이 누구의 주머니를 두둑하게 채우는가?" 언젠가 보브 딜런(Bob Dylan)은 "사형 집행인은 언제나 꼭꼭 숨어 있네."라고 노래했다.

1968년, 총에 맞아 숨지기 두 달 전에 마틴 루터 킹(Martin Luther King) 목사는 그의 조국이 "세계 최고의 폭력 수출국"이라고 고발했다. 30년 후, 수치가 그의 말을 입증한다. 세계가 무기 구입에 지출하는 10달러 중에서 4달러는 고스란히 미국의 몫이다. 국제전략연구소가 내놓은 자료에 따르면, 최고의 무기 수출국은 미국, 영국, 프랑스, 러시아다. 그리고 몇 계단 아래에 중국의 이름도 보인다. 우연찮게도 바로 이들이 유엔 안전보장이사회에서 거부권을 행사할 수 있는 다섯 나라다. 듣기 좋은 말로 거부권은 결정권을 의미한다. 최고 국제기구의 총회에는 모든 국가가 참여하여 권고안을 작성하지만, 결정은 안전보장이사회가 내린다. 총회는 말하거나 침묵하고, 안전보장이사회는 일이 되게 하거나 안 되게 한다. 다시 말하면, 세계평화는 전쟁이라는 대규모 장사에서 가장 짭짤한 이익을 챙기는 다섯 강대국의 손에 달려 있다.

++ 수수께끼

해골바가지는 왜 웃고 있는가?

작자 미상 유머의 작자는 누구인가? 유머를 만들어 내서 세계에 퍼뜨리는 그 노인네는 누구인가? 어느 동굴에 숨어 지내는가?

왜 노아는 방주에 모기를 실었을까?

아시시의 성 프란체스코는 모기도 사랑했을까?

세워야 할 동상은 남아도는 동상만큼 많은가?

서로 소통할 수 있는 커뮤니케이션 기술이 날로 발전하고 있다면, 왜 사람들은 날로 소통하지 못하는가?

왜 신마저도 커뮤니케이션 전문가들을 이해하지 못하는가?

왜 성교육 책자들은 수년 동안 섹스하고 싶은 마음을 없애버리는가?

전쟁이 나면 누가 무기를 판매하는가?

결과는 그다지 놀랄 것이 못 된다. 유엔 안전보장이사회 상임이사국들은 내키는 대로 할 수 있는 권리를 즐긴다. 최근 10년의 예를 들어 보자. 미국은 파나마시티에서도 가장 못사는 마을에 뻔뻔하게 폭격을 가했고, 그 다음엔 이라크를 쑥대밭으로 만들었다. 러시아는 체첸 공화국의 독립 요구를 잔인무도하게 응징했고, 프랑스는 핵폭발 실험으로 남태평양을 유린했다. 중국은 앞으로도 1989년 중반 톈안먼 광장에서 숨진 사람들보다 열 배나 많은 사람들을 매년 공식적으로 총살할 수 있다. 이미 포클랜드 전쟁에서 경험했듯이 미국의 파나마 침공은 군용기 신모델의 성능을 점검하는 자리였다. 그리고 TV는 이라크 침공을 새로운 무기의 국제 전시장으로 둔갑시켰다. 죽음의 신제품이 어떤 것들이 있는지 바그다드 대규모 전시회에 구경하러 오시길 바란다.

전쟁과 평화의 불행한 대차대조표를 작성해 본다면 그 누구도 놀랄 만한 일이 아니다. 유엔이 평화를 유지하기 위해 1달러를 들이면, 세계는 전쟁을 유지하기 위해 2,000달러를 투자한다. 그 2,000달러는 이웃을 가장 많이 죽이는 자가 성공하는 사냥놀이에서 인간을 제물로 삼기 위한 돈이다. 사냥꾼도 사냥감도 같은 종(種)인 사냥놀이. 시어도어 루스벨트(Theodore Roosevelt)는 "평화로 거둔 그 어떤 승리도 전쟁에서 거둔 최후의 승리만큼 훌륭하지 못하다."라고 했다. 정말 말 한번 잘했다. 1906년 그는 노벨 평화상을 수상했다.

세계에는 3만 5,000개의 핵무기가 있다. 절반 정도를 미국이 소유했고 러시아와, 규모는 작지만 몇몇 강대국이 나머지 절반을 소유하고 있다. 핵무기를 독점하고 계신 주인 양반들은 인도나 파키스탄, 아니면 누구든지 독자적 핵폭발의 꿈을 실현하면 온갖 비명을 지르며 이

++ 관점 9

경제의 시각에서 본다면 무기 판매는 식료품 판매와 별로 다를 게 없다. 건물 붕괴나 비행기 추락 사고는 그 안에 있던 사람들의 시각에서 본다면 달갑지 않겠지만, 국민총생산(GNP)의 성장으로 따지자면 오히려 달가운 일이다. 국민총생산(GNP)은 때로 범죄총생산(GCP: Gross Criminal Product)이라고 불러야 할 것이다.

세계가 처한 위험에 대해 떠들어댄다. 핵무기 하나가 수백만 명을 죽이고도 남는다든지, 핵무기 몇 개만으로 지구상에 살고 있는 인간의 모험은 물론 이 지구도 끝이 날 것이라든지 하는 식이다. 그러나 신이 언제 그들에게 독점을 허락하는 결단을 내리셨는지, 왜 핵무기를 계속 제조하고 있는지 강대국들이 단 한 번이라도 이야기한 적이 있는가? 냉전시대에는 핵무기 경쟁이 위험천만한 위협의 도구였다. 하지만 미국과 러시아가 팔짱을 끼고 사이좋게 걸어가는 이 마당에 어마어마한 핵무기가 왜 필요한가? 누구를 놀라게 하려는 것인가? 인류 모두를?

모든 전쟁에는 적이 있어야 하는, 그것도 가능하면 많은 적이 있어야 한다. 자연 발생적인 적이든 가공된 적이든 그들의 도발이나 위협, 침공행위가 없다면 전쟁은 명분을 잃고, 무기 공급은 수요 감소라는 극적인 문제에 직면할 수도 있다. 1989년, 군복을 입고 거수경례를 하는 새로운 바비 인형이 시판되었다. 바비가 군 생활을 시작하기에는 시기가 적절치 못했다. 그해 말에 베를린 장벽이 무너졌고, 나머지도 곧이어 모두 붕괴되었다. '악의 제국'은 무너져 내렸고, 별안간 신은 악마가 버린 아이가 되었다. 미 국방부의 예산과 무기 판매 사업은 당장 미묘한 상황에 봉착했다.

적을 찾습니다. 독일인과 일본인이 악(惡)에서 선(善)으로 변신한 것은 벌써 오래 전 일이다. 그리고 최근엔 러시아인이 기다란 송곳니와 유황 냄새를 하루아침에 잃어버렸다. 악당 부재 증후군은 할리우드에서 곧바로 치료법을 찾아냈다. 번뜩이는 예언자 로널드 레이건(Ronald Reagan)은 우주공간에서 벌어지는 전쟁에서 승리해야 한다고 예고했다. 할리우드는 모든 재능과 자금을 바쳐서 은하계의 적을 만들어

냈다. 외계인의 침공은 이전에도 영화 주제로 다뤄졌지만, 크게 참패하지도 그렇다고 재미도 보지 못했다. 그러다 갑자기 상상을 뛰어넘는 히트를 기록했고, 스크린은 화성인 아니면 파충류 혹은 바퀴벌레처럼 생겨서 반감을 불러일으키는 외계인들이 사납게 위협하는 장면으로 뒤덮였다. 건성으로 보아 넘기는 사람들을 눈속임하기 위해서 그리고 그 김에 제작비를 줄이기 위해 외계인들이 때로 인간의 형체를 갖추기도 한다.

그동안 지상의 상황은 나아졌다. 악당 공급이 줄어든 것은 사실이지만, 지구 남반구에는 여전히 악당이 끈질기게 버티고 있다. 미 국방부는 피델 카스트로(Fidel Castro)에게 40년 동안의 헌신적인 공로를 치하하기 위한 기념비라도 세워줘야 한다. 한때 가장 몸값이 높았던 무아마르 알 카다피(Muammar al-Qaddafi)는 현재 거의 활동을 접었다. 그러나 1980년대에는 착한 사람이었던 사담 후세인(Saddam Hussein)이 1990년대에 들어 가장 질 나쁜 악당으로 변모했고, 지금도 여전히 그렇다. 1998년 초, 미국은 빌 클린턴(Bill Clinton)의 성적 취향에 대해 더 이상 이러쿵저러쿵 하는 걸 막기 위해 두 번에 걸쳐 이라크를 침공하겠다고 으름장을 놓았다.

1991년 초, 이번엔 조지 부시(George Bush) 대통령이 머나먼 천체를

들여다보며 적을 찾아야 할 이유가 없다고 말했다. 파나마를 침공한 이후 이라크를 공격하며 그는 이렇게 잘라 말했다. "세상은 위험한 곳이다." 시간이 흘러가도 그의 명언은 지상에서 가장 많은 전쟁 예산과 번창하는 군수 산업을 유지하기 위해 반박할 수 없는 최대의 명분이 되었다. 이해할 수는 없지만 전쟁 예산을 '국방예산'이라고 부른다. 이름부터 수수께끼인 셈이다. 1812년 영국이 워싱턴을 불태운 이래로 미국은 어느 나라의 침략도 받지 않았다. 멕시코 혁명 당시 판초 비야(Pancho Villa)가 잠시 나들이했던 때를 제외하면, 그 어떤 적국도 미국의 국경선을 넘어서지 않았다. 반면, 미국은 다른 나라를 침략하는 못된 버릇을 버리지 못하고 있다.

미 국민의 상당수는 자국 밖에서 벌어지는 일에 대해 놀랄 만큼

++ 스타는 태어나는가?

1998년 중반, 백악관은 세계의 극장가에 또 다른 악당 하나를 내세웠다. 예명이 오사마 빈 라덴(Osama bin Laden)인 그는 이슬람 근본주의자로서 턱수염을 기르고 터번을 둘렀으며, 무릎 언저리에 놓인 총을 쓰다듬는다. 이 새로 등장한 이 인물이 영화의 대박을 가져올 것인가? 많은 관객을 끌어들일 수 있을 것인가? 서구 문명의 기반을 허물 수 있을 것인가, 아니면 그저 조연급에 그치고 말 것인가? 공포영화에서는 전혀 알 수 없는 일이다.

무지하고, 자신들의 무지를 두려워하거나 경멸한다. 정보통신기술이 가장 발달한 이 나라의 TV 뉴스 프로그램에서는 다른 나라 사람들이 테러리즘이나 배은망덕한 경향이 있다는 사실을 확인하기 위한 경우가 아니라면, 지구촌에서 벌어지는 소식을 거의 혹은 전혀 보도하지 않는다. 반란이나 폭력사태가 발발하면 사건이 발생한 곳이 어디든 간에 증오와 시기심에 뿌리를 둔 국제 음모가 여전히 세력을 유지하고 있음을 보여 주는 증거로 둔갑한다. 냉전이 종식된 사실은 별로 중요하지 않다. 왜냐하면 악마는 대단히 다양한 의상을 구비하고 있어서 반드시 빨간색 옷만 입는 게 아니기 때문이다. 여론조사를 보면 현재 러시아는 적의 리스트에서 최하위를 차지하고 있지만, 상당수 국민이 어떤 테러 그룹이 핵 공격을 해오지나 않을까 두려워하고 있다. 핵무기를 보유한 테러 그룹이 과연 누구인지는 알 수 없으나, 사회학자 우디 앨런(Woody Allen)이 경고했듯 "이젠 그 누구도 무언가 폭발할 것 같은 공포심 없이 햄버거를 먹지 못한다." 사실 미국 역사상 가장 잔인한 테러 사태는 1995년 오클라호마에서 일어났다. 범인은 핵무기로 무장한 외국인이 아니라 이라크 전쟁에서 훈장까지 받은 미국 백인이었다.

국제 테러리즘의 갖가지 유령 중에서도 마약 테러리즘이 가장 경악스럽다. 오늘날 마약이라고 하는 것은 예전에 흑사병이라고 하는 것과 같다. 그 정도의 공포, 그 정도의 무력한 느낌, 희생자를 유혹하고 없애버리는 악마의 화신이 내뱉는 불가사의한 저주를 떠올리게 하기 때문이다. 이 모두는 모든 불행이 그러하듯 외부에서 온다. 예전에는 마리화나를 '사람을 죽이는 풀(killer weed)'이라고 불렀지만 요즘엔 그렇게 부르는 일이 드물다. 어쩌면 마리화나 풀이 지역농업에 성공적으

++ 소원

어떤 사람이 길에 버려진 알라딘의 램프를 발견했다. 책을 많이 읽었던 그 사람은 그 램프를 알아보고 손으로 문질렀다. 거인이 나타나 절을 하고 이렇게 물었다.
"뭐든지 말씀하십시오, 주인님. 제게 소원을 말씀하시면 그대로 이뤄질 것입니다. 하지만 단 한 가지만 이야기하셔야 합니다."
효자였던 그는 소원을 이야기했다.
"돌아가신 우리 어머니가 다시 살아나셨으면 좋겠네."
거인은 이맛살을 찌푸렸다.
"죄송합니다, 주인님. 그건 좀 어렵습니다. 다른 걸 말씀해 보세요."
착한 사람이었던 그는 이렇게 이야기했다.
"세상이 사람들을 죽이는 데 계속 그렇게 돈을 쓰지 않았으면 좋겠네."
거인은 침을 꿀꺽 삼켰다.
"저…… 어머님 존함이 어떻게 되시는지요?"

로 편입하여 미국의 11개 주에서 재배되는 현실과 연관성이 있을지도 모르겠다. 반면, 미국 아닌 다른 나라에서 재배되는 헤로인과 코카인은 국가의 근간을 뒤흔드는 적의 단계로 올라섰다.

공식 집계에 따르면, 미국 시민은 연간 1,100억 달러를 마약에 지출하는 셈인데, 이는 미국 전체 산업 생산액의 10분의 1에 맞먹는다. 미 당국은 지명도가 있는 단 한 명의 마약 거래상도 체포한 적 없지만, 마약 퇴치 전쟁으로 마약 소비자의 수만 불어났다. '금주법'이 시행되던 시절 알코올이 그랬듯이 금지(禁止)는 수요를 촉발했고, 돈벌이에 더욱 재미가 붙었다. 캘리포니아 산호세 지역의 경찰 간부를 역임한 조 맥나마라(Joe McNamara)는 수입이 17,000%에 달했다고 밝혔다.

마약은 애플파이만큼이나 미국적이다. 미국의 비극이요, 미국의 장사지만, 그 죄는 콜롬비아와 볼리비아, 페루, 멕시코 그리고 몇몇 나라들이 떠맡고 있다. 베트남 전쟁의 한 장면처럼 헬리콥터와 비행기를 동원하여 죄가 있거나 혹은 죄가 있을 거라고 의심되는 라틴아메리카 여러 국가의 경작지에 다우 케미컬(Dow Chemical), 셰브론(Chevron), 몬산토(Monsanto) 등의 회사가 만든 독극물로 폭격을 가한다. 토양과 인간의 건강을 못 쓰게 만드는 그 살포법은 마약 재배지를 뿌리 뽑기에 아무런 쓸모가 없다는 것이 밝혀졌다. 그냥 다른 곳에 옮겨 심으면 그만이기 때문이다. 코카인이나 양귀비를 재배하는 농민들은 이 군사 작전의 움직이는 표적인데, 번창하는 마약 거래에서 그들은 실로 잔챙이에 불과하다. 최종가격에서 원료가 차지하는 비중은 거의 없다. 암시장에서 백색 가루의 시세가 얼마나 요동치는가에 따라, 코카인을 수확하는 밭과 코카인을 팔고 있는 뉴욕 거리 사이에서 가격은 무려 100배에서 500배까지 뛴다.

은행과 무기 제조업자, 군 간부들에게 마약만한 동맹군은 없다. 마약은 은행에게 돈을 갖다 바치고, 전쟁 기계들에게는 유익한 구실을 제공한다. 죽음의 불법 산업은 죽음의 합법 산업을 위해 봉사한다. 동시에 언어와 현실마저도 군대식으로 변한다. 1964년부터 브라질을 쑥대밭으로 만들어 놓은 군사독재의 한 대변인에 따르면, 마약과 자유연애는 기독교문명에 반대하는 혁명전의 전술이었다. 1985년, 칠레의 산티아고에서 열린 '마약과 향정신성 의약품에 관한 국제회의'에 참가했던 미국 대표는 마약 퇴치 운동이 이미 세계대전화했다고 말했다. 1990년, 로스앤젤레스 경찰국장 대릴 게이츠(Daryl Gates)는 "우리가 전시 상태에 있기 때문에" 마약 복용자들을 총탄으로 요리했어야 한다고 주장했다. 그와 거의 동시에 조지 부시 대통령은 마약 "전쟁에서 승리하자!"고 촉구했다. 미국을 뒤흔드는 가장 심각한 위협인 마약이

외국에서 들어온 것이기 때문에 마약 퇴치 전쟁은 국제전이라는 설명도 덧붙였다. 수영장 개장식에서 한 말씀하는 동네 스포츠클럽 회장에서 미합중국의 대통령 연설에 이르기까지 마약 퇴치 전쟁은 빠지지 않는 단골 메뉴다. 미합중국 대통령은 다른 국가들이 말을 잘 듣는지 안 듣는지에 따라 증명서를 발급하거나 발급을 거부할 권리를 틈 날 때마다 확인한다.

국민 건강이라는 문제는 그렇게 국경 없는 공공치안의 문제로 둔갑했다. 미 국방부는 마약을 매개로 한 교란 음모나 마약 테러리즘에 맞선 싸움이 벌어지고 있는 전쟁터에 개입할 의무가 있다. 마약 교란 음모(narco-subversion)나 마약 테러리즘(narco-terrorism)은 신조어로서 반란과 범죄라는 말을 한 자루 안에 뒤섞어 놓고 비슷한 말로 취급한다. '전국마약퇴치전략'이라는 기구는 의사가 아닌 군인이 수장을 맡고 있다.

뉴욕 경찰국 마약 전담 부장이었던 프랭크 홀(Frank Hall)은 언젠가 이런 선언을 했다. "만에 하나 수입 코카인이 사라진다 해도 두 달 이내에 다른 합성 마약으로 대체될 것이다." 그의 말은 상식처럼 보인다. 그러나 마약이라는 악의 뿌리를 들어내기 위한 전투는 미국이 라틴아메리카에서 군사통제, 더 나아가서는 정치통제를 유지하기 위해 가장 완벽한 알리바이를 제공한다. 미 국방부는 라틴아메리카 여러 나라 군대의 마약 퇴치 운동을 조율하기 위해 파나마에 '마약 퇴치 다자간 센터'를 설립하려는 계획을 세웠다. 파나마는 20세기 내내 대규모 미군 기지였다. 그 치욕을 강요했던 조약은 20세기 마지막 날 효력을 상실했지만, 마약 퇴치 운동은 어쩌면 또 다른 영겁의 세월 동안 파나마 임대 연장을 요구할 빛 좋은 구실이 될지 모른다. 마약이 리오그란데 강 이남 여러 국가에 미군 개입을 정당화하는 명분 구실을 해온 것도 벌써 수년째다. 정확히 말하면 파나마는 그 알리바이를 부인했던 첫 희생자였다. 1989년, 2만 6,000명의 미군이 파나마에 난입하여 기예르모 엔다라(Guillermo Endara)를 대통령에 앉혔다. 전혀 국민을 대표할 수 없는 국민의 대표자 엔다라는 마약 퇴치 전쟁이라는 미명하에 마약 거래를 몇 배나 증가시켰는지 모른다. 미 국방부는 마약 퇴치 전쟁을 전면에 내세워 콜롬비아, 페루, 볼리비아를 제집 안방 드나들 듯하고 있다. 이 신성한 대의명분 — 사탄아 물러가라! — 은 라틴아메리카 군부에게 새로운 존재의 이유를 부여하는 역할도 한다. 예를 들어 민간인 무대로 복귀를 자극하기 위해, 또 빈발하는 사회적 항의 사태에 대처하기 위한 자금을 융통해 주기 위해서 말이다.

멕시코에서 마약 퇴치 전쟁을 진두지휘했던 헤수스 구티에레스 레보요(Jesús Gutiérrez Rebollo) 장군은 더 이상 자신의 집에서 잠을 잘 수 없다. 1997년 2월, 코카인 거래 혐의로 체포되었기 때문이다. 그러나 마약 퇴치를 위해 미국이 그에게 보내준 첨단 무기와 헬리콥터는 치아파스 고지대와 기타 지역의 농민 퇴치에 더할 나위 없이 쓸모 있음을 보여 주었다. 콜롬비아의 마약 퇴치를 위한 미국의 군사원조의 상당 부분이 마약과 전혀 관계가 없는 지역의 농민을 죽이는 데 쓰인다. 콜롬비아의 군부처럼 체계적으로 인권을 짓밟는 자들은 무기와 기술 자문 분야에서 미국의 지원을 가장 많이 받는 세력이기도 하다. 바로 그 군부가 기존 질서의 적인 가난한 사람들을 상대로 전쟁을 벌이면서, 가난한 사람들의 적인 기존 질서를 수호하고 나선 지 이미 수년째다.

어쨌든 그 이야기를 하는 것이다. 바로 그 이야기다. 마약 퇴치 전쟁은 사회의 전쟁을 은폐하는 가면이다. 일반 범죄와 벌이는 전쟁도 같은 맥락이다. 가난해서 남의 물건을 훔치는 사람을 악마 취급하듯 마약 중독자, 특히 가난한 마약 중독자를 악마 취급한다. 그들을 만들어 내는 사회를 무죄로 하기 위해서다. 누구를 걸러내기 위해 법을 집행하는가? 아르헨티나에서는 판결을 받지 못한 수감자의 4분의 1 정도가 5그램도 안 되는 마리화나나 코카인을 소지했다는 이유로 철창 신세를 지고 있다. 미국의 마약 퇴치 성전(聖戰)은 크랙(crack)에 집중되어 있다. 무서운 파괴력을 지닌 값싼 농축 코카인인 크랙은 흑인, 히스패닉, 감옥에나 갈 만한 기타 피부색 인종이 주요 소비층이다. 미국 공중보건 당국에 따르면, 마약 복용자 열 명 중 여덟 명이 백인인데, 정작 마약으로 콩밥을 먹는 죄수 열 명 중에서는 단 한 명만이 백인이다. 미국의 연방교도소에서 몇 건의 소요 사태가 발생했다. 매스컴은 이를 '인종 폭동'이라 불렀는데, 실은 크랙 중독자를 코카인 중독자보다 100배나 더한 중벌에 처하는 불합리한 판결에 반대하는 항의사태였다. 문자 그대로 100배다. 연방법에서는 1그램의 크랙이

100그램의 코카인에 해당한다고 규정하고 있기 때문이다. 크랙으로 죄수가 된 사람들은 거의 모두 흑인이다.

라틴아메리카에서는 가난한 범죄자가 국가안보의 새로운 내부의 적이 되고 있다. 마약 퇴치 전쟁이 겨냥하고 있는 과녁도 그 가난한 범죄자다. 브라질의 닐루 바티스타(Nilo Batista)는 이렇게 묘사했다. "좋은 집안 출신의 청소년에게 마약을 파는 빈민가의 흑인 청소년." 이것은 그저 마약의 문제인가, 아니면 사회적·인종적 권력의 문제인가? 브라질뿐 아니라 세계 도처에서 마약 퇴치 전쟁으로 발생한 사망자는 마약 과다 복용으로 인한 사망자와 비교가 되지 않을 정도로 훨씬 많다.

++ 난 궁금한 게 많아.

왜 코카와 코카인을 동일시하는가?

코카가 그렇게도 사악한 거라면, 서구 문명의 여러 상징 중의 하나를 왜 코카콜라라고 부르는가?

코카 잎을 나쁜 의도로 사용하기 때문에 코카를 금지한다면, 왜 TV는 금지하지 않는가?

마약 거래가 살인 사업이기 때문에 금지한다면, 가장 많은 살인을 저지르는 무기 거래는 왜 금지하지 않는가?

미국은 세계에서 생산되는 마약의 반 이상을 사들이면서 무슨 권리로 세계 마약 전담 경찰 행세를 하는가?

마약을 실은 소형 비행기가 어쩌면 그렇게 처벌 한 번 받지 않고 미국을 드나드는가? 멀리 지평선 위의 벼룩 한 마리까지 사진 찍을 수 있는 기술이 있는데, 왜 창문 앞을 스쳐가는 비행기는 감지하지 못하는가?

왜 미국에서는 국내 마약 거래망의 거물이 단 한 명도 죽지 않았는가? 미국 내에서만 활동하는 백색 가루의 제왕들 중에서 정말 단 한 명만이라 해도 말이다.

왜 매스컴은 마약에 대해 그렇게도 떠들어 대면서 그 원인에 대해서는 그렇게도 입 다물고 있는가? 마약 복용자는 처벌하면서 불안, 근심, 외로움, 공포를 배가하는 생활방식이나 화학적 위안을 유도하는 소비문화는 왜 처벌하지 않는가?

어떤 질병이 죄로 바뀌고, 그 죄는 돈벌이로 바뀐다면, 병자를 처벌하는 것이 옳은가?

왜 미국은 마약으로 버는 돈의 상당액을 세탁해 주는 자국 은행과는 전쟁을 벌이지 않는가?

또는 더 감쪽같이 돈세탁을 해 주는 스위스 은행가들과는 전쟁을 벌이지 않는가?

왜 마약 거래상은 가장 열성적으로 마약 금지를 부르짖는가?

불법거래가 상품과 자본의 자유로운 유통을 원활하게 하지는 않는가? 마약 거래가 신자유주의 사고를 가장 완벽하게 실행하는 것은 아닌가? 혹시 마약 거래자들이 공급이 없으면 수요도 없다는 시장의 황금률을 어기지는 않는가?

왜 오늘날 가장 많이 복용하는 마약은 생산성의 마약인가? 피로와 공포를 덮어 주는 약, 전능함을 꾸며 내는 약, 더 많이 생산하고 더 많이 돈 벌게 도와주는 약? 거기에서 시간의 흔적을 읽을 수는 없는가? 1960년대 마약이었던 LSD와 같은 비생산적 환각제가 오늘날엔 선사시대의 일처럼 느껴지는 건 순전히 우연일까? 절망에 찼던 사람들은 다른 사람들이었나? 절망은 다른 이야기였나?

울지 않는 놈은 젖도 못 얻어먹는다네. 남에게 사기 치지 않는 놈은 얼간이라네.

– 엔리케 산토스 디세폴로(Enrique Santos Discépolo)의 탱고
〈캄발라체(Cambalache)〉 중에서

윤리학 세미나

- 실용 과정: 친구 사귀기와 성공하기
- 쓸모없는 악습 물리치기

실용 과정: 친구 사귀기와 성공하기

범죄는 질서를 반영하는 거울이다. 감옥에 둥지를 튼 범죄자들은 가난하고, 대개는 작은 무기와 조잡한 방법을 사용한다. 가난과 전근대적 기술이라는 그 결점만 아니라면 동네 불량배들도 진술서 끝머리에 지문 날인하는 대신에 왕의 왕관이나 신사의 중절모, 주교의 주교관(主敎冠), 장군의 제모를 정말 폼 나게 쓰고 정부의 법령에 서명을 할지도 모른다.

제국의 힘

영국의 빅토리아 여왕은 자신의 이름이 들어간 빅토리아 시대를 탄생시켰는데, 그야말로 승리의 빅토리만 가득한 영광의 시대였다. 세계의 해상권과 세계의 땅덩이 상당 부분을 소유한 찬란한 시절이었으니까 말이다. 『브리태니커 백과사전』에서 알파벳 'V'를 찾아보면, 대번에 빅토리아 여왕이 나온다. 이 여왕은 도덕과 미풍양속에 집착하는 엄격한 생활을 몸소 보여줌으로써 국민을 이끌었다. 상당 부분 바로 그 때문에 위엄, 권위, 가정에 대한 존중과 같은 개념들이 영국 사회에 뿌리를 내렸는데, 이는 빅토리아 사회의 특징을 이룬다. 초상화에서

보는 여왕은 언제나 찌푸린 얼굴이다. 어쩌면 지조 있는 인생을 고집했던 그녀가 맞닥뜨렸던 어려움과 맛보았던 쓴맛을 드러내고 있는지도 모르겠다.

물론 브리태니커 백과사전에서는 이야기하고 있지 않지만, 빅토리아 여왕은 19세기 최고의 마약 거래상이었다. 빅토리아 여왕의 기나긴 통치 기간 동안 아편은 최고의 무역 물품으로 변신했다. 대규모의 양귀비 재배와 아편 생산이 영국의 주도와 영국의 통제하에 인도에서 발전했고, 그 아편의 상당량이 중국으로 밀반입되어 흘러 들어갔다. 영국의 마약 산업이 강제로 열어젖힌 중국의 아편 소비시장은 점점 커졌다. 1839년, 중국 황제가 국민을 황폐화시키는 해악을 우려하여 아편 거래와 사용을 금지하고 일부 영국 선박의 화물 몰수를 명하였을 때, 약 1,200만 명의 중독자가 있었던 것으로 추산된다. 평생 마약이라는 단어를 입에 올리지 않았던 빅토리아 여왕은 무역의 자유를 거스르는 그 용서할 수 없는 불경스러움을 비난하며, 중국 해안에 전함을 파견했다. 여왕은 두어 차례를 제외하고는 1839년 시작되어 20년 동안 지속된 아편전쟁 기간 동안 전쟁이란 단어 역시 입 밖에 내본 적이 없다.

아편을 실은 상선이 전함의 뒤를 좇았다. 교전이 끝날 때마다 매번

무역작전이 전개되었다. 전쟁 초기인 1841년에 벌어진 한 전투에서는 세 명의 영국인과 2,000명이 넘는 중국인이 목숨을 잃었다. 손익계산서는 그 후에도 별 차이 없이 비슷한 내용이었다. 제1차 휴전이 깨진 것은 1856년, 존 보링(John Bowring) 경의 명령으로 광둥(廣東)이 폭격을 당했을 때였다. 그는 매우 독실한 기독교 신자로서 늘 "예수님이 자유무역이고, 자유무역이 예수님이다."라고 말하곤 했다. 제2차 휴전은 빅토리아 여왕의 참을성이 한계를 넘어섰을 때인 1860년에 끝이 났다. 되놈들의 고집불통에 종지부를 찍어야 할 때였다. 영국군의 포격에 베이징이 무너졌고, 침략군은 여름 황궁을 약탈하고 불을 질렀다. 할 수 없이 중국은 아편을 받아들였고, 마약 중독자는 엄청나게 증가했으며, 영국 상인들은 행복하게 잘 먹고 잘 살았다.

비밀의 힘

지구상에서 가장 부자 나라는 스위스와 룩셈부르크다. 둘 다 나라는 작아도 돈 시장은 거대하다. 작은 나라 룩셈부르크에 대해서는 아는 바가 거의 없다. 스위스는 활 솜씨가 뛰어난 윌리엄 텔, 정확한 시계, 신중한 은행가들로 유명하다.

스위스 은행의 명성은 상당히 오래 전부터 이어져 내려왔다. 700년의 전통은 성실함과 안전을 보장한다. 그러나 스위스가 금융 강국으로 확실히 자리 잡은 것은 제2차 세계대전 때였다. 역시나 오랜 전통인 중립을 고집하며 스위스는 전쟁에 불참했다. 하지만 자신들의 서비스를 나치 독일에 좋은 가격에 판매함으로써 전쟁 특수에는 참가했다. 기가 막힌 사업이었다. 스위스 은행은 히틀러가 생포한 유대인이나 점령국에서 강탈한 금을 외화로 바꿔주었다. 그중에는 포로수용소 가스실에서 사망한 사람들의 금니도 포함되어 있다. 나치의 추격을 받는 사람들이 국경에서 강제 송환되어도 금은 아무 문제 없이 스위스로 흘러 들어갔다.

베르톨트 브레히트[Bertolt Brecht, 독일의 극작가이자 시인]는 "은행을 터는 것은 죄다. 하지만 더 큰 죄는 은행을 세우는 것이다."라고 했다. 전쟁이 끝난 후 스위스는 독재자, 도둑질을 일삼는 정치인, 탈세의 외줄을 타는 사람, 마약 거래자, 무기 거래자에게 알리바바의 동굴이 되었다. 취리히의 반호프슈트라세(Banhofstrasse)나 제네바의 코라테리(Corraterie)의 휘황찬란한 보도 밑에는 약탈과 사기의 수확물이 금괴나 돈다발로 둔갑하여 남의 눈에 보이지 않게 곤한 잠을 자고 있다.

각종 스캔들과 법적 조사가 진행되면서 스위스 은행의 은밀함이 이젠 예전 같지 않지만, 어쨌든 국부(國富)의 원동력이 되는 엔진은 줄기차게 가동되고 있다. 돈은 아직도 변장하고 가면을 쓰고, 1년 내내 계속되는 카니발을 즐길 권리를 누린다. 그리고 국민투표에 따르면, 국민 대다수는 그게 전혀 나쁘지 않다고 생각한다.

아무리 더러운 돈이 들어와도, 아무리 씻는 과정이 복잡해도, 세탁소는 얼룩 하나 남기지 않고 깨끗하게 만들어 놓는다. 로널드 레이건이

미국 대통령이었던 1980년대에 취리히는 올리버 노스(Oliver North) 대령이 전담한 다양한 조작 행위와 작전의 중심지였다. 스위스 작가 장 지글러(Jean Ziegler)가 폭로한 사실을 보면, 미국의 무기가 적국 이란에 들어가곤 했는데, 이란은 무기 대금의 일부를 모르핀이나 헤로인으로 지불하기도 했다. 미국은 취리히에서 마약을 팔고 돈을 예금해 두었다가 후에 니카라과의 조합과 학교를 날려 버린 용병들을 지원하는 데 썼다. 당시 레이건은 그 용병들을 미국 건국의 아버지들과 비교하곤 했다.

대리석 높은 기둥이 솟은 스위스의 여러 성당이나 은밀한 예배당, 성소(聖所)는 질문을 회피한 채 신비로움만 던져 준다. 필리핀의 폭군 페르디난드 마르코스(Ferdinand Marcos)는 10억에서 15억 달러에 달하는 돈을 40개의 스위스 은행에 보관했다. 취리히 주재 필리핀 총영사는 크레디트 스위스(Crédit Suisse) 은행의 이사였다. 마르코스가 권좌에서 물러난 지 12년이 지난 1998년 초, 끝도 없이 이어지던 소송과 상고를 거친 후에 연방재판소는 5억 7,000만 달러를 필리핀 정부에 환급하라는 명령을 내렸다. 전부는 아니지만, 어쨌든 일부였다. 원칙을 벗어난 예외적 사건이었다. 범죄로 긁어모은 돈은 흔적 없이 사라지는 게 보통이다. 스위스 의사들은 범죄자의 얼굴과 이름을 바꾸고, 새로 만든 가짜 인물에 합법적 생명을 부여한다. 니카라과의 착취자 소모사(Somoza) 왕가가 챙긴 약탈품 가운데 드러난 것은 아직 하나도 없다. 뒤발리에(Duvalier) 왕가가 아이티에서 도둑질한 것도 찾아낸 것은 거의 없고, 반환된 것도 전혀 없다. 콩고(Congo)의 마지막 고혈 한 방울까지 미련 없이 착취했던 모부투 세세 세코(Mobutu Sese Seko)는 언제나 방탄 메르세데스에 경호원을 거느리고 제네바 은행가들과 만나곤 했다. 그의 독재가 막을 내렸을 때 40억에서 50억 달러에 달하는 모부투의 총 자산 중에서 겨우 600만 달러만 모습을 드러냈다. 말리의 독재자 무사 트라오레(Moussa Traoré)는 10억 달러가 조금 넘는 돈을 보유했고, 스위스 은행가들은 400만 달러만 돌려 주었다.

1976년부터 조국을 위해 테러를 일삼았던 아르헨티나 군부의 돈도 스위스행 비행기를 탔다. 22년 후 사법부에서 조사를 하던 중 빙산의 일각을 발견했다. 얼마나 많은 돈이 유령 계좌를 감싸주는 안개 속으로 형체도 없이 사라졌을 것인가? 1990년대에 살리나스(Salinas)가

는 멕시코를 깨끗이 먹어 치웠다. 대통령의 형 라울 살리나스(Raúl Salinas)는 공공 서비스를 민영화하고 마약 마피아를 비호하면서 수수료를 챙긴 공로가 뛰어나 '미스터 10%'라고 불리기도 했다. 언론은 그 돈의 강줄기가 씨티은행(Citibank), 스위스 은행 연합(Union de Banques Suisses), 스위스 은행 조합(Société de Banque Suisse)을 비롯하여 돈의 적십자 역할을 하는 다른 지류로 흘러 들어갔다고 보도했다. 얼마나 되찾을 수 있을까? 돈은 제네바 호수의 마법 같은 물 속으로 뛰어들어 자취를 감춘다. 우루과이를 아메리카 대륙의 스위스라고 경의를 표하는 사람들이 있다. 그러나 우루과이 사람들은 그 찬사에 그다지 확신을 가지지 못한다. 민주주의 전통 때문인가, 아니면 은밀한 은행법 때문인가? 우루과이는 수년 전부터 그 은밀한 은행법 덕분에 코노 수르(Cono Sur)의 돈 상자로 변모하고 있다. 바닷가 전망이 좋은 훌륭한 은행 말이다.

신성한 힘

1970년 섣달 그믐밤, 은행가의 대부 세 명이 바하마 군도의 나소(Nassau) 호텔에서 회동했다. 열대지역의 산들바람은 몸을 간질이고, 엽서에나 등장할 법한 풍경은 그들을 감싸는데, 로베르토 칼비(Roberto

Calvi), 미켈레 신도나(Michele Sindona), 폴 마싱커스(Paul Marcinkus)는 마르크스주의의 전멸을 위해 잔을 들며 새해맞이를 했다. 12년 후에 그들은 암브로시아노 은행(Banco Ambrosiano)을 완벽하게 박살냈다.

암브로시아노 은행은 마르크스주의를 표방하지 않았다. '사제들의 은행'으로 알려진 이 은행은 세례 받지 않은 주주들은 받아들이지 않았다. 암브로시아노 은행이 교회와 관련 있는 유일한 은행은 아니었다. 1605년경에 교황 바오로 5세가 설립한 '성령은행'은 이탈리아 정부로 경영권이 넘어갔기 때문에 신의 이익을 위해 더 이상 재정적 기적을 행하지 않았다. 하지만 바티칸은 과거에도 그리고 지금도 여전히 자신의 공식 은행을 소유하고 있다. 투철한 신앙심을 보여 주듯 이름도 '종교사업을 위한 기관'이다. 어쨌든 암브로시아노 은행은 이탈리아 제2의 민영은행으로 대단히 중요했는데, 「파이낸셜 타임스(*Financial Times*)」는 그 침몰을 두고 서구 은행업계의 가장 심각한 위기라고 말했다. 상상을 초월하는 사기 사건으로 인해 10억 달러 이상의 적자가 발생했고, 최대 주주 중의 하나이자 융자 수익의 최대 수혜자였던 바티칸은 위험에 직면하게 됐다.

수많은 낙타가 바늘구멍을 지나갔다. 암브로시아노 은행은 마약과 무기 거래에서 챙긴 돈을 세탁하기 위해 세계에 거미줄을 쳤고, 시칠리아와 미국의 마피아, 터키와 콜롬비아의 마약조직 등과 긴밀히 협력했다. 뿐만 아니라, 미국의 시칠리아계 마피아 코자 노스트라(The Cosa Nostra)가 마약 밀매와 납치사건에서 건진 수익을 빼돌리는 차량 역할을 담당했다. 암브로시아노 은행은 공산주의 체제에 맞서 싸우는 폴란드 노조에게는 화수분 같은 돈줄이기도 했다. 또한 니카라과의 콘트라

++ 종교학 강의

처음 로마에 도착했을 때 나는 이미 신을 믿지 않았고, 유일한 천당이자 유일한 지옥은 이 세상이라고 생각했다. 하지만 어린 시절의 성부(聖父)에 대해서 나쁜 기억은 하나도 간직하고 있지 않았고, 마음 속 깊은 곳에서는 성자(聖子)가 여전히 애정 어린 자리를 차지하고 있었다. 하느님의 아들은 알리탈리아(Alitalia)의 비행기에서 내가 막 착륙하려는 그 제국의 도시에 도전장을 내밀었던 갈릴리의 반역자였다. 고백하건대, 성령에 대해서는 남은 기억이 거의 하나도 없다. 날개를 활짝 펴고 아래로 내려오면서 처녀들을 수태시키던 하얀 비둘기 한 마리가 그저 아주 희미하게 기억날 뿐이다.

로마 공항에 채 들어가기도 전에 커다란 광고가 단번에 눈에 들어왔다.

성령은행이었다.

나는 아직 어렸고, 비둘기가 그런 일도 한다는 사실을 알고서 깊은 감동을 받았다.

(Contra) 반군을 인심 좋게 지원하기도 했다. 이탈리아에서는 P-2 로지(Lodge)의 뒷돈을 대기도 했는데, 그들은 현재의 적인 빨갱이의 위험을 걷어 내기 위해 언제나 적이었던 교회와 손을 잡고 연합 대응하기로 했다. P-2의 두목은 암브로시아노 은행에서 1억 달러를 받았다. 이 돈은 그들의 가족이 잘 먹고 잘 사는 데 쓰이기도 했고, 이탈리아 좌파 응징과 국민의 불안감 조성을 위해 정부에 대응하는 정부를 구성하고 테러를 실행하는 데 쓰이기도 했다.

몇 년 지나자 은행은 빈털터리가 되었고, 자산은 스위스, 바하마 군도, 파나마를 비롯한 조세 피난 국가들의 열려 있는 돈구멍으로 흘러 들어갔다. 각국의 정부수반, 장관, 추기경, 은행가, 산업계 대표, 고위 공직자들은 칼비, 신도나, 마싱커스가 주도한 약탈의 공범들이다. 바티칸의 자금을 관리하고 암브로시아노 은행장을 맡기도 했던 칼비는 얼음장 같은 차가운 미소와 회계학적 묘기로 이름을 날렸다. 이탈리아 주식시장의 황제 신도나는 부동산 투자와 금융 투자를 지휘하며

바티칸의 신뢰를 한 몸에 받았다. 그 역시 미 대사관의 이탈리아 우파 정당 지원금을 운반하는 역할을 맡기도 했다. 세계 각국에 은행과 공장, 호텔을 소유했으며, 닉슨(Nixon) 대통령의 호기심 덕분에 떠들썩한 명성을 얻은, 워싱턴 소재 워터게이트(Watergate) 건물을 소유하기에까지 이르렀다. '종교사업을 위한 기관'의 은행장을 맡기도 했던 마싱커스 대주교는 시카고(Chicago)에서도 알 카포네와 같은 동네에서 태어났다. 언제나 쿠바의 아바나 시가를 입에 물고 있던 건장한 체구의 마싱커스 대주교는 교황청의 경영을 책임지기 전까지 교황의 경호원을 지냈다.

이들 세 사람은 하느님께 최대한 영광을 돌리기 위해, 또 자신들의 주머니를 불리기 위해 일했다. 그들은 정말이지 성공적인 인생 역정을 거쳤다고 말할 수도 있을 것이다. 하지만 그들 셋 중 누구도 복음서에서 믿음의 사도들에게 예시했던 박해와 수난의 운명을 벗어날 수는 없었다. 로베르토 칼비는 암브로시아노 은행이 파산하기 직전에 런던의 한 다리 밑에서 목이 매달린 채 발견되었다. 4년 후 미켈레 신도나는 철통 같은 경비를 자랑하는 어느 감옥에서 설탕 넣은 커피를 달라고 했다. 그런데 그 이야기를 잘못 알아듣고서 커피에 청산가리를 넣어 주었으니……. 몇 달 후에는 사기 파산죄로 마싱커스 대주교에게 체포 영장이 발부되었다.

정치적 힘

60년 전, 아르헨티나의 작가 로베르토 아를트(Roberto Arlt)는 정치에 몸을 담으려 하는 사람들에게 이런 충고를 했다.

"이렇게 선언하십시오. '나는 도둑질을 했습니다. 그리고 크게 한 방 도둑질하고 싶습니다.' 또 아르헨티나 땅 최후의 한 뼘까지 다 팔아치우고, 의회도 팔고, 법원에는 싼 아파트를 짓겠다고 약속하십시오. 연설할 때 이렇게 말씀하십시오. '여러분, 도둑질하는 게 쉬운 일은 아닙니다. 남을 잘 비꼬는 냉소적인 사람이라야 하는데, 제가 바로 그렇습니다. 그리고 배신자도 되어야 합니다. 제가 바로 그렇습니다.'"

그의 말 그대로가 확실한 성공을 보장하는 공식일 것이다. 후안무치한 깡패들은 하나같이 정직함을 들먹거리고, 사람들은 거짓말에 지칠 만큼 지쳤다. 브라질의 정치인 아데마르 지 바후스(Adhemar de Barros)가 사는 형편이 제일 나은 상파울루의 유권자들을 사로잡은 구호는 "해먹어도 일은 잘 해(Rouba mas faz)."였다. 반면에 아르헨티나 후보자들 사이에서는 그 충고가 전혀 먹혀들지 않았다. 지금 세상엔 자기가 무엇을 도둑질하겠다고 이야기하거나, 무엇을 도둑질했다고 똑똑하게 고백하는 용기 있는 정치인을 만나기란 불가능하고, 공금을 약탈하고 "내가 한번 잘살아 보려고 도둑질했습니다."라고 인정하는 사람은 하나도 없다. 만에 하나 양심의 가책을 느끼는 도둑놈이라면 최소한 "당과 국민과 나라를 위해 그렇게 했습니다."라고 말할 것이다. 어떤 정치인은 자기 나라를 너무도 사랑한 나머지 모든 것을 챙겨 집에 가져가기도 한다.

++ 가격

1993년, 브라질 사회민주당(PSDB)은 소규모 정당으로 대선 출마에 필요한 국회의원 수를 확보하지 못하고 있었다. 사민당은 3만 달러에서 5만 달러 가격에 다른 당의 국회의원을 넘겨받았다. 그들 가운데 한 명이 사실을 시인하고, 이런 설명까지 곁들여 주었다. "축구선수들이 소속팀을 바꿀 때와 마찬가지예요."

4년 후 시세는 급등했다. 두 명의 국회의원이 각각 20만 달러를 받고 헌법개정안에 찬성표를 던졌고, 덕분에 페르난두 엥리케 카르도주(Fernando Henrique Cardoso) 대통령은 재선에 성공했다.

로베르토 아를트의 공식은 효과가 없을 것이다. 아데마르 지 바후스의 처방전을 따른 브라질 정치인은 한 명도 없다. 보통은 뛰어난 연기력, 잘 선택한 가면 등 연극적 기술이 있어야 많은 표를 확보하는 법이다. 또 다른 아르헨티나 작가 호세 파블로 페인만(José Pablo Feinmann)이 말하듯 선거에서 승리하면 안과 밖이 다른 이중적 연설과 이중인격이 보상받는 경향이 있다. 슈퍼 영웅인 슈퍼맨이나 배트맨에서 보이듯 직업 정치인들은 정신분열증을 만들어 내고, 정신분열증은 그들에게 과대한 힘을 가져다준다. 소심한 클라크 켄트(Clark Kent)가 안경만 벗으면 슈퍼맨이 되고, 싱거운 브루스 웨인(Bruce Wayne)이 박쥐 망토를 제대로 입기도 전에 배트맨으로 변하는 것처럼 말이다.

정치이론 전문가가 아니라도 대체로 정치인들의 연설문은 뒤집어서 읽을 때라야 진정한 의미를 찾을 수 있다. 극히 드물지만 예외가 있긴 하다. 정치인들은 너나없이 변화를 약속하지만, 집권을 하게 되면 변화시키는 건 자신들의 생각이다. 어떤 사람은 너무 돌고 돌아서 현기증이 난다. 너무도 빠른 속도로 좌에서 우로 돌고 도는 그들을 쳐다보고 있노라면 보는 사람의 목이 틀어질 지경이다. 선장이 "여자

++ 모범 인생 1

1994년 9월, 후벵스 히쿠페루(Rubens Ricupero) 재무부 장관이 브라질리아의 글로부(Globo) TV 스튜디오에서 인터뷰하기 전, 조명과 마이크 점검이 끝나길 기다리면서 긴장을 풀고 기자와 대화를 나누었다. 마음을 터놓고 이야기를 하던 장관은 정부에 유리한 경제지표만 발표하고 불리한 수치는 숨기고 있노라고 고백했다.

"난 켕기는 게 없어."

그리고 우리끼리 이야기라면서 기자에게 이렇게 말했다. "일단 선거만 끝나면 시위 진압 경찰을 풀어놓을 거야."

하지만 방송 시스템에 오류가 있었다. 은밀한 이 대화가 위성에 잡혀 브라질 전역의 파라볼릭 안테나에 실렸다. 장관의 발언은 전국으로 생중계되었다. 브라질 국민은 진실을 들었다. 단 한 번, 실수 덕분에 진실을 들었다.

그 후 장관은 무릎을 꿇고 산티아고의 길*을 고행하지도 않았고, 등을 채찍으로 내리치지도 않았으며, 머리 위에 재를 뿌리지도 않았다. 그렇다고 히말라야 정상에 은신처를 만들지도 않았다. 대신 그는 국제연합무역개발회의(UNCTAD)의 사무총장이 되었다.

와 아이들 먼저!"라고 외치는 것처럼 그들은 "교육과 보건이 먼저!"라고 외치는데, 아니나 다를까 교육과 보건이 제일 먼저 익사한다. 그들은 연설을 하며 노동을 찬양하지만, 정작 하는 일은 노동자를 헐뜯는 것이다. 국가의 주권은 가격을 따질 수 없다고 가슴에 손을 얹고 선서하는 정치인들은 나중에 그 국가 주권을 누군가에게 공짜로 선물하기 일쑤고, 도둑놈을 소탕하겠다고 예고하는 정치인들은 나중에 별 걸 다 훔치곤 한다.

1996년 중반, 썩어빠진 자들에게 회초리가 되겠다고 목청을 높인

* 카미노 데 산티아고(Camino de Santiago, 산티아고의 길): 예수의 열두 제자 중의 하나인 성 야곱의 유해가 신비롭게도 에스파냐 북부의 작은 도시 산티아고데콤포스텔라(Santiago de Compostela)로 옮겨졌다고 한다. 그의 유해는 대성당에 안치됐고, 사람들은 에스파냐의 끝, 즉 유럽 대륙의 끝에 자리 잡은 그 성지를 향해 걷기 시작했다. 중세부터는 유럽인이 끊임없이 찾는 순례자의 명소가 됐고 예루살렘, 로마와 함께 가톨릭의 3대 성지를 이룬다. 순례의 길은 에스파냐와 프랑스의 국경 도시에서 시작해 산티아고데콤포스텔라까지 약

++ 너그러운 마음

미국에서 정치적 영향력 판매는 합법이고, 공개적으로 이루어질 수 있다. 은폐할 필요도 없고 스캔들의 위험도 없다.

워싱턴에만 1만 명 이상의 뇌물 전문가가 의원과 백악관에 영향력을 행사하기 위해 활동하고 있다. 다음의 액수를 보면 말문이 탁 막힌다. '책임지는 정치를 위한 센터(Center for Responsive Politics)'의 기록에 따르면, 수많은 기업과 전문 조직이 1997년 한 해에 합법적으로 내놓은 돈이 12억 달러에 달한다. 평균 한 달에 1억 달러라는 말이다. 민간 보건사업과 관련이 깊은 미국의학연합회와 상공회의소, 그리고 기업으로는 필립 모리스, 제너럴 모터스, 에디슨 일렉트릭이 **기부자** 리스트의 선두 그룹을 형성하고 있다.

해를 거듭할수록 늘어만 가는 기부금액에 막후에서 은밀히 오가는 돈은 포함되어 있지 않다. 불법으로 기부금을 헌납한 적이 있다고 실토한 기업인 조니 청(Johnnie Chung)은 1998년에 이런 이야기를 했다. "백악관은 지하철과 같다. 들어가려면 돈을 넣어야 한다."

압달라 부카람(Abdalá Bucaram)이 에콰도르 대통령이 되었다. 훌리오 이글레시아스(Julio Iglesias)처럼 노래한다고 믿었고, 또 그 사실을 대단한 자랑거리로 생각했던 이 호들갑스러운 인물은 권좌에 오래 있지 못하고 몇 달 지나지 않아 폭동으로 무너졌다. 에콰도르 국민의 인내심을 시험하여 폭발하게 만든 여러 요인 가운데 하나는 18세 된 그의 아들 하코비토(Jacobito)가 세관에서 처음으로 벌어들인 100만 달러를 축하하기 위해 주최한 파티 때문이었다.

1990년, 페르난두 콜로르(Fernando Collor)가 브라질의 대통령이 되었다. 짧지만 강력했던 선거전은 TV가 있기에 가능했는데, 콜로르는

1,000km를 걷는 길이며, 유럽인에게는 유명한 순례의 길이다. 이 순례의 길은 그 자체가 유네스코가 지정한 세계문화유산이다. 순례자가 마지막으로 산티아고데콤포스텔라의 대성당에 도착해 성당 정문의 조각 포르티코 데 글로리아(Pórtico de Gloria, 영광의 문)를 만지고 기도를 올리면 기나긴 순례자의 길이 완성된다.

나라를 들어먹는 고위 관료를 겨냥하여 소리소리 지르며 도덕적인 연설을 늘어놓았다. 2년 반 후, 갑자기 얻게 된 부(富)를 찬란하게 과시하는 행태와 유령계좌로 불거진 스캔들이 그의 목을 옥죄어 더 이상 어쩔 수 없게 되었을 때 그는 해임되었다. 1993년, 카를로스 안드레스 페레스(Carlos Andrés Pérez) 베네수엘라 대통령도 공금횡령죄로 대통령직을 박탈당하고 가택연금 판결을 받았다. 라틴아메리카 역사상 그 어떤 경우에도 그 어느 누구도 제 주머니에 챙긴 돈을 반환해야만 하는 상황에 처한 적이 없다. 물러난 대통령도, 부정부패로 사임한 장관도, 공공 기업체 대표도, 국회의원도, 탁자 밑으로 은밀한 돈을 받았던 공무원도 그런 적이 없다. 그 어느 누구도 한 푼도 내놓은 적이 없다. 그럴 의도가 없었다는 말이 아니다. 그 어느 누구도 그런 생각을 하지 못했다.

돈만 훔치면 다행이다. 1988년 멕시코의 예에서 보듯이 때때로 선거도 훔친다. 당시 야당인 좌파의 후보자 콰우테목 카르데나스(Cuahutémoc Cárdenas)는 투표에서 과반수 이상의 표를 획득하여 선거에서 승리했지만 강탈당하고 말았다. 수년 후 1997년, 정부 여당인 제도혁명당(PRI)의 일부 의원들이 야당의 우파 지도자 디에고 페르난데스 데 세바요스(Diego Fernández de Cevallos)를 고발했다. 선거 사기극

에 공범으로 참여하면서 1,400만 달러를 수뢰한 혐의였다. 오가는 주먹질 때문에 국회는 권투 시합장으로 변해 버렸고 언론은 이 사건을 대서특필했다. 뇌물 문제도 적잖이 매스컴에 오르내렸지만 그보다 더 심각한 문제는 그냥 지나가고 말았다. 이 고발사건은 선거가 사기극이었음을 바로 국회의원 자신들이 고백했다는 의미를 담고 있다.

대규모 절도사건은 그저 그러려니 하고 습관적으로 받아들이는 악습 때문에 발생한다. 민주주의가 권위를 상실하면 '다 괜찮다(Everything is OK!)'는 의식이 만연하게 된다. 너무 맑은 물에는 물고기가 살 수 없다는 얘기를 하면서 말이다. 미국인 중에서 상원의원이 대단히 높은 윤리의식을 가지고 있다고 믿는 사람들이 얼마나 될까? 2%다. 1996년 말, 부에노스아이레스의 일간지 「파히나(*Página*) 12」는 상당히 적나라한 갤럽 여론조사 결과를 발표했다. 아르헨티나의 젊은이 열 명 중 일곱 명이 성공으로 가는 유일한 길은 부도덕이라고 답한 사실이다. 그리고 전체 응답자 열 명 중 아홉 명이 정치권과 경찰에 대한

++ 모범 인생 2

1980년대 말, 모든 에스파냐 젊은이들은 그처럼 되고 싶어 했다. 에스파냐 은행계의 미다스 왕이자 재계의 스타였던 그가 돈 키호테와 전설의 영웅 엘 시드를 압도하고 신세대에게 모델이 되었다는 점이 여러 설문조사의 일치된 결과였다. 사회적 신분상승이라는 관점에서 본다면 높이뛰기 곡예사였던 그는 갈리시아(Galicia) 지방의 작은 마을에서 출발하여 권력과 성공의 최상층부까지 단숨에 뛰어올랐다. 연예 잡지의 열렬한 독자인 여성들은 그가 매력 있는 에스파냐 남성이자 이상적인 남편상이라며 한목소리로 칭송해 마지않았다. 결산 자료를 발표하거나 세비야나 춤을 추거나 지중해를 가르며 항해할 때도 언제나 미소 띤 얼굴에 헤어젤을 바른 머리, 방금 세탁소에서 나온 듯한 옷차림이었다. 당시 유행하던 노래 중에는 〈마리오 콘데(Mario Conde)가 되고 싶어라〉라는 제목도 있었다.

10년 뒤인 1997년, 검사는 마리오 콘데에게 44년형을 구형했다. 에스파냐 역사상 최대의 경제사기 사건을 저지른 사람에게 그리 많은 세월은 아니다.

뇌물 제공과 탈세는 허구한 날 밥 먹듯 있는 일이라고 인정했다.

위에서는 보상받고 아래에서는 고통 받는다. 시시한 도둑질은 소유권을 침해하는 범죄지만, 규모가 큰 도둑질은 소유자들의 권리다. 걱정, 근심 없는 정치인들은 수단이 아무리 비열하다 해도 성공이 그 수단을 정당화하는 체제 속에 존재하는 게임의 법칙에 따라서만 행동할 뿐이다. 국고 사기, 타인에 대한 사기, 대차대조표 위조, 자금 빼돌리기, 기업 들어내기, 유령 주식회사 설립하기, 회계장부 조작하기, 위장 커미션 등이 그 비열한 수단의 예다.

납치범의 힘

에스파냐어로 '납치(secuestrar)'의 사전 정의는 "몸값으로 돈을 요구하기 위해 다른 사람을 부당하게 억류하는 것"이다. 형법에서는 이 범죄 행위를 엄하게 다스린다. 그러나 어느 누가 세계 각국을 인질로 두고 있는 지체 높은 양반을 잡아 두고, 어떻게 하든 처벌되지 않는 유쾌함을 즐기며, 매일 어마어마한 몸값을 받아 챙길 생각을 하랴.

옛날에는 미국 해병대원들이 중미 국가들과 카리브 해 제도 국가들이 진 빚돈을 거두기 위해 세관을 장악했다. 미국의 아이티 침공은 1915년부터 1934년까지 19년이나 지속됐다. 씨티은행이 높은 이자로 몇 배나 불어난 차관을 모두 거두어들이고 나서야 침략자들이 발을 뗐다. 그 대신 미군은 입맛에 맞게 아이티 군대를 요리해 두고 떠났다. 꼭두각시 군대의 임무는 독재를 행사하고 외채 상환 의무를 원활히 이행하는 것이었다. 요즘과 같은 민주주의 시대에는 국제적 전문 기술관료들이 원정군보다 훨씬 효과가 있다. 아이티 국민은 국제통화기금(IMF)도 국제부흥개발은행(IBRD)도 선택하지 않았고, 선택 과정에서 단 한 표도 행사하지 못했지만, 아이티 국고로 들어오는 한푼 한푼이 어디로 나가는지 정하는 사람들은 바로 국제통화기금과 세계은행이다. 가난한 나라에서는 다 그렇듯이 거부권은 투표권보다 더 강력한 힘을 지닌다. 일은 민주적인 투표가 꾸미되, 성패는 금융 독재에 달렸다.

은행이 세계적이듯 통화기금은 국제적이지만, 이 쌍둥이 형제는 워싱턴에서 함께 살고 함께 돈을 걷으며 결정도 함께 내린다. 그러나 수많은 전문 기술 관료들은 자기 밥그릇에 침 뱉는 일은 절대 하지 않는다. 미국이 단연 세계에서 가장 빚을 많이 진 나라이긴 해도 백악관에 바겐세일 깃발을 내걸라는 명령을 내리는 외부인은 아무도 없고 그런 불경스러운 일은 생각조차 못한다. 반대로 빚의 노예가 되어 1분당 25만 달러를 바치는 지구상의 못사는 나라들은 포로생활을 한

다. 그리고 채권국들은 로마 제국의 귀족들이 공개된 광장에서 평민 채무자들의 사지를 절단하듯이 못사는 나라의 주권을 갈기갈기 찢어놓는다. 채무국이 아무리 많은 돈을 갚을지라도 외채라는 밑 빠진 큰 독의 갈증을 가라앉힐 방법은 없다. 많이 갚으면 갚을수록 많이 빚진다. 그리고 많이 빚지면 빚질수록 국가를 무너뜨리고 정치적 독립을 저당 잡히며 국가경제를 양도하라는 명령에 더욱 충실히 복종해야만 한다. "빚을 갚으며 살다가 빚지고 죽었노라."라고 묘비에 새길 만하지 않은가.

브라질 사람들이 가장 많이 찾는 성인은 빚진 자들의 수호성인인 산타 에두비제스(Santa Eduviges, 세인트 헤드위그 Saint Hedwig)다. 순례 때에는 수천 명의 빚진 자들이 절망에 허덕거리며 그녀의 제단을 찾아와 빚쟁이들이 텔레비전이나 자동차, 집을 가져가지 않게 해달라고 간청한다. 때로는 에두비제스 성인이 기적을 행하기도 한다. 하지만 채권국이 이미 정부를 가져가 버린 나라들을 그녀가 무슨 방법으로 도울 수 있겠는가? 아주 먼 곳에서 살면서 원격조종으로 재정 갈취를 자행하는 얼굴 없는 나리 몇 분의 명령대로 행할 자유가 그 나라들의 자유다. 채권국 나리들께선 올바른 경제의 길 앞에서 얼마나 복종하는지 아닌지에 따라 주식시장을 열고 닫는다. 단 하나의 진실이 종교재판소의 수도사들이나 유일 정당의 위원들 혹은 이슬람 근본주의자들에게나 어울릴 법한 광신으로 강요된다. 그래서 볼리비아, 러시아, 몽골, 나이지리아, 대한민국, 멕시코처럼 서로 너무도 다른 나라에 똑같은 정책을 지시한다.

1997년, 미셸 캉드시(Michel Camdessus) 국제통화기금 총재는 "국가는 은행에 명령해서는 안 된다."라고 말했다. 그 말은 곧 '국가에 명령하는 자는 은행'이라는 말이다. 1996년 초, 한스 티트마이어(Hans Tietmeyer) 독일 분데스방크(Bundesbank, 중앙은행) 총재는 "금융시장은 점점 더 헌병의 역할을 하게 될 것이다. 정치인들은 지금부터라도 자신들이 금융시장의 통제 아래에 있다는 사실을 이해해야 한다"라고 이야기했다. 브라질의 사회학자 베칭유(Betinho)* 에베르트 지 소자(Hebert de Souza)가 대통령들은 크루즈 투어나 즐기러 떠나라고 촉구한 적이 있다. 정부는 날이 갈수록 나라를 다스리지 못하고, 그들에게 표를 던져 준 국민들은 그들이 날이 갈수록 자신들을 대표하지 못한다고 느낀다. 여론조사 결과를 보면 국민들의 신뢰가 거의 바닥났음을 알 수 있다. 브라질 국민의 반도 되지 않는 사람들이, 그리고 칠레, 멕시코, 파라과이, 페루 국민들은 가까스로 반을 넘는 수치의 사람들

* 'Beto'(베투, 사람이름)에 축소사가 붙은 형태로서 애정을 담아 부르는 말.

만이 민주주의를 믿는다고 답했다. 1997년 국회의원 선거에서 칠레 역사상 가장 많은 백지 표와 무효 표가 쏟아져 나왔다. 그리고 그토록 많은 젊은이들이 선거인 명부에 이름을 등록하는 일을 귀찮게 여겼던 적도 없었다.

전체주의적 세계화의 힘

1979년부터 시작된 12년간의 재임 기간 동안 마거릿 대처(Margaret Thatcher) 영국 수상은 영국령 제도(諸島)에 대해 금융자본 독재를 행사했다. 대단한 칭송을 한 몸에 받았던 철의 여인 대처는 놀랄 만큼 신속하게 미풍양속의 시대에 종지부를 찍고, 시위 노동자들을 박살냈으며, 엄격한 계급사회를 부활시켰다. 영국은 유럽의 모델이 되었다. 그동안 칠레는 피노체트(Pinochet) 장군의 군사독재 아래에서 라틴아메리카의 모델이 되었다. 모델이었던 이 두 나라는 현재 불공평한 국가들 중에서도 선두를 차지하고 있다. 소득과 소비의 분배에 관해 국제부흥개발은행이 발표한 자료를 보면, 현재 남아돌 만큼 가지고 있는 영국인과 칠레인, 그리고 남은 것으로 살아가는 영국인과 칠레인 사이에는 엄청난 격차가 있다. 믿기 어려울지라도 이 두 나라는 방글라데시, 인도, 네팔, 스리랑카보다 사회적 불평등이 더 심각하다. 그리고 더욱 믿기 어려울지라도 로널드 레이건이 미국 호(號)의 선장이 된 1980년 이래 미국의 사회적 불평등은 르완다보다 더 골이 깊다.

시장의 논리가 그들의 전체주의적 독단론을 강요한다. 이를 두고 「르 몽드 디플로마티크(*Le Monde Diplomatique*)」의 편집장 이냐시오 라모네(Ignacio Ramonet)는 세계적 차원에서 '전체주의적 세계화'라고 불

++ 기름칠

독일 기업이 독일 사람에게 뇌물을 제공하는 일은 금지되어 있다. 하지만 얼마 전까지만 해도 기업이 정치인이나 군인, 외국 관리들을 매수했을 때는 조세 혜택을 주었다. 뇌물은 세금에서 공제된다. 마르틴 스피박(Martin Spiewak) 기자에 따르면, 텔레커뮤니케이션 대기업 지멘스(Siemens)와 제철업계 재벌 클뢰크너(Klöckner)는 인도네시아의 독재자 수하르토(Suharto)의 측근 군인들에게 3,200만 달러를 바쳤다.

사민당 대변인들 중의 하나인 잉고마르 하우흘러(Ingomar Hauchler)가 1997년에 폭로한 자료를 보면, 독일 기업들은 대외무역에 기름칠을 하기 위해 연간 30억 달러를 지출한다. 당국은 일자리와 선린 무역관계 보호라는 미명하에 이를 정당화한다. 뿐만 아니라 문화의 정체성 존중이라는 점도 환기시키고 있는데, 특혜를 돈으로 사면 부패가 관례인 그 국가의 문화를 존중해 준다는 것이다.

렀다. 논리가 종교가 되고, 계명을 준수하라고 억지로 시킨다. 의자에 바른 자세로 앉아서 목소리를 높이지도 말고 왜냐고 묻지도 말고 숙제를 하는 거다. '몇 시죠? 주인님, 당신께서 말씀하시는 게 시간이 됩니다.'

지구상에서 비참하게 못사는 여러 나라에서는 위에서 저지른 일의 뒷감당을 아래에서 떠맡고 있다. 그리고 그 결과는 보지 않아도 알 수 있다. 약도 없는 병원, 지붕도 없이 하늘을 인 학교, 국가 보조금도 지급되지 않는 식량 등이 그 예다. 어떤 판사도 뻔뻔스럽게 남을 굶겨 죽이는 세계적 체제를 감옥에 보낼 수는 없으리라. 그러나 세상에서 가장 자연스러운 일인 것처럼 행해진다 할지라도 그것은 엄연히 범죄다. 성경에서도 "가난한 사람들에게는 빵 한 조각이 생명이며 일꾼에게서 품값을 빼앗는 것은 그의 피를 빨아 먹는 것이다."(집회서 34:22)라고 이야기하고 있고, 신학자 레오나르도 보프(Leonardo Boff)는 아스텍인이 대신전에서 혹은 가나안 사람들이 몰록(Moloch) 신의 조각상 발치께에서 바치던 것보다 우리 시대의 시장이 더 많은 인신 제물을 바치고 있다고 말한다.

전체주의적으로 세계화된 질서는 손이 두 개 있어서 금융의 손이 제물을 갖다주면 무역의 손이 낚아채 버린다. '얼마나 팔지 말해 줘, 그러면 네가 얼마짜리인지 말해 줄게' 하는 식이다. 라틴아메리카의 수출은 세계 수출에서 5%도 차지하지 못하고, 아프리카는 2% 정도다. 못사는 남반구 국가들이 사는 물건은 날이 갈수록 더 비싸지고, 파는 물건은 날이 갈수록 값이 떨어진다. 필요한 것을 구매하기 위해 정부는 점점 더 많은 빚을 지게 되고, 차관의 높은 이자를 갚기 위해 할머니의 보석은 물론 할머니까지 판다.

시장의 명령에 따라 국가는 사유화된다. 나라 망신을 시키고 난 후에 아무 처벌도 받지 않고 나라를 헐값에 팔아넘기기까지 하는 국내 정치인들과 국제 은행단의 손에 한 국가가 있는데, 차라리 국가를 비사유화해야 하지 않을까? 유권자들의 표와 일자리를 맞바꾸는 일과 특혜 매매 때문에 라틴아메리카 국가들은 기생충으로 차고 넘친다. 참을 수 없이 '지겨운 관료주의(proxenetismo, burrocracy)'는 단어의 원래 뜻 그대로 뚜쟁이 짓을 하고 있다. 2,000년 전, '프로세네타(proxeneta, procurator)'는 팁을 받고 관청의 업무를 해결해 주던 사람이었다. 비능률과 부정부패가 있기 때문에 대다수 국민이 찬성하거나 무관심한 가운데 사유화가 이뤄진다.

쿠바와 우루과이를 제외하고 세계 여러 나라가 현기증이 날 정도의 빠른 속도로 비국유화되고 있다. 우루과이에서는 1992년 말 실시된 국민투표에서 투표자의 72%가 공기업의 판매를 거부했다. 각국 대통령들은 노점상이 되어 세계를 다니며 자기 나라 물건이 아닌 것을 판다. 그 범죄행위는 경찰에 고발해야 마땅하다. 물론 경찰이 어쩌다 신뢰할 만한 경우에 말이다. 알베르토 후지모리(Alberto Fujimori) 페루 대통령은 여러 번에 걸쳐 "우리나라는 하나의 상품입니다. 저는 페루라는 이름의 상품을 들고 나왔습니다."라고 선언했다.

소득은 사유화되고, 손실은 사회화된다. 1990년, 카를로스 메넴(Carlos Menem) 대통령은 아르헨티나 항공사에게 사형선고를 내렸다. 이 국영기업은 에스파냐의 국영기업 이베리아(Iberia) 항공사에 팔렸다. 아니, 좀더 정확히 말하면 선물로 증정되었는데, 이는 잘못된 정치의 국제적 표본이었다. 국제선과 국내선 항공노선은 원래 가치에 비해 열다섯 배나 낮은 가격에 내주었고, 그때만 해도 훨훨 날아다녔고 그 후로도 얼마든지 쓸 수 있었던 두 대의 보잉 707기는 한 대당 1달러 54센타보라는 적당한 가격에 팔렸다.

우루과이의 일간지 「엘 옵세르바도르(*El Observador*)」는 1998년 1월 31일자 신문에서 브라질 정부의 국영 통신기업 텔레브라스(Telebras) 판매 결정에 축하의 메시지를 보냈다. 그 신문 2면에는 카르도주 대통령에게 국민들이 뜨거운 박수를 보냈으며, 그것은 대통령이 "이미 국가 재정과 소비자에게 짐이 되어 버린 기업이나 서비스를 표면으로

꺼냈기 때문"이라고 쓰여 있다. 그러나 같은 날 같은 신문 16면에서는 텔레브라스가 "브라질에서 가장 이익을 많이 내는 기업으로 작년에는 순이익만 사상 최고인 39억 달러를 기록했다."라고 설명하고 있다.

브라질 정부는 텔레브라스 민영화에 반대하여 물밀듯이 제기된 소송을 처리하기 위해 670명의 변호사단을 동원했다. 그리고 정부의 국유화 해제 정책은 세계에 "우리가 개방된 나라라는 신호"를 보내주기 위해서라고 둘러댔다. 작가인 루이스 페르난두 베리시무(Luiz Fernando Verissimo)는 그 신호가 "마치 중세에 동네 바보들을 식별하기 위해 씌웠던 뾰족 모자와 비슷한 것"이라고 주장했다.

카지노의 힘

경제학이 정밀과학이라는 인상을 주기 위해 점성술이 고안되었다고들 한다. 경제학자들은 어제 자신들의 예측이 오늘 왜 실현되지 않았는지 내일 죽었다 깨어나도 알지 못할 것이다. 그들은 잘못이 없다. 현실 경제가 문을 닫고 가상 경제에 자리를 내준 이래로 사실 일이 없어졌다. 지금은 돈이 모든 것을 좌지우지하고 있고, 금융투기의 광기는 경제학자들의 영역이 아닌, 차라리 정신과 의사들의 몫이 되었다.

로스차일드(Rothschilds) 은행가들은 워털루에서 나폴레옹이 패했을 때 전서 비둘기를 통해 소식을 들었다. 그러나 지금은 뉴스가 빛보다 빠른 속도로 전파된다. 그리고 뉴스와 함께 돈도 컴퓨터 모니터를 오간다. 어마어마한 동그라미가 지구 주위를 미친 듯이 돈다. 매일 세계금융시장을 움직이는 돈은 2조 달러다. 보기만 해도 속이 울렁거리는 그 수많은 '0' 중에서 먼지만큼만 무역거래나 생산투자에 해당된다. 1997년, 외환시장에서 거래된 100달러당 겨우 2.5달러만 재화와 용역의 교역과 관계가 있었다. 같은 해 아시아를 비롯한 세계주식시장을 강타한 태풍 전야에 말레이시아 정부는 무역을 목적으로 하지 않는 외환거래 금지라는 상식적인 방안을 내놓았다. 사람들은 그 제안을 귀담아듣지 않았다. 주식시장의 비명은 엄청난 소음을 일으켰고, 환투기의 혜택을 보는 자들은 들으려고 하지도 않았다. 예를 들면, 1995년 일본의 10대 부호 중에서 세 명만이 현실 경제와 관련이 있었고 나머지 일곱 명의 억만장자들은 대단한 투기꾼이었다.

현재의 위기가 있기 10년 전, 금융시장은 또 다른 붕괴 사태를 겪었다. 백악관, 미 의회, 뉴욕과 시카고 증권거래소의 저명한 경제학자들은 도대체 무슨 일이 일어났는지 설명해 보려 했다. 그들의 분석이 끝났어도 투기 때문이라는 말은 등장하지 않았다. 인기 종목 스포츠는 존중해 줘야 하지 않는가. 열 명의 미국인 중에서 네 명은 어떤 방식으로든 주식시장에 참여하여 즐기고 있다. 똑똑한 폭탄(smart bombs)은 걸프전에서 오직 죽은 자만 알 뿐 아무도 모르게 이라크인을 죽이기 위한 폭탄이었다. 그리고 똑똑한 돈(smart money)은 어떻게인지는 도대체 모르겠지만 40%의 이익을 건질 수 있는 돈이다. 월 스트리트(Wall Street, 수세기 전에 흑인 노예들이 도망치지 못하게 하기 위해 쌓았던 장벽 때문에 붙여진 이름이다)는 엄청난 규모의 세계적 전자 노름판이고, 모든 인류는 그곳에서 내리는 결정의 포로다. 가상 경제는 자본을 이동시키고, 가격을 붕괴시키며, 정신없는 사람들의 돈을 강탈하고, 국가를 와해시키고, 눈 깜짝할 사이에 백만장자와 거지를 대량생산한다.

세계가 불안에 시달리고 있는 가운데, 현실은 금융자본 범죄가

++ 말 4

장사하는 사람들이 사용하는 말은 만국 공통어로서 원래 있던 말에 새로운 의미를 부여한다. 그래서 인간 커뮤니케이션의 내용은 더 풍부해지고, 셰익스피어의 영어도 더 윤기가 나게 된다.

옵션(option)은 이제 더 이상 선택의 자유가 아니라 구매할 권리를 정의한다. **미래**(futures)는 신비로움이 아니라 계약으로 바뀌어 버렸다. **시장**(markets)은 떠들썩한 광장이 아닌 컴퓨터 모니터를 의미한다. 방을 말하는 **로비**(lobby)는 친구를 기다리기 위해서가 아니라 정치인을 매수하기 위해 쓰인다. 선박만 **바다를 향해**(offshore) 멀어지지 않는다. 세금과 질문 공세를 피하기 위해 돈도 바다를 향해 멀어진다. 예전에는 **세탁소**(laundries)에서 옷만 취급했지만, 요즘엔 더러운 돈도 세탁해 준다.

리프팅(lifting)은 역기를 들어올리거나 기운을 북돋아주는 것이 아니라 이 모든 작업의 주인공들이 노화되는 현상을 방지하기 위한 성형수술을 말한다.

신문 사회면에 등장하는 범죄보다 훨씬 더 무시무시한 일이라는 사실을 가르쳐 준다. 수천 명의 투자가를 대신해 투기를 하는 마크 모비우스(Mark Mobius)는 1998년 초에 독일의 「슈피겔(*Der Spiegel*)」에서 이렇게 말했다. "내 고객들은 윤리적 범주를 비웃는다. 그들은 우리가 자신들의 이익을 불려 주길 원한다." 그는 1987년의 위기 때 "거리에 피가 흐를 때 사야 한다. 그 피가 내 피일지라도 말이다."라는 말로 유명인사가 됐다. 세계에서 가장 성공적인 투기꾼인 조지 소로스(George Soros)는 파운드화, 리라화, 루블화를 차례로 무너뜨리며 엄청난 돈을 주물렀다. "개방사회의 최대 적은 이미 공산주의가 아니라 자본주의"라고 할 때 보면, 그는 자신이 무슨 말을 하고 있는지 잘 알고 있다.

자본주의의 프랑켄슈타인 박사는 자기 힘으로 걸어가는 괴물을 만들어 냈는데, 그를 막을 사람은 아무도 없다. 그는 국가 위에 우뚝 서 있는 일종의 국가이고, 아무도 그를 선출하지 않았어도 모두를 지배하는 보이지 않는 권력이다. 세상에는 너무나 엄청난 빈곤이 존재하지만, 너무나 엄청난 돈도 존재한다. 부는 자기 자신이 무엇을 해야 할지 알지 못한다. 예전에는 금융자본이 신용을 통해 소비시장을 확대했다. 그리고 존재하기 위해서는 성장해야만 하는 생산 체제를 떠받쳤다. 지금은 팽창할 대로 팽창한 금융자본이 생산 체제에 봉사를 요구하고 있어서, 마치 고양이가 쥐를 가지고 노는 듯한 판국이다.

주식시장이 한 번 붕괴할 때마다 소규모 투자가들에게는 재앙이 닥친다. 그들은 금융복권이 자라고 자라서 엄청난 떼돈을 벌 것이라는 옛날이야기를 그대로 믿었던 사람들이다. 또 지구촌 빈민가에도 재앙이 아닐 수 없는데, 그들은 왜 그런 일이 일어났는지 영문도 모르고 결과가 가져오는 고통을 겪는다. 시장에 위기가 닥치면 큰 손찌검 한 번에 그들의 밥그릇이 비고, 일자리는 사라진다. 극히 드문 경우지만, 컴퓨터에 등을 구부정하게 기대고 옹이 진 손을 자판에 얹은 채 날마다 세계 돈의 향방과 이율 수준, 노동력과 물건 그리고 화폐의 가치를 정함으로써 세계의 부를 재분배하느라 불철주야 애쓰는 백만장자들조차도 드물게는 증권시장의 위기로 치명상을 입는다. 어쨌든 그들은 몬테비데오의 담벼락에 쓰인 글이 통하지 않는 유일한 노동자들이다. "일하는 자는 돈 벌 시간이 없다."

쓸모없는 악습 물리치기

실업은 범죄를 양산하고 쥐꼬리만한 봉급은 범죄를 부추긴다. "영악한 자는 바보 덕분에 살고, 바보는 자신이 일해서 산다."라는 오래된 속담이 이렇게 세인의 관심을 끈 적도 없다. 반대로 "일하라, 그리하면 번창할 것이다."라는 말은 아무도 하지 않는다. 아무도 그 말을 믿지 않기 때문일 것이다.

노동권은 저들이 강요하는 조건 속에서 저들이 주고 싶은 만큼의 임금을 받고 일할 권리로 축소되고 있다. 노동은 가장 쓸모없는 악습이다. 임금보다 더 싼 상품은 지구상에 존재하지 않는다. 임금이 떨어지고 노동시간이 늘어날 때 노동시장은 사람들을 게워 낸다. 일을 하든 말든 상관없다. 당신 뒤에도 줄은 기니까.

공포 시대의 고용과 실업

공포의 그림자는 세상의 발뒤꿈치를 물어뜯는다. 당신이 비틀거리며 걷든지 어떻든지 간에 세기말을 향해 마지막 발걸음을 내딛는다. 잃는 것에 대한 공포, 예를 들어 직장을 잃지 않을까, 돈을 잃지 않을까,

밥그릇을 잃지 않을까, 집을 잃지 않을까 하는 두려움이 생긴다. 갑작스런 저주에서 사람들을 보호해 줄 수 있는 액막이굿은 없다. 최고의 성공을 거둔 사람도 한순간에 용서나 연민이 어울리지 않는 실패자가 될 수도 있다.

누가 실직의 공포에서 자유로운가? 누가 신기술과 세계화 혹은 급변하는 그 큰 풍랑 속 어떤 자락에서 표류자가 되지 않을까 두려워하지 않는가? 성난 파도는 거세게 몰아친다. 예를 들면, 지역 산업의 파산이나 이동, 타 지역과의 저임금 노동력 경쟁 혹은 한없이 질주하는 기계의 발달 등이 있다. 기계는 임금도 휴가도 보너스도 은퇴 수당도 해고 수당도 필요 없고 그저 작동시킬 수 있는 전력만 있으면 된다.

기술의 발달은 여가 시간과 자유로운 공간을 확대하는 것이 아니라 실업을 늘리고 공포를 조성하는 데 이바지한다. "귀하께 이런 편지를 보내게 되어 대단히 유감으로 생각합니다. 우리는 새로운 예산 정책에 따라 어쩔 수 없이 귀하를 해고하게 되었습니다."라는 해고통지서를 언젠가 받을지도 모른다는 공포는 세계 어디에서나 똑같다. 해고 사유는 더 이상 미룰 수 없는 구조조정일 수도 있다. 그러나 그 어떤 미사여구도 해고당하는 고통을 경감시켜 주지는 못한다. 누구든지 한순간에 세상을 하직할 수도 있고, 누구든지 하루아침에 40세의 노인이 될 수도 있다.

국제노동기구(ILO)는 1996/97년 보고서에서 "일자리 증가는 아직 실망스러운 수준"이라고 했다. 선진국의 실업률은 여전히 높고 사회 불평등의 격차가 심화되고 있으며, 개발도상국의 실업률은 경이적으로 높아 가고 빈곤은 증가하며 생활수준은 떨어지고 있다. "바로 그렇

++ 유명한 말

1990년 11월 28일, 아르헨티나 일간지들은 정치인의 자리에 올라선 어느 노조 지도자의 사고방식을 실었다. 루이스 바리오누에보(Luis Barrionuevo)는 그의 갑작스런 축재(蓄財)를 이렇게 설명했다.

"돈은 일해서 버는 게 아니다."

사기죄로 그를 고발하는 일이 빗발쳤고, 그의 친구들은 위로의 만찬을 대접했다. 나중에 그는 1부 리그 한 축구팀의 구단주가 되었고, 요식업 종사자 노조의 수장직도 계속 유지했다.

기 때문에 공포가 파고드는 것이다."라고 보고서는 끝을 맺는다.

직장 아니면 아무것도 아니라는 공포가 파고든다. 나치의 포로수용소였던 아우슈비츠 입구에는 "노동이 당신을 자유롭게 하리라."라는 문구가 붙어 있었다. 반세기가 조금 더 지난 현재, 관리자든 현장 노동자든 일자리가 있는 사람이라면 누구나 자신을 고용한 회사가 있어 등이 휠 것 같은 노동으로 하루를 유지할 수 있는 호의를 베풀어 준 은혜에 감사해야 한다. 휴가가 없어도 은퇴 수당이 없어도 정말 아무것도 없어도 그리고 손에 쥘 것도 없는 봉급을 준다 할지라도 직장을 구하고 그 직장을 지키는 일이 무슨 기적이라도 되는 것처럼 서로 축하한다.

성 카예타누스(Saint Cajetanus)는 아르헨티나 사람들이 가장 많이 찾는 성인이다. 사람들은 실업자들의 수호성인인 그에게 일자리를 얻게 해달라며 물밀듯이 밀려간다. 성인이든 성녀든 그처럼 고객이 많은 성자도 없다. 성 카예타누스의 작품인지 민주주의의 작품인지는 모르겠지만 1997년 5월에서 10월 사이에 새로운 일자리가 나타났다. 국회의원 선거가 다가오고 있었고, 아르헨티나 정부는 50만 개의 일자리를 마구잡이로 뿌려 대면서 카에타누스 성인을 무색하게 했다. 그러나 200달러의 월급을 주던 그 많은 일자리는 선거가 끝나고 얼마 지나지 않아 사라져 버렸다. 얼마나 지났을까, 메넴 대통령은 기분 전환과 스트레스 해소에는 최고라며 국민들에게 골프를 치라고 권했다.

세상에는 갈수록 실업자가 늘어난다. 그리고 갈수록 사람이 남아돈다. 세상의 주인은 쓸모도 없이 그토록 많은 사람들을 데리고 무엇을 할 것인가? 달에나 보낼까? 1998년 초, 프랑스, 독일, 이탈리아를 비롯한 여러 유럽 국가에서 발생했던 엄청난 시위는 세계 언론에 연일 대서특필되었다. 실업자들 가운데 일부는 시커먼 쓰레기봉투 속에 들어가서 시위 대열에 참가했다. 그것은 지금 이 시대의 직업을 다룬 드라마 한 편을 무대에 올린 것이었다. 유럽에선 아직도 실업자의 신세 위로용 보조금이 존재한다. 그러나 청년 네 명 중 한 명은 고정직을 구하지 못하는 게 현실이다. 법의 테두리를 벗어난 은밀한 검은 일자리는 유럽에서 최근 사반세기 동안 세 배나 증가했다. 영국에서는

언제나 일할 준비는 되어 있지만 돈 한 푼 받지 못하고 전화벨이 울릴 때까지 집에 들어앉아 있는 노동자들이 점점 늘고 있다. 그들은 당분간이라도 청부 계약업체에서 일을 하고 집에 돌아와 다시 전화벨이 울리기만을 기다린다.

세계화는 노예선(奴隸船)이다. 신기하게도 공장이 사라져 버린다. 가난한 나라를 찾아 도망가는 것이다. 어떤 물건의 생산에 필요한 노동시간을 말도 안 되는 시간으로 줄여 주는 기술은 궁핍과 노예근성에서 노동자를 해방하는 것이 아니라, 그들을 빈곤에 빠뜨리고 굴복하게 만든다. 그리고 돈이 재생산되기 위해서 더 이상 노동이 반드시 필요하지도 않다. 투기 쪽으로 갈 길이 바뀌는 자금도 많다. 원료를 가공하지도 않고 심지어는 손 댈 필요도 없이 돈은 대단한 생식력을 보여 주며 자가 번식으로 재생산된다. 세계에서 가장 큰 기업체 중의 하나인 지멘스는 생산활동보다 금융투자로 더 많은 돈을 번다.

미국은 유럽보다 실업자 수가 훨씬 적지만, 새로 생겨난 일자리는 불안정하고 임금도 형편없으며 사회보장도 받지 못한다. 놈 촘스키(Noam Chomsky)는 "내 학생들 중에도 그런 경향이 보인다," "그들은 고분고분 행동하지 않으면 절대로 직장을 구하지 못할 것이라며 두려워하고 있는데 자율적 제어 효과가 있다."라고 말했다. 열 명 가운데 단 한 명만이 미국의 500대 기업 안에 드는 직장에서 종일제로 일하며 고용을 보장받는 특혜를 누린다. 영국에서 새로 생겨나는 일자리 열 개 가운데 아홉 개는 불안정하다. 프랑스는 열 개 중 여덟 개가 불안정하다. 역사는 2세기를 뛰어넘으려는 시점에 있다. 뒤로 말이다. 지금 세상에서 대부분의 노동자들은 노동의 안정성도 해고 수당을 요구할

++ 자본주의적 리얼리즘

크라이슬러(Chrysler)의 스타 경영 간부였던 리 아이어코카(Lee Iacocca)가 1993년 말에 부에노스아이레스를 방문했다. 그는 강연회에서 놀랄 정도로 솔직하게 실업과 교육에 관해 이야기했다.

"실업 문제는 정말 골칫거리입니다. 오늘날 우리는 같은 수의 인력으로 자동차 생산량을 두 배로 늘릴 수 있습니다. 실업 문제 해결책으로 국민의 교육 수준 향상을 거론할 때마다 나는 독일의 사례를 떠올리며 걱정에 휩싸입니다. 독일에서는 실업 문제를 해결하기 위해 교육을 홍보했지만, 결과는 수십 만 명의 전문가들이 좌절을 맛봤다는 겁니다. 그들은 사회주의자나 반항 세력으로 내몰리게 됐지요. 이런 말씀은 드리기 정말 힘들지만, 실직자들이 현명하게 판단하여 직접 맥도날드로 일자리를 찾으러 가는 게 더 낫지 않을까 생각해 봅니다."

처지도 확보하지 못하고 있다. 노동의 불안정성은 임금을 떨어뜨린다. 미국인 열 명 중 여섯 명은 사반세기 전보다도 적은 임금을 받고 있다. 같은 기간 미국 경제는 40%나 성장했는데도 말이다.

그럼에도, 수천 명의 멕시코 일용 노동자들은 여전히 국경을 가로지르는 강을 헤엄쳐 밀입국하면서 다른 삶을 찾아 목숨을 내걸고 있다. 약 20년 동안 미국과 멕시코의 임금 격차는 두 배로 커졌다. 그 차이는 네 배였다가 지금은 여덟 배로 더 벌어졌다. 값싼 노동력을 찾아 남으로 향하는 자본이 잘 말해 주듯, 또 북으로 이주하려는 값싼 노동력이 잘 말해 주듯 노동은 멕시코에서 매달 가격이 하락하는 유일한 상품이다. 최근 20년 동안 중산층 상당수는 빈곤층으로 전락했고, 빈곤한 사람들은 비참한 처지로 나앉았으며, 비참한 사람들은 아예 통계 수치에서 떨어져 나갔다. 일자리의 안정성은 법으로 보장되어 있다. 그러나 실제로 일자리를 안정시키는 것은 과달루페 성모상이다.

직업의 불안정성은 노동자들에게 대단히 큰 위기다. 그것은 실업,

임금의 위기와 함께 세계적인 현상이다. 감기처럼 말이다. 세계 어느 곳에서든 어느 계층 사람이든 감기에 걸린다. 누구도 피해갈 수 없다. 세계경제에서 가장 역동적이고 첨단을 달리는 분야의 전문직 노동자들도 마음 편히 숨조차 쉬지 못한다. 그 분야 역시 성과급 채용이 고정직을 빠른 속도로 밀어내고 있다. 전자통신 분야에서는 인력을 거의 필요로 하지 않는 가상 회사가 이미 가동되고 있다. 같이 일하는 동료가 누구인지 고용주가 누구인지도 모른 채 작업은 컴퓨터에서 컴퓨터로 이루어진다. 어느 나라 법에도 복종할 필요 없는 붙잡기 어려운 유령이다. 아무리 돈을 많이 버는 최고급 전문 인력도, 돈도 없고 배경도 없고 내세울 거라고는 하나 없는 동네 애들처럼 현재의 직업이 불확실하고 불안정하기는 마찬가지다.

실직의 공포와 구직의 불안감은 엉터리 같은 통계자료에는 나타나지 않고, 나사가 모두 빠져 미쳐 버린 세계에서나 정상으로 보일 법하다. 공식적으로 발표된 노동시간은 보통 실제 노동시간보다 적은 것이 일반적이다. 최근 30년 동안, 공식 발표된 노동시간은 미국, 캐나다, 일본에서 현격하게 증가했으며 유럽의 몇몇 국가에서만 조금 줄어들었다. 거꾸로 돌아가는 세상이 저지른, 상식에 반하는 배신적인 공격행위다. 기술혁명이 가져온 경이적인 생산성 향상은 균형적 임금 상승으로 연결되지 않을 뿐더러 최고급 기술 국가에서마저도 노동시간을 전혀 줄이지 못했다. 미국에서 심심찮게 실시되는 여론조사를 보면, 현재 이혼과 죽음의 공포를 훌쩍 뛰어넘어 직업의 공포는 최대의 스트레스 발병원인이 되고 있고, 일본에서는 연간 1만 명이 과로사하고 있다.

++ 통계
영국의 일자리 넷 중의 하나는 비상근직이다. 많은 경우, 상근이 아닌 정도가 너무 심해서 왜 일자리라고 부르는지 이해할 수 없을 정도다. 영국인이 표현하는 대로 '수치를 마사지하기 위해' 당국은 완벽한 공식에 이를 때까지 1979년에서 1997년 사이에 32차례에 걸쳐 통계 기준을 바꿨고, 그 기준이 현재 적용되고 있다. 예를 들어, 한 주에 한 시간 이상 일하는 사람은 실업자가 아니다. 자랑은 아니지만, 나의 조국 우루과이에서는 내가 기억하는 한 아주 옛날부터 실업을 이미 그렇게 측정하고 있다.

1998년 5월, 프랑스 정부가 현명한 교훈을 남기며 주당 노동시간을 39시간에서 35시간으로 낮추기로 했을 때, 기업인과 정치인, 전문기술 관료들은 반대의 함성을 고래고래 질러 댔다. 얼마 전에 실업문제가 없는 스위스에서 열리는 한 행사에 참석했는데, 어리둥절하지 않을 수 없었다. 임금은 그대로 유지하되 노동시간을 줄이자는 국민투표에서 스위스 국민들은 반대표를 던졌다. 사태를 잘 이해하지 못했다고 기억하는데, 사실 아직도 이해를 못하고 있다. 신이 아담에게 "얼굴에 땀이 흐르고 종신토록 수고하여야 그 소산을 먹고살리라."라는 벌을 내린 이래 노동은 세계인의 임무가 됐지만 신의 의지를 그렇게 가슴 깊이 새길 필요는 없다. 스위스인이 반대한 데는 실직할까 두려워하는 것과 관련 있는 게 아닌지 의심스럽다. 스위스의 경우 여가 시간 자체에 대한 낯설음과 심한 공포감이 혼재하고, 실업이 큰 문제는 아닌 나라지만 말이다. 그러나 존재한다는 것은 쓸모 있는 존재란 말이고 존재하기 위해서는 팔려야만 한다. 생산의 의무가 아닌 삶의 즐거움을 누릴 수 있는 삶의 시간이나 돈, 여가 시간으로 환산되지 않는 시간은 공포를 낳는다. 전혀 새로울 게 없는 이야기다.

실업 공포는 노동권을 비웃게 만든다. 최대 여덟 시간의 노동시간은 더 이상 법률의 차원이 아니라, 문학 중에서도 특히 초현실주의 시(詩) 영역에 속한다. 고용주의 퇴직금 지불, 의료 혜택, 산재 예방 보험, 휴가 임금, 보너스, 가족수당 등은 고고학 박물관에나 전시될 만한 유물이다. 법에서야 인류 보편의 가치로 신성시되는 노동권은 예전에 또 다른 공포에서 생겨난 것이다. 노동자들의 시위에 대한 공포, 사회혁명의 위협에 대한 공포가 그것이다. 그것들은 왜 그렇게 호시탐탐 경계를 늦추지 않는 것으로 보였을까. 그러나 어제의 그 놀란 권력은 오늘날 하루하루 놀라움을 주는 권력이 되었다. 2세기의 공이 들었던 노동운동의 위업은 잠깐 사이에 틀어져 버렸다.

대가족의 가장이랄 수 있는 공포는 증오를 낳는다. 잘사는 선진국에서는 공포가 임금이랄 수도 없는 돈을 받고 노동력을 바치는 외국인에 대한 증오로 나타나곤 한다. 그것은 침략당한 자들의 침략이다. 그 외국인 이주 노동자들은 정복욕에 가득 찬 식민지 군인과 응징의

++ 법과 현실

파리의 노동감독관인 제라르 필로슈(Gérard Filoche)는 사전에 막을 수 있었던 사고로 노동자가 숨지게 한 기업주보다 자동차 라디오를 훔친 도둑이 더 큰 벌을 받는다는 사실을 확인했다.

그는 많은 프랑스 기업이 임금, 노동시간, 노동자의 근무기간 등을 속이고 있고, 죄책감도 없이 법적 안전기준과 위생기준의 법망을 빠져나가고 있다는 사실을 경험상 잘 알고 있다. 그는 "월급쟁이들은 입 다물고 있어야 한다." "왜냐하면 실직의 칼날을 목구멍에 넣고 살기 때문이다."라고 말했다.

프랑스의 노동감독관들이 확증해 준 위법 사례 100만 건당 겨우 1만 3,000건만이 소송이 끝나갈 무렵에야 처벌을 받는다. 그리고 거의 모든 경우 그 처벌이란 코웃음이 나올 정도의 벌금을 내는 일이다.

원정대가 1,000번도 더 닻을 내렸던 땅에서 왔다. 지금 그 길을 거꾸로 되밟아온 사람들은 사람을 죽여야만 하는 군인이 아니라 돈이야 얼마를 받든지 유럽이나 북미에서 노동력을 팔아야만 하는 노동자다. 그들은 아프리카, 아시아, 라틴아메리카 출신이지만, 최근에는 관료주의 권력이 대대적으로 학살된 동유럽에서도 몰려오고 있다.

유럽과 미국 경제가 대규모로 팽창했던 시절에는 점점 더 많은 노동력이 필요해졌으므로 일은 죽어라 하면서 임금은 적게 받는 외국인 노동자가 눈에 거슬리지 않았다. 그러나 경기침체 혹은 위기가 닥쳐 성장이 비실비실한 시절에는 외국인 노동자들은 원치 않는 침입자가 된다. 그들은 나쁜 냄새가 나고, 소란스러우며, 일자리를 빼앗아가는 이들이다. 실업뿐 아니라 모든 불행의 희생양이 된 그들도 공포에 사로잡혀 있다. 갖가지 칼날이 그들의 머리 위에 매달려 있다. 고통스러운 삶에서 도망쳐 왔는데 '본국으로 즉시 송환'이라는 위협은 항시 존재하고, 인종차별주의 폭발과 잔인한 경고, 그에 따른 징벌도 존재한다. 불타 죽은 터키인, 칼에 난자당한 아랍인, 총살된 흑인, 몽둥이찜질 당한 멕시코인을 보라. 가난한 이주 노동자들은 농촌과 길거리에서 가장 힘든 일, 가장 돈이 안 되는 일만 도맡는다. 작업시간이 끝나면 위험한 시간이 다가온다. 어떤 마법의 잉크도 그들을 투명인간이 되게 할 수는 없다.

잘사는 나라의 수많은 공장이 못사는 나라로 이전되는데, 역설적으로 남반구의 못사는 나라 노동자들은 부자 나라로 옮겨가거나 생사를 무릅쓰고 금지된 모험을 감행한다. 돈과 사람들이 길에서 마주친다. 부자 나라의 돈은 하루 1달러 노동자들과 제한 없는 노동시간에 이끌려 가난한 나라로 옮겨가고, 가난한 나라의 노동자들은 광고에서 보여주거나 자신들의 희망이 가공해 낸 행복한 이미지에 이끌려 부자 나라로 옮겨 가거나 옮겨 가길 꿈꾼다. 돈은 세관도 거치지 않고 아무 문제없이 옮겨 간다. 어딜 가든 돈을 맞아 주는 것은 키스와 꽃다발과 팡파르 소리다. 반면, 이주 노동자들은 대단한 모험을 시도하는데 때로는 그 모험이 지중해나 카리브 해의 깊은 바다 속이나 리오그란데 강의 돌 기슭에서 막을 내리기도 한다.

오래 전, 로마가 지중해 전체를 비롯해 엄청난 지역을 장악하고 있을 때, 군인들은 전쟁포로 무리를 질질 끌고 돌아오곤 했다. 그 포로들은 노예가 되었고 노예사냥은 자유노동자들을 가난하게 만들었다. 로마에 노예들이 늘어나면 늘어날수록 임금은 하락했고 일자리 구하기는 더욱 어려워졌다. 2,000년 후 아르헨티나의 기업체인 엔리케 페스카르모나(Enrique Pescarmona)는 세계화를 극찬하는 발언을 한다. "아시아인들은 하루 20시간을 일하고 월 80달러를 받는다. 세계화된 세상에서 내가 경쟁하려면 그들의 도움을 받아야 한다. 우리 회사 홍콩 사무실에서 일하는 필리핀 여성은 언제나 만반의 준비가 되어 있다. 토요일도 일요일도 없다. 내리 며칠간 철야해야 한다면 그리하고 추가수당도 받지 않으며 아무것도 요구하지 않는다."

이 슬픈 얘가가 발표되기 몇 달 전에 방콕의 한 인형공장에서 화재가 발생했다. 일당 1달러도 받지 못하고 공장에서 먹고 자며 일하던 여공들은 산 채로 타 죽었다. 그 옛날 노예들의 숙소처럼 공장 문은 밖으로 잠겨 있었다.

값싸고 값싼 노동력이 지천에 깔린 가난한 나라로 옮겨가는 공장들이 한둘이 아니다. 가난한 나라의 정부는 발전이라는 이름의 구세주를 맞아들이듯 공장 이전을 두 팔 벌려 환영한다. 하지만 새로운 산업 프롤레타리아의 작업 여건을 보면, 르네상스 시대에 노동을 가리켰던 '트리팔리움(tripalium)'이라는 말을 떠올리게 된다. 그것은 고문 도구를 지칭하는 말이기도 했다. 포카혼타스(Pocahontas) 모습이 새겨진 디즈니 티셔츠 한 장 가격은 그 티셔츠에 바늘땀을 넣은 아이티 노동자가 시간당 375벌을 만들어 내며 일주일 내내 일해야 받을 수 있는 가격과

++ 모범 인생 3

1998년 중반, 인도네시아에서 수하르토 장군의 독재에 반대하는 민중의 분노가 폭발했다. 그때 국제통화기금은 그동안의 장군의 노고를 치하했고, 그는 물러났다. 그의 인생은 공산주의자뿐 아니라 공산주의자로 보이는 사람들까지 모두 50만 명을 학살하며 권력을 탈취한 1965년에 시작되었다. 수하르토는 정권에서 물러날 수밖에 없었지만, 30년 이상 일하면서 꼬박꼬박 저축한 돈이 있었다. 1997년 7월 28일자 『포브스(*Forbes*)』에 따르면 그의 저축액은 160억 달러에 달한다.
수하르토가 물러난 지 두 달여 뒤에 그의 후임자인 하비비(Habibie) 대통령은 TV 연설을 통해 전 국민에게 단식을 촉구했다. 인도네시아 국민이 매주 월요일과 목요일, 일주일에 이틀만 먹지 않는다면 경제위기를 극복할 수 있을 것이라는 게 그의 생각이었다.

같다. 아이티는 세계에서 가장 먼저 노예제도를 폐지한 나라다. 수많은 죽음을 대가로 한 위대한 업적을 이루고 200년이 지난 오늘날 아이티는 임금노예제도로 신음한다. 맥도날드는 어린이 손님에게 장난감을 끼워 준다. 그 장난감은 베트남 여공들이 개미 하나 빠져나갈 틈 없이 꽉 닫힌 헛간 같은 곳에서 일당 80센트를 받으며 쉬지 않고 내리 열 시간을 일하여 만들어 내는 장난감이다. 베트남은 미국의 군사침공을 막아냈다. 수많은 죽음을 대가로 한 위대한 업적을 이루고 사반세기가 지난 오늘날 베트남은 세계화된 치욕을 겪고 있다.

노동력 사냥은 식민지 시대와는 달리 군대를 필요로 하지 않는다. 노동력 사냥은 지구상 대부분의 사람들이 겪는 곤궁함에 그 책임을 떠넘긴다. 이것은 지리학이 죽었다는 이야기다. 다시 말해, 시간과 거리를 없애 버린 통신과 운송의 신기술 덕택에 자본은 빛의 속도로 국경을 넘나든다. 한 나라의 경제가 감기에 걸리면 지구 반대편 다른 나라의 경제는 재채기를 한다. 1997년 말, 말레이시아 화폐의 평가절하로 브라질 남부의 신발공장에선 수천 명의 사람들이 일자리를 잃었다.

가난한 나라들은 영혼과 생명을 바치며 누가 더 보잘것없는 임금을 제시하는지, 누가 환경을 더 제멋대로 오염시킬 수 있게 놓아두는지를 가리기 위한 품행 방정 대회에 푹 빠져 있다. 그들은 다국적 대기업을 유혹하기 위해 전력을 다해 경쟁한다. 기업 입장에서 최고의 조건은 임금 수준, 노동안전, 땅과 인간의 행복이라는 면에서 보면 최악의 조건이다. 사용 가능한 노동력은 최악의 시절과 비교해도 전혀 뒤떨어지지 않는 증가세를 보이는데 지구 전역에서 노동자의 권리는 하향 평준화되고 있다.

국제연합의 한 보고서에는 이런 경고가 있다. "세계화에는 승자와 패자가 있다. ……점점 상승하고 있는 풍요의 파도가 모든 배를 뒤집어 놓을 것이라는 생각이 든다. 하지만 어떤 배는 다른 배보다 더 순조롭게 항해할 수 있다. 요트와 대양 횡단선은 사실 새로 다가온 기회에 화답하여 상승하고 있지만, 뗏목과 보트에서는 물이 새고 어떤 배들은 빠른 속도로 침몰하고 있다."

++ 되는 대로 하세요

1993년 말, 어느 아름다운 학교이자 작업장의 폐교식에 참가했다. 칠레의 산티아고에서 3년 동안 운영되었던 이 학교의 학생들은 도시에서도 가장 가난한 변두리 출신으로 범죄자나 거지, 창녀가 될 수밖에 없었던 어린이들이었다. 학교는 그들에게 기능직, 대장장이, 목수, 정원사 일을 가르쳤고, 무엇보다 서로 사랑하는 법과 자신이 하고 있는 일을 사랑하도록 가르쳤다. 그들은 처음으로 가치 있다는 말을 들었고, 자신이 배우는 일을 할 가치가 있다는 말도 들었다. 학교의 재정은 해외에서 책임졌다. 재정이 바닥나자 교사들은 정부에 호소했다. 교육부에 찾아갔지만 허사였다. 시청에도 찾아갔다. 시장은 이렇게 충고했다. "회사로 바꿔 버려요."

돈이 들어오지 않거나 혹은 돈이 사라져 버릴지도 몰라 여러 나라가 공포에 떨고 있다. 난파(難破)는 이미 보편화된 위협이거나 현실이다. 기업들은 이렇게 말한다. "말을 잘 듣지 않으면 필리핀이나 태국, 인도네시아, 중국 아니면 화성에라도 가 버리는 수가 있어." 말을 잘 듣지 않는다는 말은 곧 자연 또는 자연의 산물 보호, 노조 결성권 인정, 국제법과 현지법 준수, 최저임금 인상을 의미한다.

1995년, 갭(GAP)은 미국 매장에서 '메이드 인 엘살바도르' 티셔츠를 팔았다. 티셔츠는 한 장에 20달러에 팔렸지만 엘살바도르 노동자들은 장당 18센타보를 받았다. 지옥 같은 작업장에서 하루 열네 시간 이상 중노동에 시달렸던 노동자들은 — 대다수가 여성과 소녀들이니까 여공들이라고 말하는 것이 정확하다 — 노조를 결성했고 회사는 350명을 해고했다. 시위가 발생하고, 경찰의 구타, 납치, 투옥이 이어졌다. 1995년 말, 갭은 공장을 아시아로 옮긴다고 발표했다.

새로운 국제적 현실이 라틴아메리카 경제에서는 이른바 비공식 부분의 수직 상승으로 나타난다. 새로 생겨나는 일자리 100개 가운데 85개가 법의 테두리 밖에 있는 일을 말하는 비공식 부분에 속한다. 법을 벗어나 있으므로 일은 더 많고 임금은 적게 받으며 사회보장 혜택도 없고, 노조의 투쟁으로 쟁취한 노동권의 보호도 받지 못한다. 그렇다고 법의 테두리 안에서 일하는 사람들의 사정이 딱히 나은 것도 아니다. 비규제와 유연화라는 말은 각자 재량껏 문제를 해결해야 하는 상황을 묘사하는 사탕발림이다. 그 상황은 파라과이의 어느 할머니 노동자가 배고픈 퇴직을 맞은 후 한 말에서 명료하게 실체를 드러낸다. "이게 상이라면 도대체 벌은 어떤 거요?"

++ 장점

1997년 말, 레오나르도 몰레도(Leonardo Moledo)는 아르헨티나 교육계의 낮은 임금을 옹호하는 기사를 실었다. 대학 교수인 그는 얄팍한 봉급 덕분에 일반 교양이 확대되고, 다양성과 지식의 보급이 더 힘을 얻으며, 별 볼일 없는 전문화가 기형적으로 이루어지는 것도 막을 수 있다고 했다. 비명횡사할 것 같은 그 봉급 덕택에 오전에는 뇌수술을 가르치는 대학 정교수도 오후에는 복사 일을 하고, 밤에는 서커스 줄타기 단원으로 묘기를 보여 주면서 자신과 타인의 교양을 동시에 풍부하게 한다. 독일 문학이 전공인 어느 교수는 피자를 굽다가 콜럼버스 극장의 장내 안내 일을 하는 환상적인 생활을 한다. 형법을 가르치는 한 전임 교수는 월요일부터 금요일까지 배달 차량을 운전하는 호사를 누리고 주말에는 경비원 일에 전념한다. 또 분자생물학과 조교수는 연관 제조 일을 하거나 자동차 도장 일을 하면서 자신이 받은 교육을 활용할 수 있는 최상의 여건에 있다.

호르헤 베르무데스(Jorge Bermúdez)는 자식도 셋이고 직업도 셋이다. 매일 동틀 녘이면 택시 역할을 하는 구형 시보레를 몰고 나와 키토(Quito) 거리를 달린다. 이른 오후 시간에는 영어 강의를 한다. 공립학교 교사 생활이 16년째인데 월 150달러를 받는다. 공립학교 일과가 끝나면 사립학교에 가서 자정까지 일한다. 단 하루도 쉬지 않는다. 얼마 전부터 위가 타는 듯하고 늘 우울하며 참을성도 거의 없어졌다. 어느 심리학자가 과로가 원인이 되어 심신이 함께 아픈 증상이자 행동 변화라며 건강을 회복하려면 두 가지 일은 포기해야 한다고 말했다. 그러나 어떻게 해야 월말에 이르러 그 많은 고지서와 청구서를 처리할 수 있는지는 말해 주지 않았다.

거꾸로 된 세상에서는 교육비가 들지 않는다. 라틴아메리카의 공교육은 새로운 노동 상황 때문에 큰 타격을 입은 부분 중의 하나다. 교사들은 칭송받는다. 다음 세대라는 점토를 사랑스럽게 손으로 빚어내는 교육의 사도들, 그들의 헌신적인 노력을 찬양하는 촌스러운 연설을 듣는다. 칭송도 받고, 확대경을 들이대고 봐야만 보이는 월급도 받는다. 국제부흥개발은행은 교육을 가리켜 “인적 자원을 위한 투자”라고 했다. 그들의 관점에서는 경의를 표하는 말이다. 하지만 최근 발표된 한 보고서에서는 ‘교사의 공급’이 교육 수준을 유지할 수 있는 국가에서는 봉급을 삭감할 수도 있다는 가능성을 제기하고 있다.

봉급을 삭감한다고? 무슨 봉급을 말하는 건가? 우루과이에서는 “가난하지만 교육자”라고 이야기하고, “학교 선생님보다 더 배고파.”라는 말도 한다. 대학 교수들 사정도 마찬가지다. 1995년 중반, 신문에서 몬테비데오 심리학 대학이 낸 모집 공고를 본 적이 있다. 윤리학과 교수 한 명이 필요했는데 100달러의 월급을 준다고 했다. 그 정도 돈으로 부패하지 않으려면 몸과 마음이 부서져라 윤리학을 온몸으로 실천하는 도사가 되어야 할 것이다.

도둑질을 법의 이름이나 황제의 이름으로 저지른다고 해서
죄가 덜한 것은 아니다.
– 캘리포니아 주 상원의원 존 맥두걸(John MaDougall)의
1861년 연설 중에서

상급 과정: **불처벌**

- 사례 연구
- 인간 사냥꾼들
- 지구 파괴자들
- 성스러운 자동차들

사례 연구

다음의 여러 가지 예는 의심할 여지없는 교육적 가치를 지니고 있다. 여기에서는 인상주의 화가들보다 더 뜨겁게 자연을 사랑하는 석유 산업의 교훈을 이야기하고, 군수 산업과 화학 산업의 박애적 소명을 잘 보여 주는 일화를 소개한다. 그리고 세계경제의 선봉에 선 범죄 산업 성공의 열쇠도 몇 가지 밝힌다.

교수형당한 작가

석유회사인 셸(Shell)과 셰브론(Chevron)은 나이저(Niger) 강의 삼각주를 깡그리 휩쓸었다. 나이지리아의 오고니족(Ogoni) 출신 작가 켄 사로위와(Ken Saro-Wiwa)는 이렇게 고발했다. "셸과 셰브론 석유회사가 오고니족과 그들의 땅, 그들의 강, 그들의 개울, 그들의 대기에 저지른 짓은 한 민족의 말살 수준에 이른다. 오고니족의 정신은 죽어가고, 나는 그 증인이다."

1995년 초, 셸 석유회사의 나이지리아 총지배인인 나에메카 아체베(Naemeka Achebe)는 자신이 몸담은 회사가 나이지리아 군사정부를 지원하고 있음을 이런 식으로 설명했다. "투자를 원하는 기업에게는

안정된 분위기가 필요하다. 독재는 그렇게 해 준다." 몇 달 후 나이지리아 독재정권은 켄 사로 위와를 교수형에 처했다.

오고니족 사람 여덟 명도 그와 함께 교수형을 받았다. 그들도 자신들이 사는 마을을 몽땅 없애버리고 자신들의 땅을 광활한 황무지로 만들어 버린 여러 회사에 맞서 투쟁한 죄인들이었다. 그 전에도 많은 오고니 사람들이 같은 이유로 암살되었다.

사로 위와의 명성 덕분에 이 범죄가 세계에 알려지게 되었다. 당시 미국 대통령은 나이지리아에 무기 공급을 중단하겠다고 선언했고, 세계인들은 박수를 보냈다. 그 선언이 고백을 의도한 것은 아니었지만, 실제로는 그랬다. 그는 미국이 사니 아바차(Sani Abacha) 장군의 살육정권에 무기를 팔고 있다고 시인한 셈이었으니 말이다. 사니 장군은 총살형이나 교수형으로 연간 100명의 동족을 끊임없이 살해했고, 살해 현장은 국민의 구경거리가 되었다.

국제적 통상 정지 정책 때문에 이후로는 나이지리아에 무기를 판매하기 위한 새로운 조약을 체결하기 어려워졌다. 그러나 아바차 독재정권은 이전에 맺었던 조약과, 그 조약에서 기적처럼 나타나는 추가사항 덕분에 군수품을 계속 확충시켜 나갈 수 있었다. 그 케케묵은

조약들이 영원히 살아남기 위해 필요한 부활의 묘약이 바로 추가사항이었다.

미국은 세계 무기의 절반 가량을 판매하고, 세계 석유 소비량의 절반 가량을 구입한다. 그들의 경제와 삶의 방식은 무기와 석유에 상당히 의존한다. 아프리카에서 가장 많은 군사비를 쏟아 붓고 있는 독재 국가 나이지리아는 산유국이다. 영국-네덜란드계인 셸 석유회사가 절반을 가져가고, 미국의 셰브론 석유회사가 나머지 대부분을 가져간다. 셰브론사는 세계 22개국에서 영업활동을 하고 있지만, 그들이 끌어올리는 석유와 가스량의 4분의 1 이상을 나이지리아 한 나라에서 강탈해 간다.

독약의 가격

역시 나이지리아 태생인 은님모 바세이(Nnimmo Bassey)는 친구이자 투쟁의 동지인 켄 사로 위와가 살해된 다음 해인 1996년 아메리카 대륙을 방문했다. 그의 여행기에서는 거대 석유회사와 그들이 공공의 복지에 얼마나 기여하는지에 관해 귀담아 들을 만한 이야기를 적고 있다.

쿠라사웅(Curaçao)은 카리브 해에 있는 한 섬이다. 그곳에서 부는 바람이 환자들을 치료했다고 해서['cura'는 'care'의 뜻] 그런 이름이 붙었다. 그러나 셸 석유회사가 1918년에 대규모 정유공장을 설립한 이래 계속 그 건강의 섬에 독가스를 내뿜고 있다. 1983년, 지방 당국이 제동을 걸었다. 주민들에게 끼친 피해야 어림잡을 수도 없지만, 전문가들은 이를 제외하더라도 자연에 끼친 갖가지 참화에 대해 셸 석유회사는 최소한 4억 달러를 배상해야 한다고 추산했다.

셸 석유회사는 한 푼도 내놓지 않았다. 그 대신 애들도 코웃음 칠 만한 말도 안 되는 가격에 처벌받지 않을 권리를 구입했다. 셸 석유회사가 그 오랜 세월 동안 환경을 짓밟은 악행에 대해 아무런 책임을 지지 않는다는 협정을 거쳐 단돈 1달러에 정유공장을 쿠라사웅 정부에 넘긴 것이다.

파란색 작은 나비

한때 '캘리포니아 규격 석유'를 생산하는 회사로 불렸던 셰브론 석유회사는 자신들이 미국의 환경보호를 위해 얼마나 마음을 쓰고 있는지를 내세우는 광고전에 수백만 달러를 들이부었다. 광고의 핵심은 멸종 위기에 처한 파란색 작은 나비를 보호하기 위해 셰브론 석유회사가 기울이는 지대한 노력을 표현하는 것이다. 셰브론 석유회사가 이 나비들에게 도피처를 제공하는 데는 연간 5,000달러가 든다. 그러나 자신들이 이렇게 환경보호를 한다는 광고에는 그 돈의 80배를 더 썼고, 미국의 TV 브라운관에서 1분마다 파란색 작은 나비들이 날갯짓하는 융단폭격식 광고방송에는 훨씬 더 많은 돈이 들었다.

나비를 위한 고급 휴양지는 로스앤젤레스 남쪽의 사막지역인 엘 세군도(El Segundo) 정유공장에 설치되어 있었다. 이 공장은 여전히 전체 캘리포니아의 수질과 대기와 토양을 망치는 최악의 오염원이다.

파란 돌

1987년 9월, 브라질의 도시 고이아니아(Goiânia)에서 두 명의 넝마주이가 쓸모없는 땅에 버려진 금속관을 줍는다. 망치로 관을 깨니 푸른빛을 발하는 돌이 들어 있다. 마법의 돌은 빛을 발하고 공기도 푸른빛으로 만들더니 닿는 것마다 광채를 내게 한다.

두 넝마주이가 그 빛나는 돌을 쪼개서 부스러기는 이웃사람들에게 나눠준다. 피부에 대고 문지르니 밤에도 반짝거린다. 마을 전체가 하나의 전등이다. 갑자기 빛의 부자가 된 가난한 사람들은 잔치 분위기다.

이튿날 두 넝마주이가 구토를 하기 시작했다. 코코넛과 망고를 먹었기 때문일까? 하지만 마을 사람 모두 다 구토를 하더니 다들 퉁퉁 부어올라 타는 듯한 고통을 느낀다. 푸른빛은 모든 것을 태우고 황폐화시키며 죽게 만들고 바람과 비, 파리, 새에 의해 퍼져 나간다.

역사상 최악의 핵 참사였다. 수없이 많은 사람들이 죽었고, 그보다 더 많은 사람들이 불구가 되었다. 고이아니아 변두리의 그 마을에서는 방사선이라는 말이 무엇을 의미하는지 아는 사람이 아무도 없었고,

세슘 137이 무엇인지 들어 본 사람은 더더욱 없었다. 체르노빌은 매일 세상 사람들의 귓전에서 울려 퍼지지만 고이아니아는 알려진 바도 없다. 1992년, 쿠바는 고이아니아의 어린 환자들을 받아들여 무료로 치료해 주었다. 잘 알려진 것처럼 세계 여론은 언제나 쿠바에 대해 상당한 관심을 보이지만, 이 일은 최소한의 반향도 불러일으키지 못했다.

그 재난이 발생하고 한 달 후, 고이아스(Goiás)의 연방 경찰국장이 말했다. "어이없는 상황이다. 의학용 방사선 관리 책임자가 한 명도 없다."

기초공사 없는 건물

1985년 9월, 멕시코시티. 땅이 흔들리더니 수천 채의 집과 건물이 3분도 채 안 되어 무너져 버렸다.

지구상에서 가장 거대하지만 가장 취약한 도시에서 그 공포의 순간에 얼마나 많은 인명 피해가 발생했는지 아무도 모르고 앞으로도 모를 것이다. 잔해 제거를 시작한 초반에 멕시코 정부는 사망자를 5,000명으로 예상했다. 그러나 나중엔 침묵을 지켰다. 처음 발굴된 시체들만으로 야구장 전체가 뒤덮였다.

오래 전에 지은 건물들은 지진을 견뎌 낸다. 그러나 최근에 지은 건물들은 기초공사도 하지 않았는지 쉽게 붕괴되었다. 실제로 기초공사를 하지 않았거나 설계 도면에만 있거나 했다. 세월은 흘렀지만 책임자들은 벌을 받지 않았다. 모래성을 짓고 팔아넘긴 기업인들, 움푹 들어간 지역에 초고층 건물을 짓도록 허가해 준 공무원들, 누가 죽든 말든 기초공사와 하중 측정을 거짓으로 꾸민 기술자들, 대충 눈감아 주는 대가로 제 배를 채운 감독관들 모두는 아직 무사하다. 잔해는 이미 없지만, 폐허 위에 새 건물을 짓고 도시는 성장을 계속하고 있다.

네가 푸르렀으면 좋겠어

지상에서 큰 성공을 거둔 기업들은 지옥뿐 아니라 천국에도 지점을 두고 있다. 한쪽의 영업실적이 좋으면 좋을수록 다른 쪽에도 유리하다. 그렇게 악마는 돈을 지불하고 신은 용서하신다.

국제부흥개발은행은 20세기가 끝나기 전에 환경 산업이 화학 산업을 능가하는 유망 산업이 될 거라고 전망했는데, 환경보호는 환경을 쑥대밭으로 만드는 바로 그 기업들에게 황금 알을 낳는 최고의 장삿거리가 되고 있다.

조슈아 카를리너(Joshua Karliner)는 그의 책 『코퍼럿 플래닛(*The Corporate Planet*)』이라는 책에서 교육적 가치가 대단히 높은 세 가지 실례를 들었다.

- 지구 공기를 가장 많이 오염시키는 기업들 가운데 네 개의 기업은 제너럴 일렉트릭(General Electric) 그룹에 속해 있지만, 미국 최대의 대기 오염 조절기 생산기업 역시 제너럴 일렉트릭이다.
- 화학기업인 듀폰(Du Pont)은 지구상에서 유독성 산업폐기물을 가장 많이 배출하는 기업들 중의 하나지만, 유독성 산업폐기물 소각과

매립의 전문화된 서비스라는, 돈 되는 부문을 발전시켰다.

- 또 다른 거대 다국적기업 웨스팅하우스(Westinghouse)는 핵무기 판매로 밥벌이를 해 왔지만, 자신들이 쏟아낸 핵폐기물 청소장비를 수백만 달러에 판매하기도 한다.

죄와 덕

세계에는 1억 개가 넘는 대인지뢰가 흩어져 있다. 이 장치는 전쟁이 끝나고 수많은 세월이 흘러도 여전히 폭발하고 있다. 어린이를 유인하기 위해 고안된 어떤 지뢰들은 어린이의 눈길을 잡아끄는 인형이나 나비, 색색의 잡동사니 모양을 하고 있다. 희생자의 반 이상이 어린이들이다.

지뢰 금지를 위한 지구 캠페인 제창자 중의 한 사람인 폴 도노반(Paul Donovan)은 황금 알을 낳는 새로운 암탉 한 마리가 지뢰를 만들고 판매한 바로 그 무기공장 안에서 둥지를 틀고 있다고 고발했다. 지뢰를 만들고 판매한 기업들은 광활한 지뢰밭을 청소하기 위한 자신들의 노하우를 제공하는데, 이 일에 관해서는 아무도 그들만큼 알고 있지 못하다는 사실을 삼척동자도 알 수 있다. 지뢰를 제거하는 것은 설치하는 것보다 100배나 많은 돈이 든다. 굉장한 돈벌이 아닌가!

1991년까지는 CMS사가 군 납품용 지뢰를 제작했다. 걸프전 이후로는 지뢰 제거 작업으로 영업방침을 바꾸어 전도양양 연간 1억 6,000만 달러를 벌어들이고 있다. CMS사는 독일의 다임러 벤츠 컨소시엄에 속해 있다. 다임러 벤츠는 자동차 생산에서 보여 주는 열정을 미사일 제작에도 그대로 쏟아 붓고 있으며, 메서슈미트-뵐코브-블롬(Messerschmitt-Bölkow-Blohm)이라는 자회사를 통해 여전히 지뢰를 생산한다.

영국의 브리티시 에어로스페이스(British Aerospace) 그룹도 속죄의 길을 걷고 있다. 자신들이 쿠웨이트에 설치한 지뢰를 제거하기 위한 9,000만 달러짜리 계약을 성사시킨 것은 우연이겠지만 바로 그룹 계열사인 로열 오드넌스(Royal Ordnance)였다. 이 헌신적인 작업에는 프랑스 기업 소프레미(Sofremi)도 경쟁자로 뛰어들어 쿠웨이트 지뢰밭을 깨끗이 청소해 주는 대가로 1억 1,100만 달러를 챙긴다. 그런데 소프레미는 전쟁을 지원하기 위해 무기 판매도 게을리하지 않는다.

지구상에서 가장 열정적으로 이 인도주의 임무를 수행하고 있는 천사 한 명은 남아프리카 공화국의 버논 조인트(Vernon Joynt)다. 그는 살상용 책략과 대인 지뢰 연구에 일생을 바쳤다. 모잠비크와 앙골라의 지뢰밭 청소는 그의 책임 아래에 있는데, 그곳에는 남아프리카의 인종차별주의 군대를 위해 그가 고안한 수천 개의 지뢰가 묻혀 있다. 그의 작업은 유엔의 지원을 받는다.

죄와 포상

피노체트 장군은 유린하고, 고문하고, 암살하고, 강탈하고, 거짓말했다.

존중하겠다고 스스로 선서한 헌법을 유린했다. 그는 수천 명의 칠레 사람들을 고문하고 암살한 독재자였다. 또한 무엇을 강탈당했는지 알고 싶어 하는 사람들의 궁금증을 없애기 위해 거리에 탱크를 풀었다. 그리고 입만 열면 거짓말을 했다.

그의 독재가 끝났어도 그는 여전히 군대의 수장이었다. 1998년 은퇴 무렵에는 칠레의 민정 무대에 합류했다. 자기가 자신을 위임하여 생을 마치는 날까지 종신 상원의원이 되었다. 국민의 항의가 거리를 뒤덮었지만, 그는 자신의 업적을 찬양하는 군가가 아니면 아무것도 듣지 못하는 귀머거리가 되어 우쭐대며 상원의원석을 지켰다. 그의 청력 상실을 뒷받침해 주는 구실은 언제든 넘치고 넘쳤다. 칠레 민주주의를 짓밟아버린 1973년의 쿠데타 발생일 9월 11일을 축하하기 위해 1998년까지 사반세기 동안 국경일로 기념행사를 거행했다. 또 칠레 산티아고 중심지의 큰길 가운데 하나는 현재도 이름이 9월 11일 대로다.

죄와 벌

1978년 중반, 아르헨티나 축구 국가대표팀이 자국에서 개최한 월드컵 우승을 움켜쥐었을 때, 군부독재는 죄수들을 산 채로 바다 깊은 곳에 던져 버리고 있었다. 비행기는 신성한 스포츠 제전이 열리고 있던 주경기장과 너무도 가까운 아에로파르케(Aeroparque) 공항에서 이륙하곤 했다.

양심이라는 불편한 분비선을 달고 태어나, 여름밤 모기보다 더 성가시게 괴롭힘을 당하고, 다리도 쭉 뻗지 못한 체 잠을 이루는 사람

은 그리 많지 않다. 그러나 많지는 않아도 때로는 있다.

알폰소 실링고(Alfonso Scilingo) 대위가 상관들에게 수면제를 먹거나 고주망태가 되지 않으면 잠을 이룰 수 없다고 이야기하자, 그들은 정신과 치료를 받으라고 했다. 1995년 초, 실링고 대위는 공개적으로 고백하자는 결심을 했고 자신이 30명을 바다에 집어던졌다고 말했다. 뿐만 아니라, 아르헨티나 해군이 상어 밥으로 만든 정치범이 2년여 동안 1,500명에서 2,000명에 이른다고도 고발했다.

고백을 마친 후 그는 체포되었다. 30명의 목숨을 앗아갔기 때문이 아니라 부도수표 발행이 죄목이었다.

죄와 침묵

1996년 9월 20일, 미 국방부도 공개 고백을 했다. 그 어떤 매스컴도 큰 비중을 두지 않았기 때문에 이 일은 국제적으로 거의 알려지지 않았다. 바로 그날 미국의 고위 군 당국자들은 '어떤 실수'를 범했다고 인정했다. 1982년과 1992년 사이에 미국 조지아주 포트베닝(Fort Benning)에 있는 학교와 파나마 남부 사령부에서 사용되었던 교육 책자를 통해 라틴아메리카 군인들에게 협박, 강탈, 고문, 납치, 암살 기술을 교육했다고 밝힌 것이다. 그 '실수'는 10년이나 지속되었지만, 얼마나 많은 라틴아메리카 장교들이 실수로 훈련받았는지, 그 결과가 무엇이었는지는 말하지 않았다.

사실 미 국방부가 반세기 전부터 독재자, 고문 기술자, 범죄자를 만들어 내고 있고, 약 6만 명의 라틴아메리카 군인들이 그 학교 학생으로 미국을 거쳐 갔다는 사실은 예나 지금이나 계속 나오는 얘기다. 그 학생들 중의 상당수는 민중의 처형자나 독재자로 변모하여 리오리오그란데 강 이남에 씻을 수 없는 핏자국을 선연히 남겼다. 엘살바도르 한 나라만 예로 들면, 그리고 끝도 한도 없는 사건 목록에서 극히 몇 가지만 예로 들면, 1980년 로메로 대주교와 네 명의 미국 수녀 암살사건 책임 장교들, 그리고 1989년 참혹한 죽임을 당한 예수회 선교사 여섯 명 암살사건 책임자들 거의 대부분이 미국 군사학교 졸업생이다.

미 국방부는 그 교육 책자의 저작권을 언제나 부인해 왔지만 결국 인정하고 말았다. 그 고백은 실로 엄청난 뉴스였으나 사실을 알게 된 사람은 거의 없었고 분노한 사람은 그보다 훨씬 적었다. 모범 국가이자 세계 제1의 강대국, 모두 부러워하고 모두 모방하고 싶은 민주주의가 보장된 바로 그 나라가 군인양성소를 설치하여 인권 유린 전문가를 양성해 왔다고 밝혔다.

1996년, 미 국방부는 진지하게 실수했던 것처럼 진지하게 그 '실수'를 바로잡겠다고 약속했다. 1998년 초, 22명의 피고인이 6개월 감옥형과 벌금형을 받았다. 그들은 군사학교의 희생자 추모 장례 행렬에 참가하기 위해 포트베닝에 침입하는 폭거를 단행한 미국 시민들이었다.

죄와 반향(反響)

1995년, 라틴아메리카의 과테말라와 칠레는 미국 여러 일간지의 이목을 집중시켰다. 좀처럼 없는 일이었다.

언론 보도에 따르면, 두 가지 범죄를 저지른 혐의를 받고 있는 과테말라의 한 육군 대령이 이미 오래 전부터 미국 CIA의 봉급을 받아 왔다고 한다. 그는 미국 시민 한 명과 또 다른 미국 시민의 남편을 살해한 혐의를 받고 있었다. 1954년 아이젠하워 대통령의 재가를 받아 하코보 아르벤스(Jacobo Arbenz) 과테말라 민주정부를 전복시킨 바로 그날부터 미국은 과테말라에 군부독재를 심고 걷어 내고를 반복했다. 미 언론은 이 과정에서 명멸했던 수많은 과테말라 군부독재가 자행한 수천 건의 범죄에 대해서는 전혀 눈길을 주지도 않았다. 기나긴 공포의 순환은 1980년대 대학살에 이르러 정점에 달했다. 그 당시 귀 두 개를 가져오는 병사들은 황금빛 떡갈나무 잎으로 만든 목걸이를 상으로 받았다. 그러나 40년이 넘는 세월 — 아메리카 대륙 전체를 놓고 볼 때, 20세기 후반 들어 최대의 사망자 수를 기록함 — 의 희생자들은 바로 과테말라 국민이었고 그 대다수가 원주민이었다는 사실은 원주민들에 대한 모욕과 멸시가 극에 달했음을 보여 준다.

과테말라 육군 대령이 실체를 드러내는 동안 미 일간지들은 칠레에서 피노체트 독재정권하의 고위 장교 두 명이 감옥형을 선고받았다고 보도했다. 오스발도 레텔리에르(Osvaldo Letelier) 암살사건은 라틴아메리카의 불처벌 관례를 벗어난 이례적인 일이었지만, 그런 자그마한 일은 기자들의 관심을 끌지 못했다. 칠레 군부독재는 레텔리에르와 그의 미국인 비서를 워싱턴시티에서 암살했다. 만일 그들이 칠레의 산티아고나 라틴아메리카 다른 나라의 도시에서 죽음을 맞았더라면 어떤 일이 벌어졌을까? 부인과 함께 아르헨티나의 부에노스아이레스에서 레텔리에르와 똑같은 방법으로 무자비하게 암살된 칠레의 카를로스 프라츠(Carlos Prats) 장군에게는 어떤 일이 일어났던가? 20년이 더 지난 1998년 중반까지도 별다른 이야기가 없다.

인간 사냥꾼들

신장개업을 하려는 범죄자들에게 알림. 우물쭈물하는 살인은 장사가 되지 않는다. 범죄는 대가를 지불한다. 그러나 장사와 마찬가지로 행위가 이루어질 때, 그것도 대규모로 이루어질 때, 대가를 지불한다. 민중을 살해하라는 명령을 내린 라틴아메리카 고위 군 장성들의 경력을 훑어보면 악당들이 부끄러워 얼굴이 벌게지고, 범죄학자들은 놀라움에 눈이 돌아갈 지경이지만, 그들은 살인 혐의로 체포되지 않았다.

우리 모두는 법 앞에 평등하다. 어떤 법 앞에서인가? 신법(神法)인가? 지상의 법에서는 언제 어디서든 평등이 불평등해진다. 왜냐하면 권력은 정의의 저울에서 한쪽 접시 위에만 앉으려는 버릇이 있기 때문이다.

의무적인 기억상실증

예로부터 지금까지 실제 역사를 만들어 가는 것은 법 앞의 불평등이지만, 공식적인 역사를 기록하는 것은 기억이 아니라 망각이다. 우리는 원주민을 멸종하고 노예 매매를 일삼던 자들이 도시 광장에 동상이 되어 우뚝 서 있고, 땅을 빼앗고 국고를 거덜 낸 자들의 이름을 따서 거리 이름을 짓곤 하는 라틴아메리카에서 그 사실을 잘 알 수 있다.

1985년의 지진으로 무너져 버린 멕시코의 건물들처럼 라틴아메리카 민주주의는 토대를 빼앗겨버렸다. 오직 정의만이 다시 걸을 수 있는 탄탄한 지지대를 만들어 줄 수 있지만, 우리에게는 정의가 아닌 의무적 기억상실증만 남아 있다. 일반적으로 민간인 정부는 민주주의를 적대시하는 사회·경제 구조와 민주주의가 끊임없이 충돌하는 나라에서 변화에 대한 갈망을 저버리고 부정부패만 일삼는다.

1960~1970년대에는 군인들이 정권을 찬탈했다. 그들은 썩은 정치를 끝내기 위해 정치인들보다 훨씬 더 많이 도적질을 저질렀다. 그것은 전적으로 절대 권력의 편의 그리고 매일 기상나팔과 함께 시작된 그들의 노동생산성이 워낙 높았기 때문에 가능했다. 피와 더러움과 공포의 시절이었다. 지역 게릴라들과 세계를 휩쓰는 빨갱이 유령의 테러에서 벗어나기 위해 군인들은 닥치는 대로 고문하고 폭행하고 암살했다. 군인들의 사냥놀이에서 정의를 갈구하는 의지의 표현은 아무리 악의가 없을지라도 처벌받았다.

우루과이 군부독재는 많은 사람을 고문했지만 죽인 사람은 많지 않았다. 반면에 아르헨티나 군부는 깡그리 죽이는 방법을 택했다. 차이는 있지만, 그 당시 많고 많은 라틴아메리카 독재정권들은 공동으로 일을 추진했고, 같은 기계에서 찍어 낸 듯 서로 닮은 데가 많았다. 어떤 기계냐고? 1998년 중반, 우루과이 군사정권의 정보부장이었던 엘라디오 몰(Eladio Moll) 해군 중장은 미국인 고문들이 반역자들에게서 정보를 빼낸 다음 죽여 버리라는 충고를 했다고 증언했다. 그는 솔직했다는 죄로 체포되었다.

몇 달 전, 아르헨티나 독재정권의 백정 가운데 하나인 알프레도 아스티스(Alfredo Astiz) 대위는 진실을 발설한 죄로 파면되었다. 그는 자신이 저지른 일은 모두 해군에서 배웠다면서, 직업적 박식함을 자랑하는 과정에서 자신이 "정치인이나 기자들을 없애는 데는 기술적으로 가장 제대로 준비된 사람"이라고 말했다. 당시 그와 또 몇 명의 아르헨티나 군 간부들은 에스파냐, 이탈리아, 프랑스, 스웨덴 사람들을 암살한 혐의로 유럽 여러 나라에서 재판에 회부되었거나 기소된 상태였다. 그러나 그들이 수천 명의 자국민에게 저지른 범죄에 대해서는 지난 일은 잊고 새롭게 출발하자는 취지의 법에 따라 무죄 판결을 받았다.

여러 형태의 불처벌법 역시 같은 기계에서 찍어 낸 듯 닮은꼴이다. 라틴아메리카 민주주의는 외채 상환과 범죄 망각이라는 선고를 받고 소생했다. 마치 민선 정부가 군부의 노력에 고마워하는 것 같았다. 군부의 공포정치는 유리한 해외투자 환경을 조성했고, 이어 뻔뻔스럽게도 나라를 헐값에 팔아먹을 수 있는 길을 잘 닦아 놓았다. 국가 주권을 완전히 포기하고, 노동권을 유린하고, 공익사업이 와해된 것은 바로 민주주의 체제하에서였다. 모든 것이 비교적 수월하게 이행되거나 파괴되었다. 1980년대에 민권을 회복한 사회는 최상의 기력을 이미 상실한 상태였고, 거짓과 공포에서 살아남는 데 익숙해져 있었으며, 너무도 낙담하고 쇠약해져서 창조적 활력을 필요로 했다. 창조적 활력은 민주주의가 약속한 것이긴 하지만, 줄 수도 없었고 줄 방법도 몰랐다.

국민의 투표로 당선된 정부는 정의를 보복과 동일시하고, 기억을

++ 악마는 배가 고파 어슬렁거리고 있었다

'엘 파밀리아르(El Familiar)'는 입과 귀로 불을 내뿜는 검둥이 개다. 밤중에 불길을 내뿜으며 아르헨티나 북쪽의 사탕수수밭을 휘젓고 돌아다닌다. 이 놈은 악마를 위해 일한다. 악마에게 반역자들의 살점을 먹이로 주고, 사탕수수밭 인부들을 감시하고 처벌한다. 희생자들은 하직인사 한마디 못하고 사라진다.

군사독재 시절인 1976년 겨울, 이 악마는 배가 고파 어슬렁거리고 있었다. 7월의 셋째 목요일 밤, 군대가 후후이(Jujuy)의 레데스마(Ledesma) 제당(製糖)공장에 난입했다. 군인들은 140명의 노동자들을 끌고 갔다. 33명은 실종되었고, 더 이상은 아는 바가 없다.

무질서와 혼동했으며, 국가 테러리즘을 자행한 자들의 이마 위에 성수를 부었다. 민주주의의 안정과 국민화합이라는 이름 아래에 정의를 추방하고 과거를 묻어 버리며 기억상실을 찬양하는 불처벌 법안들을 공포했다. 그중 어떤 법은 세계 역사상 가장 잔인무도했던 여러 선례를 훨씬 더 능가하기도 했다. 1987년에 공포된 아르헨티나의 지당한 복종법은 10년이 지나 더 이상 필요가 없어지자 폐기되었다. 지당한 복종법은 어떻게든 사면해 주려는 열망을 담고 있기 때문에 명령을 따랐을 뿐인 군인들에게 책임을 묻지 않았다. 명령을 내린 사람이 상사든 대위든 장군이든 신이든 명령에 따르지 않을 군인은 없으므로 형벌의 책임은 신(神)들의 나라에나 부려지곤 했다. 히틀러가 자신의 정신착란증을 충족시키기 위해 1940년에 완성시킨 독일 군법은 당연히도 훨씬 신중했다. 예를 들면, 제47항에서는 "상관의 명령이 일반 범죄나 군범죄에 해당한다는 사실을 알았다면" 행동의 책임 소재가 부하 군인에게 있다고 규정한다.

그 외의 라틴아메리카 여러 법은 지당한 복종법만큼 격하지는 않았

++ 아직도 살아 있는 군사독재의 사고방식
음울했던 최근 몇 년 동안 기관총탄과 폭탄, 트럼펫 소리와 북 소리가 만들어내는 갖가지 외부 환경에도 아랑곳하지 않고 라틴아메리카 군 장성들은 공개적으로 자신들의 이데올로기를 드러내놓았다.
아르헨티나의 이베리코 생장(Ibérico Saint-Jean) 장군은 전쟁의 흥분을 가라앉히지 못하고, 이렇게 소리쳤다. "우리는 제3차 세계대전을 승리로 이끌고 있다!"
역시 아르헨티나의 크리스티노 니콜라이데스(Cristino Nicolaides) 장군은 연대기(年代記)적 흥분을 가라앉히지 못하고 이렇게 목청을 높였다. "마르크시즘이 서구 기독교 문명을 위협한 것은 이미 2,000년이나 된다!"
과테말라의 에프라인 리오스 몬트(Efraín Ríos Montt) 장군은 종교적 흥분을 가라앉히지 못하고 이렇게 울부짖었다. "성령이 우리의 첩보 업무를 인도하신다!"
우루과이의 우고 마르케스(Hugo Marquéz) 해군 소장은 과학적 흥분을 가라앉히지 못하고 이렇게 외쳤다. "우리는 우리나라 역사의 방향을 360도 바꾸어 놓았다!"
우루과이의 정치가 아다우토 푸냘레스(Adauto Puñales)는 공산주의의 패배라는 서사적 위업이 종결되자 축하하기 바빴다. 그리고 해부학적 흥분을 가라앉히지 못하고 격렬하게 비난했다. "머리는 모스크바에 두고 고환은 도처에 두고 있는 문어가 바로 공산주의다!"

지만, 군부의 오만함에 국민이 고개를 숙여야 했다는 점에서는 일치한다. 또한 그 법들은 국민의 공포를 이용하여 대학살은 정의가 닿지 않는 곳에 모셔두고, 최근세사가 남긴 모든 쓰레기는 양탄자 밑에 숨기라는 명령을 하달했다. 폭력이 되살아날 것이라는 융단폭격 식 홍보를 접한 뒤에 대부분의 우루과이 국민들은 1989년의 선거에서 불처벌을 지지했다. 공포가 승리했고, 무엇보다도 공포가 법의 원천이 되었다. 라틴아메리카 전 지역에서 공포는 때로 물밑에 가라앉아 있고, 때로는 눈앞에 보이기도 하는데, 권력을 살지게 하고 정당화한다. 그리고 권력은 민주주의 선거의 리듬에 맞춰 들어서고 나가는 정부보다 더 깊은 뿌리와 더 끈질긴 구조를 지니고 있다.

권력이란 무엇인가? 1998년 초, 아르헨티나의 기업가 알프레도 야브란(Alfredo Yabrán)이 권력을 명확하게 정의했다. "권력은 처벌되지 않는다." 그는 자신이 무슨 말을 하고 있는지 잘 알고 있었다. 무소불위 마피아의 수장이라는 혐의를 받고 있던 그는 길거리에서 아이스크림을 파는 일로 시작해서 대단한 부를 축적했다. 그 말을 한 지 얼마 되지 않아서 한 판사가 그에게 사진기자 호세 루이스 카베사스(José Luis Cabezas) 암살 혐의로 체포 명령을 내렸다. 그것이 그의 불처벌의 종말을 알리는 서곡이었고, 그의 권력도 끝이 났음을 알려 주는 신호탄이었다. 그는 입속에 총알 한 방을 당겼다.

불처벌은 범죄행위를 보상해 주고, 범죄가 반복되도록 유도하며, 공개적으로 홍보도 해 준다. 또한 범죄자를 자극하고 유사범죄를 퍼뜨린다. 그리고 국가가 어떤 책임도 지지 않고 폭행을 일삼고 강탈하고 고문하고 살해하는 범죄를 저지를 때에는 위에서부터 사회 전체에게 폭행하고 강탈하고 고문하고 살해해도 좋다는 청신호를 보낸다. 아래에서는 범죄자를 겁주기 위한 허수아비로 처벌을 휘두르는 바로 그 사회의 위에서는 불처벌의 깃발을 높이 들어 범죄자들에게 상을 내린다.

민주주의는 이런 관습이 초래한 결과를 감수한다. 이는 마치 살인범이 손에 연기가 피어오르는 권총을 들고 이렇게 물어보는 것과 같다. "셀 수도 없는 사람들을 죽인 장군들이 저렇게 거리를 활보하면서 병영에서는 영웅이 되고 일요일마다 미사를 드리는데, 한 사람을 죽인 내가 왜 벌을 받아야 합니까?"

민주주의가 피어날 무렵, 아르헨티나의 독재자 호르헤 라파엘 비

++ 광고
아르헨티나의 군부독재는 희생자를 바다 깊은 곳에 처넣어 버리는 버릇이 있었다. 1998년 4월, 디젤(Diesel) 의류 생산업체는 「헨테(*Gente*, 사람들)」라는 잡지에 바지를 아무리 빨아도 얼마나 질긴지를 보여 주는 광고를 실었다. 사진은 바다 속 깊은 곳에서 시멘트 블록에 묶여 있는 여덟 명의 젊은이를 보여 주는데, 그 밑에 이런 글이 쓰여 있다. "네가 처음 입은 청바지는 아니야. 하지만 마지막으로 입은 청바지는 될 수 있어. 네가 죽어도 최소한 너의 시체는 예쁠 거야."

델라(Jorge Rafael Videla)가 산루이스(San Luis) 지방의 어느 교회에서 미사를 드리고 있었다. 참고로 그 교회에서는 짧은 소매나 미니스커트를 입은 여성의 출입을 금지했다. 1998년 중반, 그를 비호해 주던 성체(聖體)가 목에 덜컥 걸렸고 신앙심 깊은 그는 감옥에 가고 말았다. 얼마 지나지 않아, 그는 나이가 많다는 특권을 누리며 가택 연금되었다. 눈을 비비고 다시 볼 일이었다. 희생자들의 어머니, 할머니, 자식들이 모범적으로 보여 준 집요함 덕분에 라틴아메리카 불처벌 원칙에 대단히 희귀한 예외라는 기적을 일구어 낸 것이다. 수천 명을 죽인 비델라(Videla)는 대학살 죄로 처벌받지는 않았지만, 최소한 포로수용소에서 태어난 신생아들—군인들이 아기들의 어머니를 죽인 후에 전리품처럼 분배되었다—을 빼돌린 점에 대해서는 답변을 해야만 했다.

라틴아메리카에서는 정의와 기억이 사치일 뿐이다. 국회의원 셀마르 미첼리니(Zelmar Michelini)와 엑토르 구티에레스 루이스(Héctor Gutiérrez Ruiz)를 난도질해 불귀의 객으로 만든 우루과이 군인들은 자신들이 죽인 희생자들의 이름이 붙은 거리를 편안하게 오간다. 권력이 말하길, 망각은 평화의 대가다. 그들이 강요하는 평화는 불의를 일상의 평범한 일로 받아들이는 자세에 근거한 평화다. 그들은 우리가 생명을 무시하

++ 금지된 기억

후안 헤라르디(Juan Gerardi) 주교는 과테말라의 공포에 찬 현대사를 회복하기 위한 실무 그룹을 이끌었다. 전국에서 수집된 수천 건의 목소리와 증언을 바탕으로 해서 40년에 걸친 고통의 기억 파편들을 조각조각 꿰맞추어 나갔다. 사망자 15만 명, 실종자 5만 명, 망명자와 피난민 100만 명, 고아 20만 명, 과부 4만 명……. 희생자 열 명 가운데 아홉 명은 비무장 민간인이었고, 대다수가 원주민이었다. 열 명 중 여덟 명은 군인이나 준군사조직 패거리들에게 당했다.

주교는 1998년 4월 어느 목요일에 이런 내용의 보고서를 발표했다. 이틀 후 헤라르디 주교는 돌에 맞아 두개골이 깨진 상태의 시체로 발견되었다.

고 기억을 금지하도록 길들여왔다. 매스컴과 교육기관은 진실과 기억을 통합하는 일에 그리 많은 도움을 주지 못한다. 하나의 사건은 다른 사건들과 분리되어 등장한다. 그 사건의 과거에서도 분리되어 있고, 다른 사건의 과거에서도 분리되어 있다. 소비문화, 분리문화가 모든 일은 별 이유 없이 일어난다고 믿게 훈련시킨다. 시작이 어디인지 인식 불능한 상태에서 현재는 미래를 그저 반복되는 것으로, 내일은 오늘의 또 다른 이름인 것으로 그려낸다. 인간의 조건을 무력하게 만드는 불평등한 구조는 영원에 속해 있고, 불의는 받아들일 수밖에 없는 현실이다.

역사는 반복되는가? 아니면 역사의 소리를 듣지 못하는 사람들에게는 역사의 반복이 고행일 뿐인가? 말하지 않는 역사는 없다. 아무리 역사를 불태우고 찢고 속일지라도 인간의 역사는 침묵하길 거부한다. 지금의 시간이 그것을 원하지 않든 알지 못하든 간에, 지나간 시간은 지금도 생생히 살아서 지금의 시간 속에서 고동친다. 기억할 권리는 국제연합이 받들어 모시는 인권에 포함되어 있지 않다. 하지만 오늘날

++ 부서진 기억

18세기 말, 나폴레옹의 병사들은 적잖은 이집트 어린이들이 피라미드를 프랑스인이나 영국인이 만들었다고 믿고 있다는 사실을 발견했다.

20세기 말, 적잖은 일본 어린이들은 러시아가 히로시마와 나가사키에 폭탄을 투하했다고 믿었다.

1965년, 산토도밍고 주민들은 4만 2,000명의 미 해병대원의 침공에 맞서 132일 동안 항전했다. 주민들은 몽둥이와 칼, 카빈총, 돌멩이, 깨진 병 조각을 동원하여 집집이 맞붙어 몸싸움도 마다않고 싸웠다. 어느 정도 시간이 흐른 후에 도미니카 공화국 어린이들은 어떤 생각을 할까? 정부는 국민의 저항을 '존엄성의 날'이 아니라 '형제애의 날'로 기념하고 있다. 침략자들의 손에 입을 맞추었던 사람들과 탱크를 가슴으로 막았던 사람들 사이에는 아무런 차이가 없다는 이야기다.

은 그 어느 때보다도 그 권리를 회복하고 실행에 옮길 때다. 과거를 반복하기 위해서가 아니라 반복되지 않게 하기 위해서, 살아남은 자들이 죽은 자들 대신 입만 벙긋거리기 위해서가 아니라, 어리석음과 불행이 영원히 되돌아나오는 형벌을 거부하는 큰 목소리로 말할 수 있도록 하기 위해서다. 기억이 진정 생생히 살아 있을 때는 역사를 가만히 바라보지 않고, 역사를 만들라고 서로 등을 떠민다. 따분함을 느끼는 박물관이 아니라 바로 우리가 숨쉬는 공기 속에 기억이 살아 있다. 그리고 기억은 공기 속에서 우리를 숨쉰다.

망각을 망각한다. 에스파냐 작가 라몬 고메스 델 라 세르나(Ramón Gómez de la Serna)는 너무도 기억력이 나빠서 어느 날 자신이 그렇게도 기억력이 나쁘다는 사실을 잊어버리고 모든 것을 다 기억해 낸 어떤 사람의 이야기를 들려 주었다. 과거를 기억함은 과거의 저주에서 해방되기 위해서이고, 현재의 발목을 붙잡자는 것이 아니라 현재가 함정에 빠지지 않고 자유롭게 길을 가게 하기 위해서다. 몇 세기 전만 해도

'기억하다'라는 말은 '깨어나다'와 같은 뜻으로도 쓰였고, 라틴아메리카 일부 지역에서는 아직 그 의미 그대로 쓰고 있기도 하다. 깨어 있는 기억은 우리들처럼 모순된다. 절대로 가만히 있지 않고 우리와 함께 변한다. 기억은 닻이 아니라 캐터펄트*가 되려고 세상에 왔다. 기억은 출발항이 되고 싶지 도착항이 되고 싶지는 않다. 기억은 그리움을 증오하지는 않지만, 희망과 그에 따른 위험과 그에 따른 변화를 더 좋아한다. 그리스 사람들은 기억은 시간과 바다와 자매간이라고 믿었는데, 그들이 옳았다.

불처벌은 나쁜 기억력에서 생겨난다. 우리 땅에 존재했던 모든 군사독재는 이 점을 잘 간파하고 있었다. 라틴아메리카에서는 산을 몇 개나 쌓았을 만큼의 서적이 불에 탔다. 금지된 진실을 말하는 죄가 있는 책, 그저 단순히 책이라는 죄가 있는 책, 그리고 산더미 같은 기록이 잿더미로 변했다. 1562년, 유카탄 반도의 마니(Maní)에서 수도사 디에고 델 란다(Diego de Landa)가 인디언의 기억을 태워 없애기

* 항공모함의 비행기 사출기.

위해 마야인들의 책을 불길에 던져 넣은 이래로 소각의 역사는 길고도 길다. 그저 몇 차례의 불길만 기억해 보자. 1870년, 아르헨티나, 브라질, 우루과이 연합군이 파라과이를 쑥대밭으로 만들었을 때 패자의 역사 기록은 한줌 재로 변했다. 20년 후, 브라질 정부는 350년 동안의 흑인 노예제 증언 자료들을 불태웠다. 1983년, 아르헨티나 군인들은 같은 아르헨티나 사람들을 상대로 진행되었던 추악한 전쟁 관련 기록을 불속에 던져 넣었다. 그리고 1995년, 과테말라 군인들도 똑같은 일을 저질렀다.

지구 파괴자들

인간에 대한 범죄, 자연에 대한 범죄. 전쟁 주동자들에 대한 불처벌 문제는 땅에선 자연을 먹어 치우고 하늘에선 오존층을 집어 삼키는 인물들에 대한 불처벌 문제와 쌍둥이 관계다. 지구상에서 최대의 성공을 거둔 기업들은 지구를 가장 많이 죽여 없애는 기업들이다. 또 지구의 미래를 결정하는 국가들은 자연을 몰살시키기 위해 지대한 공을 쌓은 국가들이다.

일회용 지구

홍수, 추잡함. 세상과 세상 사람들이 숨쉬는 공기는 오물의 급물살로 범람한다. 뿐만 아니라 세상은 말의 홍수와 전문가 보고서, 연설, 정부 선언문, 아무도 지키지 않는 엄숙한 국제협약, 환경을 우려하는 표현들로 넘쳐 난다. 권력의 언어는 소비사회를, 또 발전이라는 미명 아래 세계적 모델로서 소비를 강요하는 자들을, 그리고 자유라는 미명하에 지구를 병들게 하고 나서 구제방법과 위안책이라는 약을 팔고 있는 대기업들을 처벌하지 않는다. 우후죽순처럼 번식한 환경 전문가들은 모호한 비닐 포장지로 모든 환경문제를 포장하는 데만 정신을 쏟는다.

지구의 건강은 구역질이 날 정도로 나빠졌는데도 죄를 면하기 위해 우리 모두의 책임이라는 말로 일반화해 버린다. 우리 모두의 책임이라면 아무의 책임도 아니라고 말하고 싶어서 기술 관료들은 거짓말을 하고, 정치인들은 했던 말을 또 한다. 또 언제나 골탕 먹고 착취당하는 자들은 평생 벌어먹고 살라고 말하고 싶어서 공식 연설 나부랭이는 모두의 희생을 권한다.

인류는 자연이 부여한 생명체의 파손, 파괴된 토양, 중독된 대기, 심하게 오염된 물, 정상이 아닌 기후가 가져다주는 결과의 대가를 치르고 있다. 그러나 통계는 사실을 털어놓지만 수치는 사실을 배반한다. 자료에 따르면, 인류의 25%가 전체 환경 파괴 범죄의 75%를 저지른다. 잘사는 북반구와 못사는 남반구의 평균치 비교에서는 북반구 사람 한 명이 남반구 사람의 10배 에너지, 19배의 알루미늄, 14배의 종이, 13배의 철과 강철을 더 소비한다. 미국인 한 명은 인도인 한 명보다 평균 22배, 브라질인 한 명보다 13배나 많은 탄소를 공기 중에 방출한다. 인간 종족 중에서도 가장 부유한 구성원들, 예를 들어 잘사는 나라에 살고 있거나 가난한 나라에 살면서 저들의 생활방식을 흉내내는 자들이 날마다 저지르는 살인행위를 가리켜 세계적 자살이라고 한다. 그들은 과시와 낭비라는 방법으로 자신들의 정체성을 방어하는 사회계급과 국가들이다. 그러한 소비 모델의 대량 확산을 방해하는 작은 걸림돌이 하나 있다. 바로 가난한 나라들이 부자 나라들처럼 소비하기 위해서는 지구와 같은 별이 열 개는 더 필요할 것이라는 예측이다. 그것은 1987년, '세계 환경과 발전 위원회'에 제출된 브룬틀란트(Bruntland)의 보고서에 기초하여 내린 결론이다.

++ 국제 전문가들의 용어

현재 진행 중인 프로젝트의 규모 재조정에 기여한 정도를 평가해 본다는 범위 내에서, 본 자료는 세 가지 근본 문제점에 분석의 초점을 맞추고 있다. 자문 대상이 되었던 방안의 일부를 실행에 옮긴 개발도상국의 경험에서 추정해 보듯이, 첫 번째 문제는 세 번째 문제와 상당히 많은 접점을 가지고 있고, 이들 두 가지 문제는 두 번째 문제와 본질적으로 연결되므로, 세 가지 문제는 확실히 서로 관련되어 있다고 말할 수 있다.
첫 번째는…….

가장 잘나가는 회사들은 가장 효과적으로 세상을 거슬러가는 회사들이다. 막강 석유 기업들, 핵에너지와 생물공학이라는 마법사의 문하생들 그리고 무기와 강철, 알루미늄, 자동차, 살충제, 플라스틱을 비롯한 수천 가지 물건을 생산하는 대기업들은 자연이 겪는 그 많은 아픔에 대해 종종 위선에 찬 악어의 눈물을 흘리곤 한다. 지구를 가장 황폐화시키는 기업들이 가장 많은 돈을 버는 기업들 리스트에서도 수위를 차지한다. 그들은 마치 요술처럼 오염을 박애로 둔갑시키는 광고와, 여러 국가와 세계의 운명을 좌지우지하는 정치인들에게 사심 없이 바치는 촌지(寸志)에 돈을 가장 많이 쓰는 기업들이기도 하다. 1992년 리우데자네이루에서 열린 세계정상회담에서 조지 부시는 미국이 '생물다양성협약'에 날인을 거부한 이유를 설명하면서 이런 말을 했다. "우리의 권리, 우리가 장사할 권리를 보호하는 것이 중요하다."

사실 서명을 하든 않든 거의 중요하지 않다. 왜냐하면 어쨌든 국제협약은 부도수표보다 가치가 없기 때문이다. '에코-92'는 지구의 고통을 덜어 주자는 취지에서 소집되었다. 그러나 어느 정도 성의를 보여준 독일을 제외하면 어떤 강대국도 경쟁력 상실을 두려워하는 기업과 선거 패배를 두려워하는 정부의 공포 때문에 서명한 협약을 준수하지 않았다. 그리고 약속을 최고로 지키지 않은 나라는 바로 최고의 강대국 미국이다. 부시 대통령은 자신의 고백에서 국가의 중요 목표를 명확하게 규정했다.

'에코-92'의 주제와 너무도 관련이 많은 화학, 석유, 자동차 산업의 거대 기업들은 이 회합 비용의 상당 부분을 부담했다. 알 카포네에 대해서 무슨 말이든 할 수 있을 테지만, 그는 신사였다. 그 선인(善人)은 자기가 죽인 사람들의 초상집에 꽃이라도 보냈으니까 말이다.

'에코-92'의 5년 후 국제연합은 지구를 살리기 위해 열렸던 그 모임의 결과를 평가하기 위해 또 다른 모임을 소집했다. 흘러간 5년 동안 너무 빠른 속도로 지구의 식물성 피부가 벗겨져서, 파괴된 열대우림만 이탈리아 전체 면적의 두 배 반, 불모지로 변한 옥토는 독일의 전체 면적에 달했다. 25만의 동식물 종이 멸종했고, 대기는 사상 유례없이 중독되었으며, 13억 인구는 누울 집도 먹을 음식도 없었고, 화학성 독극물이나 산업폐기물로 오염된 물을 마시고 매일 2만 5,000명이

++ 모르간(Morgan)

몽둥이라고는 귀퉁이도 보이지 않고, 한쪽 눈에 안대도 하지 않았는데, 아마존 우림과 여러 땅덩이를 활보하는 생물 해적들이 있다. 뱃머리를 대고 돌진해서 식물 종자를 파내 간 다음, 특허를 내고, 히트 상품으로 만들어 버린다.

최근 아마존 유역의 400개 인디언 마을 주민들은 '기독교인들의 성체(聖體)에 해당하는' 아마존 유역의 성스런 식물 아야우아스카(ayahuasca)를 독점한 인터내셔널 플랜트 메디신 코퍼레이션(International Plant Medicine Corporation)사를 고발했다. 이 회사는 아야우아스카로 정신병과 심혈관계 질환 치료약을 제조하기 위해 '미국 상표 및 특허청'에 특허를 냈다. 아야우아스카는 이제 개인 소유다.

죽어갔다. 그 바로 전, 역시 국제연합이 소집한 회의에 참가한 세계 각국의 과학자 2,500명은 지난 1만 년 동안 진행되었던 것보다 더 빠른 속도의 기후 변화가 앞으로 일어나게 될 것임을 예고했다.

벌을 가장 심하게 받는 사람들은 늘 그렇듯이 이웃의 죄를 속죄하라는 형벌을 받은 가난한 사람들, 가난한 국민들, 가난한 국가들이다. 하버드 대학 박사로 국제부흥개발은행 고위직에 오르기도 했던 경제학자 로렌스 서머스(Lawrence Summers)는 1991년 말에 이 사실을 뒷받침해 주는 증언을 했다. 그는 못사는 나라들의 비교우위와 대단히 연관이 많은 경제논리를 이유로, 오염 산업과 유해 폐기물을 "발전이 덜 이루어진 국가들"로 옮기도록 국제부흥개발은행이 장려해 달라고 촉구했다. 요컨대 그 우위는 세 가지로 결론이 난다. 쥐꼬리만 한 임금, 여전히 남아 있는 오염 가능한 엄청난 공간, 일찍 죽는 버릇이 있거나 다른 이유로 인해 가난한 사람들에게는 거의 나타날 일이 없는 암 발생률이 그것이다.

국제부흥개발은행의 내부 자료로 작성된 이 자료가 실수로 공개되어 유포되자 한바탕 소동이 벌어졌다. 그런 일을 하고 있긴 해도 입 밖으로 내지는 않는 법인데, 서머스는 세상 사람들이 아주 오래 전부터 행동으로 해오고 있는 일을 기록으로 남기는 경솔함을 범했다. 남반구가 북반구의 쓰레기통 역할을 해온 것은 이미 오래 전부터 아닌가. 대기를 가장 오염시키는 공장들은 남반구에 가서 발길을 멈춘다. 또 남반구는 북반구에서 생산하는 산업 쓰레기와 핵폐기물의 대부분을 내다 버리는 하수구다.

약 16세기 전에 교회의 아버지이자 학자였던 성 암브로시오는 기독교인 사이에서는 고리채를 금지하고 야만족에게는 허용했다. 오늘날에도 똑같은 일이 가장 살인적인 환경오염에서 일어나고 있다. 북반구에서 나쁜 것이 남반구에서는 좋다. 북반구에서 금지된 것이 남반구에서는 어서 오라는 환영을 받는다. 불처벌 왕국이 남반구로 확장된다. 법적 규제도 한계도 없지만, 있다고 할 때도 뒷면에서 돈을 발견하는 일은 그다지 어렵지 않다. 남반구 국가 정부의 공범 행위가 공짜로 이뤄지는 경우는 거의 없다. 또 환경과 인간 존엄성의 수호자들에 맞서서 펼치는 광고전 비용도 공짜가 아니다. 그들은 후진성의 옹호자들로 폄하되면서도 해외자본을 쫓아버리고 경제발전을 고의로 파괴하는 일에 온힘을 기울인다.

1984년 말, 인도의 도시 보팔(Bhopal)에 있는 화학기업 유니언 카바이드(Union Carbide)의 살충제공장에서 40톤의 살인 가스가 유출됐다. 가스는 인근 지역으로 퍼져 나가 6,600명의 사망자와 7만 명의 상해자가 발생했다. 상당수의 상해자는 얼마 후 사망하거나 평생 시름시름 앓았다. 유니언 카바이드사는 미국에서는 의무적인 많고 많은 안전규칙 가운데 단 하나도 인도 땅에서는 적용하지 않았다.

유니언 카바이드와 다우 케미컬사는 자기 나라에서는 금지된 많은 제품을 라틴아메리카에서 팔고 있다. 세계 화학 산업의 여타 선두기업들도 비슷한 짓을 저지르고 있다. 예를 들어 과테말라에서는 소형 비행기가 미국뿐 아니라 유럽에서도 판매 금지된 살충제를 사용하여 면화농장을 소독한다. 그 독약은 꿀에서 생선에 이르기까지 음식물에 스며들어 아기들의 입에까지 들어간다. 이미 1974년에 '중미영양학연구소'가 내놓은 연구자료를 보면, 과테말라 산모들의 모유가 위험수치

++ 지도

미국에서는 환경 지도가 인종 지도이기도 하다. 가장 오염을 많이 일으키는 공장과 가장 위험한 쓰레기장은 흑인, 아메리칸인디언, 히스패닉계가 살고 있는 빈민촌에 있다.

텍사스 휴스턴의 케네디 하이츠(Kennedy Heights) 지역에 사는 흑인들은 걸프 오일(Gulf Oil)사의 석유폐기물로 파괴된 땅에 살고 있다. 미국에서 가장 오염을 많이 시키는 공장들 중에서 네 개가 가동 중인 루이지애나의 코벤트(Covent) 지역 주민들은 거의 모두 흑인이다. 1993년, 캘리포니아 만 연안에 있는 도시 리치먼드노스(Richmond North)에 제너럴 케미컬(General Chemical)사가 산성비를 방출했을 때, 병원의 응급처치를 받아야 했던 사람들도 대부분 흑인이었다. 그리스도연합교회가 1987년 발간한 보고서에서는 유해폐기물 매립지 근처에 사는 주민들 대부분이 흑인이나 히스패닉이라는 점을 지적했다.

핵폐기물은 돈과 일자리 보장을 미끼로 하여 인디언 보호구역에 제공된다.

보다 최고 200배까지 오염된 것으로 증명되었다.

바이엘(Bayer)사는 이게 파르벤(I. G. Farben) 컨소시엄에 참가하고 아우슈비츠 수용소 포로들의 공짜 노동력을 이용했던 시절부터 처벌 대상에서 제외되었다. 많은 시간이 흐른 뒤인 1994년 초, 우루과이의 환경보호 활동가 한 명이 하루 동안 바이어사의 주주가 된 적이 있다. 독일 동료들의 연대 정신에 힘입은 그는 세계 제2위의 살충제 제조사의 연례 주주총회에서 목소리를 높일 수 있었다. 맥주, 겨자를 곁들인 소시지가 넘쳐나고 적당히 구색을 갖춘 아스피린이 모임을 더 화려하게 만든 자리에서 호르헤 바레이로(Jorge Barreiro)는 독일에서 허가받지 못한 20종의 독성 농약을, 그중에서도 세 가지는 세계보건기구(WHO)가 "지극히 위험한" 것으로, 또 다른 다섯 가지는 "매우 위험한" 것으로 판명한 것을 왜 우루과이에서 팔고 있느냐고 질문했다. 주주총회에서는 언제나 똑같은 일이 벌어졌다. 북반구에 금지된 독약을 남반구에 판매하는 문제를 누군가가 총회에서 질문할 때마다 세계적 규모의 화학기업들과 바이어사가 내놓는 대답은 한결같아서, 자신들이 거래하고 있는 국가의 법을 위반하지 않는다는 점과 제품이 무해하다는 점을 내세운다. 그렇긴 해도 자연이 준 그 향유(香油)를 왜 자기 나라 사람들은 향유(享有)할 수 없는지 그 수수께끼 같은 일에 대해서는 절대로 설명하지 않는다.

최대 생산, 최저 비용, 개방된 시장, 높은 이익률 — 그 외에는 별 가치가 없다. 미국과 멕시코 간의 자유무역협정이 체결되기 훨씬 이전부터 수많은 미국 기업들이 멕시코 국경 쪽에 자리 잡기 시작했다. 그 기업들은 국경 지역을 거대한 돼지우리로 만들었다. 그리고 협정은 몇 푼 되지도 않는 멕시코의 임금과, 물과 토양과 대기를 뻔뻔스럽게 독살할 수 있는 멕시코의 자유를 이용할 가능성을 높여 준 것에 지나지 않았다. 자본주의 리얼리즘 시인들의 언어로 말하자면, 협정은 비교우위가 가져다준 자원의 활용 가능성을 극대화했다. 하지만 협정이 체결되기 4년 전, 누에보라레도(Nuevo Laredo)의 포드(Ford) 공장과 마타모로스(Matamoros)의 제너럴 모터스(General Motors) 공장 근처에서 나오는 물에는 이미 국경 건너 나라의 최고 허용치보다 수천 배나 많은 독소가 들어 있었다. 마타모로스에 있는 또 다른 회사 듀폰의 공장 근처에서는 오염이 너무 심해 주민들을 대피시켜야만 했다.

이것은 발전의 국제적 확산이다. 이미 일본에서는 알루미늄을 생산하지 않는다. 대신 오스트레일리아, 러시아, 브라질에서 만들어 낸다. 브라질의 에너지와 노동력은 값싸고, 브라질 환경은 이 오염 산업의 잔인한 충격을 말없이 견뎌낸다. 알루미늄 생산에 필요한 전력을

++ 발전
강 없는 다리.
뒤편엔 아무것도 없는 건물의 높은 정문.
정원사는 플라스틱 잔디에 물을 준다.
에스컬레이터는 어느 곳으로도 가지 않는다.
고속도로는 우리에게 고속도로가 파괴한 곳을 알게 해 준다.
텔레비전 화면은 또 다른 텔레비전이 들어 있는 텔레비전을 보여 준다. 그 속엔 텔레비전 한 대가 들어 있다.

얻기 위해 브라질은 어마어마한 열대우림을 침수시켰다. 어떤 통계도 이 희생의 환경적 가치를 기록하지 않는다. 결국엔 관습인 것이다. 아마존 삼림은 그 외에도 엄청난 희생을 강요당한다. 목재, 목축, 광산 기업들에게 몸을 바치며 하루하루 한해 한해 불구가 되어 간다. 조직적 파괴는 이른바 지구의 폐라는 아마존을 갈수록 취약하게 만든다. 1998년에 야노마뫼족(Yanomamö) 인디언들의 삼림을 휩쓸고 갔던 호라이마(Roraima) 지방의 대규모 화재는 단지 엘니뇨(El Niño)의 장난 때문만은 아니었다.

불처벌은 숙명을 먹고 자란다. 중력의 법칙에 따르기 위해 건물 10층에서 몸을 던진 어느 작자와 마찬가지로 숙명에 따라 노동의 국제적 분업이 지시하는 명령을 받아들여야 한다.

콜롬비아는 네덜란드 수출용 튤립과 독일 수출용 장미를 재배한다. 네덜란드 회사들은 튤립 구근을, 독일 기업들은 장미 접목을 보고타의 평원으로 보낸다. 광활한 평원에서 꽃이 자라게 되면, 네덜란드는 튤립을, 독일은 장미를 건네받고, 콜롬비아에는 저임금과 상처 입은 대지, 양마저 줄어들고 오염된 물만 남는다. 산업화 시대의 이러한 꽃놀이는 평원을 메마르게 하고 붕괴시킨다. 다른 한편으로 여성과 어린이가 대부분인 노동자들은 살충제와 화학비료의 공세에 신음하고 있다.

경제개발협력기구(OECD)를 구성하는 선진국들은 방사능 폐기물과 기타 독극물을 포함한 유독성 쓰레기를 남반구에 보냄으로써 지구 남반구와 경제발전 협력을 꾀한다. 선진국들은 오염물질 반입을 금지하면서도 가난한 나라에는 오염물질을 인심 좋게 뿌려 댄다. 자국에서는 금지된 살충제와 제초제도 위험한 쓰레기와 비슷하게 처리된다. 이름만 다르게 붙여서 남반구에 수출하는 것이다. 1992년, 바질 협약은 이런 송출 행위에 종지부를 찍게 하려는 시도였지만, 그때부터는 전보다 더 많이 수출되는 결과를 낳았다. 수차례에 걸쳐 그린피스가 고발한 바에 따르면, 이제는 인도적 지원이라든가 발전 프로젝트 기증품이라는 가면을 쓰고 국경을 넘는다. 혹은 법적으로 허용하는 산업폐기물 속에 은밀히 섞여서 남반구로 넘겨진다. 아르헨티나 법에서는 위험성 폐기물 수입을 금지하고 있지만, 이 자그마한 골칫거리를 해결하기 위해서는 그 폐기물에서 벗어나고자 하는 나라에서 발급한 무해 증명서 한 장이면 족하다. 1996년 말, 브라질 환경보호자들은 재활용 물자라

++ 교육

스탠퍼드 대학 근처에서 더 자그마한 다른 대학교를 알게 되었다. 그곳에서는 순종의 과정을 강의한다. 학생들은 색깔과 몸집이 다른 온갖 종류의 개들인데, 그들은 개가 아님을 배운다. 개가 짖으면 교수는 주먹으로 주둥이를 눌러 조이고, 무쇠 가시가 박힌 목걸이를 힘껏 잡아당겨 고통을 준다. 짖지 않고 가만히 있으면 교수는 침묵에 대해 달콤한 간식을 상으로 준다. 짖는 걸 잊는 교육법이다.

는 이름을 달고 수년 동안 미국에서 들여오던 자동차용 폐기 배터리 수입을 저지하는 데 성공했다. 미국은 다 쓴 배터리를 수출했고, 브라질은 그것을 받아들인 대가를 치렀다.

자신들이 살고 있던 땅이 파괴되고, 강과 호수가 오염되어 추방된 2,500만 명이 있을 곳을 찾아 떠돌고 있다. 가장 믿을 만한 예측 자료에 의하면, 향후 남반구 국가 국민들이 대량 탈출을 감행하게 되는 가장 큰 원인은 환경파괴가 될 것이다. 사진기(카메라)을 향해 활짝 웃고 있는 국가들, 경제 기적의 행복한 주인공들은 무사할까? 테이블에 앉아 목표를 달성한 자들, 메카에 도달한 자들은 무사할까? 근대화를 향해 대단한 도약을 했다고 믿는 국가들은 이미 그 도약의 대가를 치르고 있다. 예를 들어 대만에서는 생산되는 쌀의 3분의 1은 먹을 수 없다. 수은, 비소, 카드뮴에 중독되어 있기 때문이다. 대한민국에서는 강물의 3분의 1 정도만 식수로 쓸 수 있다. 중국의 강 절반에는 식용 가능한 물고기가 남아 있지 않다. 한 칠레 어린이가 어느 편지에

++ 세기말, 황혼 무렵의 전망
우리를 묻거나 우리를 추방하는 땅은 중독되어 있다.
더 이상 바람은 없고 비바람만 있다.
더 이상 비는 없고 산성비만 있다.
더 이상 공원은 없고 공장만 있다.
더 이상 사회는 없고 주식회사만 있다.
국가 대신에 기업.
시민 대신에 소비자들.
도시 대신에 집단.
사람은 없고, 대중만 있다.
진실은 없고, 광고만 있다.
비전은 없고, 텔레비전만 있다.
꽃이 예쁘다고 표현하려면, "조화 같아."라고 한다.

서 자기 나라를 이렇게 묘사하고 있다. "나무를 가득 실은 배가 나가고, 자동차를 가득 실은 배가 들어온다." 지금 칠레는 쇼핑 몰과 말라비틀어진 땅, 새도 노래하지 않는 산업용 삼림과 접하고 있는 기나긴 고속도로다. 그리고 부동자세의 군인들 같은 목재는 세계시장을 향해 행진한다.

피곤에 지친 예술가인 20세기는 정물화를 그리며 생을 마감한다. 지구가 전멸하게 되면 더 이상 어느 누구도 용서하지 않는다. 지구의 재앙에 가장 큰 공헌을 한 주역으로서, 진실의 시간이 다가오자 휘파람 불며 다른 쪽을 바라보고 있는, 승리에 도취한 북반구조차 예외는 아니다. 지금 우리가 가는 속도로 볼 때 머지않아 미국의 산부인과 병실 앞에는 이런 알림문을 붙여야 할지도 모른다. "어린 아기들은 할아버지 할머니들보다 암에 걸릴 확률이 두 배나 높다는 점을 경고합니다." 이미 일본 기업 다이도 호쿠산(Daido Hokusan)은 공기를 캔에 넣어 2분간 들이마시는 산소를 10달러에 판매하고 있다. 겉포장에는 이런 안심용 문구가 들어 있다. "이것은 인간을 재충전해 주는 발전소입니다."

++ 와일드 블루(Wild Blue)

이곳의 하늘엔 절대로 구름 끼는 일이 없고 비가 내리는 법도 없다. 바다에서는 어느 누구도 물에 빠져 익사할 위험이 없고, 해변엔 늑대의 위협도 없어 안전하다. 물어뜯는 해파리도 없고, 찔러대는 고슴도치도 없으며, 골탕 먹이는 모기 떼도 없다. 공기는 항상 일정한 온도를 유지하고, 공기조절장치가 되어 있는 물은 감기와 폐렴에 걸리지 않게 해 준다. 항구의 불결한 물은 이곳의 투명한 물을 시샘한다. 티 없이 맑은 이곳의 공기는 도시에서 사람들이 들이마시는 독을 비웃는다.

입장료는 비싸지 않아서 1인당 30달러다. 의자와 비치파라솔은 별도의 돈을 내야 하지만 말이다. 인터넷에서는 이런 문구를 발견할 수 있다. “이곳에 데려가지 않으면 댁의 자녀들이 당신을 증오할 거예요.” 요코하마의 ‘와일드 블루(Wild Blue)’는 유리벽 사이에 들어 있는 해변으로 일본 산업의 걸작이다. 파도의 높이는 모터가 정한다. 전자 태양은 회사가 원할 때 뜨고 진다. 그리고 고객에게는 열대 지방의 경이로운 해돋이와 야자수 뒤의 붉은 황혼을 제공한다.

한 방문객의 말이다. “인공적이지요. 우린 그래서 좋아해요.”

++ 뉴스

1994년, 숲에서 나온 사슴 한 마리가 캘리포니아 남부의 라구나 비치(Laguna Beach)에 뛰어들었다. 사슴은 자동차에 치이고 받히며 전속력으로 거리를 달려서, 울타리 하나를 넘어 어느 집 부엌의 창문을 통과했고, 다른 창문도 깨뜨렸다. 2층에서 뛰어내려 어느 호텔로 난입하자, 피투성이가 되어 갑자기 출현한 사슴을 보고 해변의 식당에 모인 사람들이 놀라서 입을 다물지 못하기까지 모든 일이 돌풍처럼 일어났다. 사슴은 그리고 바다로 뛰어들었다. 경찰이 사슴을 물속에서 붙잡아 밧줄로 묶어 해변까지 질질 끌고 갔는데, 결국 피를 흘리며 죽었다.

"미쳤나 봐요." 경찰의 설명이다.

1년 후, 역시 캘리포니아 남부의 샌디에이고(San Diego)에서 한 퇴역 군인이 무기고에서 탱크를 훔쳤다. 경찰 순찰대가 그를 뒤쫓았다. 그는 탱크에 올라타 40대의 자동차를 종잇장처럼 만들어 버리고, 다리도 몇 개 부수었으며, 보이는 건 닥치는 대로 덮쳤다. 가파른 비탈길에서 오도 가도 못하게 되자, 경찰이 탱크 위로 몸을 던져서 출입구 뚜껑을 연 다음 한때는 군인이었던 그 남자에게 총을 발사해 처리했다. 텔레비전 시청자들은 생중계로 전 과정을 지켜보았다.

"미쳤나 봐요." 경찰의 설명이다.

EL AUTOMOVIL
NUEVA COLECCION DE CANCIONES
PARA EL PRESENTE AÑO.
RECOPILADAS POR
A. VANEGAS ARROYO.
MEXICO.

성스러운 자동차들

인간의 권리가 기계의 권리 발치께에서 굴복한다. 점점 더 많은 도시에서, 그것도 특히 남반구의 도시에서는 인간이 금지되어 있다. 뻔뻔스럽게도 자동차는 인간의 공간을 찬탈하고, 공기를 못쓰게 만들며, 자신이 정복한 땅에 침입하는 난입자들을 종종 살해하기도 한다. 엔진으로 사람을 죽이는 폭력과 칼이나 총탄으로 죽이는 폭력은 어떤 점에서 다른가?

바티칸과 그들의 예배의식

세기말에는 대중교통이 무시당한다. 20세기가 절반 가량을 지나려 할 무렵 유럽인은 기차, 버스, 지하철, 전차를 이용하여 오가는 일의 4분의 3을 해결했다. 현재 유럽에서의 평균치는 4분의 1로 곤두박질했지만, 거의 대부분 도시에서 사실상 멸종된 대중교통이 전체 수송에서 겨우 5%만 담당하고 있는 미국과 비교하면 상당히 높은 수치다.

헨리 포드(Henry Ford)와 하비 파이어스톤(Harvey Firestone)은 지난 1920년대에 막역한 친구 사이였고, 둘 다 록펠러 가문(Rockefellers)과도 대단히 좋은 관계를 맺었다. 이들의 이런 애정은 영향력 제휴로 귀착되어 철도 파괴와 미국 전역을 아우르는 광활한 도로망 건설로 연결됐다. 도로망은 이후 고속도로로 변한다. 미국뿐 아니라 세계에서 자동차 생산자, 타이어 생산자, 석유사업가들의 힘은 세월과 함께 점점 더 막강해졌다. 세계 상위 60개 대기업 중에서 절반은 이 성스러운 동맹 전선에 속해 있거나 그 동맹을 위해 가동 중이다.

세기말의 높은 하늘. 미국은 지구상에서 자동차가 가장 많이 밀집되어 있는 곳일 뿐 아니라, 무기도 가장 많이 몰려 있다. 6, 6, 6. 보통 시민이 지출하는 6달러당 1달러는 자동차에 들어간다. 살아가는 여섯 시간마다 한 시간을 차 안에 있거나 차 값을 지불하기 위해 일한다. 일자리 여섯 개당 한 자리는 직간접적으로 자동차와 관련되어 있고, 또 다른 한 자리는 폭력이나 폭력 연계 산업과 관련되어 있다. 자동차와 무기가 더 많은 사람을 살해하면 할수록, 자연이 더 많이 황폐해지면 질수록 국민총생산(GNP)은 늘어난다.

의지할 곳 없는 마음을 위한 부적인가 아니면 범죄를 부추기는 것인가? 자동차 판매량은 무기 판매량에 비례하는데, 무기 판매의 일부를 구성한다고 해도 과언은 아니다. 자동차사고는 화기, 총포에 의한 사망률을 누르고 젊은층의 사망 원인 1위기 때문이다. 베트남 전쟁 중에 전사하거나 부상한 미국인보다 더 많은 미국인이 교통사고로 매년 목숨을 잃거나 다친다. 그리고 미국의 많은 주에서는 운전면허증만 있으면 누구든지 자동소총을 구입해서 동네 사람들을 총으로 쏘아 요리해 버릴 수도 있다. 운전면허증이 그 용도로만 쓰이는 것이 아니라, 수표로 지불을 하거나 수표를 현금으로 찾을 때, 어떤 수속을 하거나 계약서에 서명을 할 때도 쓰인다. 운전면허증이 주민등록증을

++ 천국
우리가 고분고분 말을 잘 들으면, 다리도 발도 날개도 뿌리도 없는 모든 것을 위한 멋진 세상에서 똑같은 영상을 보고, 똑같은 소리를 듣고, 똑같은 옷을 입고, 똑같은 햄버거를 먹고, 똑같은 쓰레기를 마시는 똑같은 도시의 똑같은 동네에 있는 똑같은 집에서 똑같은 고독으로 외로울 것이며, 똑같은 충성심으로 우리의 자동차를 섬기고, 똑같은 기계의 명령에 응할 것이다.

대신한다. 다시 말해, 자동차가 사람들에게 정체성을 부여해 준다.

석유를 헐값에 팔아넘기고, 인권을 유린하며, 미제 무기를 구입하는 일에만 열중하는 검은 안경의 이슬람 수장들 — 희가극에서 막 튀어나온 왕들 같다 — 과 기타 민주주의 동맹국들 덕분에 미국은 세계에서 휘발유 값이 가장 싼 나라 중의 하나가 되었다. 월드 워치 인스티튜트(World Watch Institute)가 내놓은 분석 자료에 따르면, 환경의 피해와 또 다른 숨겨진 비용을 고려할 때 휘발유 값은 최소한 두 배로 올라야만 한다. 미국의 휘발유 값은 세계에서 두 번째로 자동차화가 이루어진 이탈리아에 비해 세 배나 싸다. 미국인은 이탈리아인보다 평균 네 배가 넘는 연료를 소비한다.

자폐증을 앓고 있는 미국 사회는 대기를 제일 많이 오염시키는 각종 가스의 4분의 1을 발생시킨다. 휘발유를 목마르게 원하는 자동차들에게 그 재앙의 주요 책임이 있지만, 정치인들은 돈과 표를 받고 불처벌을 보장해 준다. 정신 나간 사람이 휘발유세를 인상시키자고 제안할 때마다 디트로이트의 빅3 — 제너럴 모터스, 포드, 크라이슬러 — 는 비명을 지르고 불평을 쏟아내며, 여론의 폭넓은 지지를 등에 업고 공공의 자유에 반하는 심각한 위협이라고 비난하면서 100만 달러가 넘는 광고 캠페인을 전개한다. 만일 어떤 정치가가 의혹을 지우지 못한다면, 기업들은 그에게 백전불패의 치료법을 적용한다. 언젠가 「뉴스위크(*Newsweek*)」가 보도했듯이 "돈과 정치의 관계는 유기적이기 때문에 그 관계를 바꾸려 하는 것은 별다른 이유도 없이 자기 자신에게 심장절개수술을 해달라고 의사에게 부탁하는 것과 같다."

기계를 숭배하고 자원을 낭비하는 국민의 생활방식에 역행하는 불경을 저지를 수 있는 정치인은 그가 민주당원이든 공화당원이든 찾기 힘들다. 지구 전체의 모델로 강요된 그 생활방식은 인간의 발전과 경제성장을 동일시한다. 그리고 광고에서 찬양하고 전파하는 기적, 세상 사람 모두가 맛보고 싶어 하는 기적을 행한다. 미국에서는 누구든지 '마이 카'의 꿈을 이룰 수 있고, 시시때때로 차를 바꿀 수 있는 사람도 적지 않다. 최신 모델을 사기에 돈이 부족하다면, 시판 중인 에어졸 스프레이를 사용하여 3~4년 전 구입한 차에서 새 차 냄새가 나게 만들면 정체성의 위기를 극복할 수 있다.

늙어감에 대한 공포, 늙어가는 것도 죽음과 마찬가지로 실패와 동일시된다. 영원한 청춘의 약속인 자동차는 유일하게 돈으로 살 수 있는 육체다. 움직이는 이 육체는 전용 레스토랑에서 휘발유를 먹는데, 필요한 처방책을 내주는 약국과, 자신을 진찰하고 진단하고 치료해주는 병원도 확보하고 있으며, 쉴 수 있는 침실은 물론 죽어서 묻힐 묘지도 있다.

자동차는 자유를 약속한다. 아마도 그래서 고속도로를 'freeway(자유의 길)'라고 부르는지 모르겠지만, 행동하는 것을 보면 마치 짐승 우리 같다. 기술이 발전했는데도 인간의 노동시간은 늘어난다. 뿐만 아니라 교통체증으로 인해 해가 갈수록 출퇴근에 소요되는 시간도 늘어난다. 앞으로 전진하기란 정말 힘들고 신경은 곤두선다. 사람들은 자동차 안에서 살고, 자동차는 인간을 놓아주지 않는다. 'Drive-by shooting', 로스앤젤레스의 밤거리에서 종종 볼 수 있는 것처럼 차에서 내리지 않고 방아쇠를 잡아당겨 누군지 보지도 않고 발사한다. 'Drive-thru teller, drive-in restaurant', 차에서 내리지 않고도 현금을 인출할 수 있고, 햄버거를 먹을 수도 있다. 그뿐인가, 'Drive-in marriage', 차에서 내리지 않고 결혼도 할 수 있다. 네바다(Nevada) 주의 르노(Reno). 조화로 만든 아치 밑으로 자동차가 들어온다. 한쪽 창문으로는 증인이 고개를 내밀고, 또 다른 쪽 창문으로는 손에 성경을 든 목사가 고개를 내밀어 이제 그대들이 남편과 아내가 되었음을 선언한다. 천사의 날개와 후광까지 갖춘 관리인이 나가는 길에 혼인증명서를

++ 도피 3

아스팔트 밑의 하수구. 아르헨티나의 도시 코르도바(Córdoba)의 버려진 어린이들 무리가 사는 곳이다. 어린이들은 때때로 거리로 올라와서 가방이나 지갑을 낚아챈다. 경찰에게 붙잡혀 늘씬하게 두드려 맞지 않으면, 훔친 돈으로 피자와 맥주를 사서 나눠 먹는다. 들이마실 본드도 잊지 않고 산다.

마르타 플라티아(Marta Platía) 기자가 마약을 할 때 기분이 어떤지 물었다. 한 어린이는 자기가 손가락으로 회오리를 일으켜 바람을 만들었다고, 또 손가락으로 나무를 가리키자 자기가 보낸 바람에 흔들려 나무가 움직였다고 말했다. 다른 어린이는 바닥이 별로 가득 차 있고, 자기는 하늘을 날아다닌다고 했다. 위에도 하늘, 아래에도 하늘, 천지 사방이 모두 하늘이었단다.

또 어떤 어린이는 도시 전체에서 가장 비싸고 디자인 좋은 오토바이 앞에 앉아서 쳐다보고 있다 보니, 그 오토바이의 주인이 되었고, 쳐다보고 또 쳐다보고 있으려니 오토바이를 타고 전속력으로 질주하고 있었으며, 그 사이 오토바이는 점점 더 커졌고, 색깔도 바뀌었다고 했다.

건네주고 '사랑의 기부금'이란 이름의 팁을 받는다.

돈으로 살 수 있는 육체인 자동차는 인간의 몸 대신에 움직인다. 인간은 조용히 앉아서 살만 찐다. 기계로 움직이는 몸뚱이가 뼈와 살로 이루어진 사람보다 더 많은 권리를 지닌다. 모두 잘 알고 있는 것처럼 최근 미국에서는 담배라는 악마를 퇴치하기 위한 성전(聖戰)을 벌인다. 잡지에 실린 담배 광고엔 물론 건강을 해친다는 경고문이 빠지지 않는다. 한쪽 귀퉁이에 "담배 연기는 일산화탄소를 함유하고 있습니다."라고 쓰여 있다. 그러나 바로 그 잡지에 자동차 광고도 여럿 있었지만, 보이지는 않으나 훨씬 많은 일산화탄소를 포함하는 자동차 매연에 대해서 언급한 곳은 하나도 없었다. 사람들은 담배를 피울 수 없지만, 자동차는 피울 수 있다.

기계는 신과 같다. 즉, 공포와 고독을 치유하기 위한 행운의 부적처럼 인간에게 봉사하기 위해 태어나지만, 결국엔 인간이 자신에게 봉사하게 만든다. 신성한 자동차 종교의 바티칸은 미국이고, 세계 모든 사람들이 그 앞에 무릎을 꿇고 있다. 자동차 복음의 확산은 재앙을 가져오고, 각 번역판은 원전의 결함을 미친 듯이 몇 배로 증가시킨다.

세계적으로 볼 때 극히 미미한 정도의 자동차만이 라틴아메리카 도시의 거리를 달리고 있지만, 세계적으로 볼 때 가장 오염된 몇몇 도시는 바로 라틴아메리카에 있다. 세습적 부정부패의 구조와 지독한 불황은 지구의 남반부에 통제 가능한 범위를 저만치 넘어선 도시들, 거대하고 폭력적인 괴물을 만들어냈다. 네 바퀴 달린 신을 숭배하는 믿음의 수입 그리고 민주주의와 소비의 동일시는 그 어떤 폭격보다도 파괴적인 결과를 낳는다.

++ 권리와 의무

대부분의 라틴아메리카 사람들은 자동차를 구입할 권리는 없지만, 소수의 그 권리를 위해 돈을 내야할 의무는 있다. 아이티 국민 1,000명당 다섯 명만이 자동차를 소유하고 있지만, 아이티는 외화의 3분의 1을 차량, 부품, 휘발유 수입에 지출한다. 엘살바도르 역시 비슷한 비율을 지출한다. 엘살바도르의 대중교통은 사정이 너무 열악하고 위험해서 사람들은 버스를 '움직이는 관'이라고 부른다. 이 문제에 관한 전문가인 리카르도 나바로(Ricardo Navarro)의 말을 빌리면, 콜롬비아는 **매년** 휘발유 보조금 명목으로 지출하는 돈으로 국민들에게 250만 대의 자전거를 무상으로 나눠줄 수 있다.

그렇게 많은 사람들이 그렇게 적은 사람들 때문에 그렇게 많은 고통을 겪었던 적은 한 번도 없다. 참담한 대중교통 시설과 자전거 전용 도로의 부재는 거의 의무적으로 개인 자가용을 강요한다. 하지만 몇 명이나 그런 사치를 누릴 수 있을까? 개인 자가용도 없고, 죽는 날까지 살 일도 전혀 없는 라틴아메리카 사람들은 차량들 속에 갇히고, 스모그에 목을 죄인 채 산다. 인도는 줄어들거나 아예 사라져 버리고, 거리는 점점 늘어나며, 오가는 자동차는 나날이 많아지고, 길에서 서로 만나는 사람들은 날이 갈수록 줄어든다. 버스는 차량 대수가 적기만 한 것이 아니다. 설상가상으로, 라틴아메리카 대부분의 도시에서 대중교통은 성질 고약하고 쓸모없는 인간들이 운영을 맡고 있는지라, 배기구를 통해 치명적인 매연을 방출하고, 환경오염을 줄이기는커녕 배가시키고 있다.

기업의 자유, 통행의 자유, 소비의 자유라는 미명 때문에 지구의 공기는 숨도 못 쉰다. 자동차가 우리가 숨쉬는 공기를 매일매일 학살하는 유일한 주범은 아니지만, 도시의 물건이라는 조건으로 추락해 버린 인간에게는 최대의 적이다. 세상 수많은 도시에서 자동차는 기관지와 눈을 비롯한 모든 신체를 병들게 하는 가스 종합 선물 세트를 만들어 내고, 또 귀를 먹먹하게 하고 머리털을 곤두서게 만드는 소음과 긴장을 가장 많이 유발한다.

잘사는 북반구에서는 자동차에 최소한 차량 한 대가 유발하는 매연 중독을 줄여 주는 연료와 기술을 사용하도록 대체로 의무화하고 있다. 자동차가 상상을 초월하는 번식력을 보이지만 않는다면, 이는 상황을 대단히 호전시킬 수 있는 방안이다. 그러나 못사는 남반구의 상황은 무척이나 열악하다. 무연 휘발유와 촉매 변환기 사용 의무화 법안을 마련한 나라가 가뭄에 콩 나듯 있긴 하지만, 식민지 시대부터 내려오는 전통에 따라 그 가뭄에는 일반적으로 법이 존중되기는 해도 지켜지지는 않는다. 무지막지하게 방출되는 납 성분은 혈액 속에 스며들 뿐 아니라 폐와 간, 뼈와 정신에도 해를 입힌다.

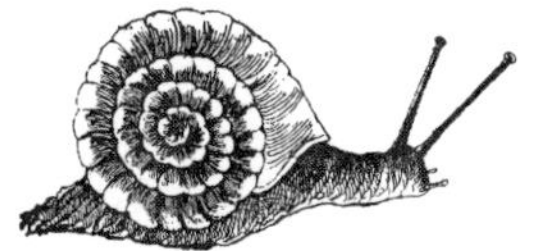

어떤 라틴아메리카 대도시들은 공기를 씻어 주고 유독성분을 다른 곳으로 날려보내는 비와 바람에 기대어 살아간다. 세계에서 가장 인구 밀도가 높은 멕시코시티는 영구적 환경 비상사태다. 5세기 전에 아스텍인이 부르던 노래는 이렇게 물었다.

누가 테노치티틀란(Tenochtitlán)을 포위할 수 있는가?
누가 하늘의 근본을 뒤흔들 수 있는가?

한때 테노치티틀란이라 불렸던 도시 멕시코시티는 현재 오염에 휩싸여 어린이들은 혈액 속에 납 성분을 지니고 태어나고, 시민 세 명 가운데 한 명은 잦은 두통에 시달린다. 자동차 역병이 가져온 참해에 대해 정부가 내놓은 충고는 마치 화성인의 침공에 맞서기 위한 실행 교본 같다. 1995년, '환경오염 방지와 통제를 위한 위원회'는 이른바 '환경 사고의 날'에 멕시코시티 시민들은 다음과 같이 행동하라는 권고 사항을 내렸다.

야외에서는 최소한의 시간 동안만 머무른다.
모든 문, 창문, 환기구를 닫아 둔다.
오전 10시에서 오후 4시 사이에는 운동을 금한다.

++ 농담이야 1
라틴아메리카 어느 대도시의 큰길에서 누군가 길을 건너려 하고 있다. 자동차들은 끊임없이 현란하게 오가는데, 그는 인도의 끝자락에 꼼짝 않고 서서 10분, 20분, 한 시간을 기다린다. 고개를 돌려보니 벽에 등을 기댄 채 담배를 피우고 있는 한 남자를 발견한다. 그리고 그에게 "저, 길을 건너려면 어떻게 해야 하죠?"라고 묻는다.
그는 "잘 모르겠는데요. 전 여기서 태어났거든요."라고 대답한다.

점점 더 잦아지는 그런 날에는 50만 명도 더 되는 사람들이 옛날에는 "공기가 가장 맑은 지역"이었던 곳에서 호흡곤란 증세로 의사의 치료를 요한다. 1996년 말, 게레로(Guerrero) 주의 농부 다섯 명이 멕시코시티를 향해 부정부패 고발 시위 출정식을 가졌다. 그러나 모두 병원 신세를 지는 것으로 끝났다.

그해 1996년의 또 어느 날, 훨씬 더 멀리 떨어진 산파블로(San Pablo)에 억수 같은 비가 쏟아졌다. 교통체증은 극에 달해 멕시코 역사상 가장 기나긴 차량 행렬이 꼬리에 꼬리를 문 상황이 벌어졌다. 파울로 말루프(Paulo Maluf) 시장은 이를 축하하며 다음과 같이 말했다. "교통체증은 발전의 신호다."

상파울루의 거리에는 매일 1,000대의 새 차가 모습을 드러낸다. 그러나 사도 바오로(상파울루)는 일요일에만 숨을 쉬고, 주중의 나머지 요일에는 질식 상태에 빠진다. 그저 일요일에만 멀리 외곽에서 가스 구름으로 늘 시커멓게 뒤덮인 도시의 모습을 볼 수 있다. 루이스 파울루 콘지(Luiz Paulo Conde) 리우데자네이루 시장 역시 교통체증을 찬양했다. 도시 문명이 가져다준 이 축복 덕분에 운전자들은 휴대전화로 통화하면서 즐길 수도 있고, 차량용 TV를 볼 수도 있으며, 카세트나

++ 농담 아니야 1

1996년, 마나과(Managua)의 라스 콜리나스(Las Colinas) 마을, 축제의 밤이다. 오반도(Obando) 추기경과 미국 대사, 정부 장관 몇 명, 지역사회 유지들이 개막식에 참석한다. 니카라과의 번영을 위해 축배의 잔을 든다. 음악 소리가 들리고, 연설 소리도 들린다.

"바로 그렇게 일자리를 창출하고, 발전을 만들어 내는 것입니다."라고 미국 대사가 말한다.

"꼭 마이애미에 와 있는 것 같은 기분이로군요."라고 녹아들듯이 말한 사람은 오반도 추기경이다. 추기경이 텔레비전 카메라 앞에 서서 만면에 웃음을 띠며 붉은 테이프를 자른다. 테하코(Texaco) 사의 새로운 주유소가 문을 열었다. 회사 측에서는 앞으로 몇 개의 주유소를 더 세울 예정이라고 했다.

CD로 귀를 즐겁게 할 수도 있다는 것이다. 그는 또 이렇게 내다보았다. "미래에 교통체증 없는 도시는 지겨울 것이다."

리우데자네이루 당국이 이런 예언을 펼치고 있을 때, 칠레의 산티아고에서 환경 재앙이 발생했다. 학교 수업은 중단되었고, 수많은 어린이들로 병원 응급실은 넘쳐났다. 환경론자들이 밝힌 실상에 따르면, 칠레의 산티아고에서 태어나는 신생아는 한 명당 매일 담배 일곱 개비에 해당하는 공기를 마시고, 네 명 중 한 명의 신생아는 어떤 형태로든 기관지염을 앓는다. 도시는 최근 15년 동안 밀도가 두 배로 증가한 오염 우산에 의해 하늘과 분리되어 있다. 같은 기간, 자동차 대수도 두 배로 증가했다. '좋은 공기'라는 의미의 부에노스아이레스는 한 해 50만 대의 차량이 늘어나는 속도에 발맞춰 해마다 공기오염이 악화되고 있다.

1996년, 부에노스아이레스에서는 소음이 대단히 위험한 수치에 이른 동네가 이미 열여섯 곳이나 됐다. 세계보건기구에 따르면 "사람의 건강에 돌이킬 수 없는 해를 끼칠 수 있는" 정도의 떠들썩함이다. 찰리 채플린(Charlie Chaplin)은 조용함은 가난한 자가 가진 황금이라고 즐겨 말했다. 세월은 흘러 이제 조용함은 점점 더 돈을 주고 그 조용함을 살 수 있는 소수만이 누리는 특권이 되어 버렸다.

소비사회는 우리에게 소비사회의 권력의 상징과 사회적 신분 상승의 신화를 저절로 느끼게 한다. 광고는 자동차 시동을 걸 수 있는 마법의 열쇠를 지니고 지배층의 대열에 진입하라고 유혹한다. '눌러 버리세요!'라고 시장의 주문을 설파하는 목소리가 들린다. '당신이 최고입니다!'라고도 하고, '당신의 인격을 보여 주세요!'라고도 한다. 내가 어렸을 적부터 기억하고 있는 광고 포스터를 떠올려볼 때 당신의 탱크에 호랑이 한 마리를 놓아둔다면, 당신은 세상 누구보다도 더 빠르고 힘이 있을 것이며 성공으로 가는 길에 걸림돌이 되는 것은 무엇이든 짓밟아버릴 것이다.

언어는 무언가를 판매하기 위해 광고가 조작해야만 하는 덧없는 현실을 가공해 낸다. 그러나 실제 현실은 이러한 상업의 주술과는 그다지 많은 관계가 없다. 세상에 태어나는 아기 두 명당 한 대의 차가 태어난다. 세상에 태어나는 아기들에 비례하여 점점 더 많은 차가 태어난다. 아기들은 한 대, 두 대, 1,000대의 차를 갖기 원하며 태어난다. 얼마나 되는 어른들이 어릴 적 꿈을 실현할 수 있는가? 수치로 본다면 자동차는 권리가 아니라 특권이다. 인류의 20%밖에 되지 않는 사람들이 전체 차량의 80%를 마음대로 사용한다. 인류 100%가 대기오염으로 고통을 겪어야만 해도 말이다. 소비사회의 여러 상징과 마찬가지로 자동차도 소수의 수중에 있다. 그들은 자신들의

습관을 보편적 진리로 둔갑시키고, 엔진만이 인체의 유일한 연장(延長)이라고 믿도록 강요한다.

혼란 속의 라틴아메리카에서도 자동차 대수는 날로 늘어가고 있지만, 번영의 중심지라 할 수 있는 다른 곳들과 비교하면 여전히 미미하다. 1995년, 미국과 캐나다는 유럽을 제외한 세계 나머지 모든 나라에 있는 자동차보다 더 많은 차를 보유했다. 같은 해, 독일의 차량 대수는 라틴아메리카와 아프리카 모든 나라의 트럭, 소형 트럭, 밴, 오토바이 대수와 엇비슷했다. 그러나 세계에서 자동차로 인한 사망자 네 명 중 세 명은 남반구에서 숨을 거두고, 그 세 명의 사망자 중에서 두 명은 보행자다. 브라질의 차량 대수는 독일보다 세 배나 적지만, 희생자 수는 세 배나 많다. 콜롬비아에서는 매년 교통사고라고 불리는 살인사건이 6,000건이나 발생한다. 광고는 자동차 신모델이 마치 무기라도 되는 것처럼 홍보하기 마련이다. 그 점에서 광고는 최소한 거짓말은 하지 않는다. 최대한 액셀러레이터를 밟아 속도를 내는 것은 무기를 발사하는 것과 같고, 똑같은 기쁨과 똑같은 권력을 제공한다. 한 해에 세계에서 자동차사고로 사망하는 사람의 수는 히로시마와 나가사키에 투하된 원자폭탄으로 숨진 전체 사망자 수에 버금가는 수준이다. 1990년에는 전쟁이나 에이즈보다 훨씬 더 많은 사람들이 자동차사고로 사망하거나 불구가 되었다. 세계보건기구는 2020년에는 사망이나 불구의 원인으로 자동차가 3위를 차지할 것으로 내다본다. 전쟁은 8위, 에이즈는 10위다.

보행자 사냥은 라틴아메리카 대도시들에서 그저 매일 반복되는 일상생활의 일부가 되어 버렸다. 이곳에서는 네 바퀴 달린 장갑판이 지배층 혹은 지배라도 하는 것처럼 행동하는 자들의 전통적인 우월감을 자극한다. 운전면허증은 무기소지허가증이나 같아서 사람을 죽여도 된다는 허가를 내주는 것이나 마찬가지다. 추월하는 사람을 짓뭉개 버릴 준비가 되어 있는 정신 나간 사람들이 날로 늘어만 간다. 불안의 히스테리 시대인 최근에는 늘 존재하는 뻔뻔한 건달짓거리뿐 아니라, 습격과 납치에 대한 심한 공포도 추가로 생겨났다.

신호등의 빨간불이 켜지면 차를 멈추는 일은 날이 갈수록 드문 일이 되었다. 어떤 도시에서는 빨간불이 속도를 더 내라는 명령이 되기도 한다. 영원한 공포의 벌을 받는 소수 특권층은 현실에서 도피하기 위해 가속 페달을 밟고, 현실은 자동차의 닫힌 창문 맞은편에 고개를 숙이고 있는, 대단히 위험한 그 무엇이 되어 버렸다.

1992년, 네덜란드의 암스테르담에서 국민투표가 있었다. 자전거와 보행자들의 천국인 암스테르담 시민들은 자동차 통행구역을 반으로 줄이기로 결정했다. 3년 후, 이탈리아의 피렌체는 자동차의 독재, 자동차 지배주의에 반기를 들고 일어섰고, 도심 전역에 자가용차 통행을 전면 금지시켰다. 피렌체 시장(市長)은 전차, 지하철, 버스, 보행자 통로가 점차 늘어남에 따라 자가용 통행금지를 피렌체 시 전역으로 확대 실시할 것이라고 했다. 자전거도 마찬가지다. 시가 추진하는 계획안에 따르면, 자전거 전용 도로를 따라 페달을 밟으면 아무런 위험 없이 도시 구석구석을 통과할 수 있을 것이다. 자전거라는 교통수단은 값이 싸고 소모하는 것도 없으며 공간도 매우 적게 차지하고 대기를 오염시키지도 않고 아무도 죽이지 않는다. 자전거는 약 5세기 전에 피렌체에 살았던 레오나르도 다 빈치가 발명했다.

현대화, 자동차화. 당신의 자유를 훔친 후 나중에 당신에게 되팔고, 당신의 다리를 자른 후 나중에 자동차나 운동기구를 사라고 강요하는 문명의 저의를 고발하는 소리는 엔진의 굉음 때문에 들리지 않는다. 자동차가 지배하는 도시의 악몽이 세상에서 유일하고도 가능한 삶의 모델로 강요된다. 라틴아메리카 도시들은 800만 대의 자동차가 사람들에게 명령을 내리는 로스앤젤레스와 비슷해지기를 꿈꾼다. 창조 대신에 똑같이 찍어 내는 훈련에 돌입한 지 500년이 된 우리 라틴아메리카 사람들은 그 현기증 나는 상황의 기괴한 복사본이 되길 갈망한다. 운명이 모방자로 정해져 있다면, 우리는 최소한 무엇을 모방할 것인가를 선택할 때 조금 더 신중해야 하지 않을까?

밤이면, 보지 않기 위해 불을 켠다.

– 메르세데스 라미레스(Mercedes Ramírez)에게서 들은 말

고독의 교육학

- 소비사회 연구
- 집중 과정: 소통 불능

소비사회 연구

탄탈로스의 고통은 가난한 사람들을 고통스럽게 한다. 갈증과 굶주림의 벌을 받은 가난한 사람들은 광고가 보여 주는 진수성찬을 눈으로만 쳐다봐야 하는 벌도 받고 있다. 입을 가까이 하거나 손을 조금만 뻗으려 하면, 그 놀라운 것들이 멀어져만 간다. 누군가가 기습적으로 몸을 날려 하나라도 낚아채기만 하면 감옥행이나 묘지행이다.

플라스틱 산해진미, 플라스틱 꿈. 텔레비전이 모든 사람들에게 약속하고 극소수에게만 허용하는 천국은 플라스틱으로 만들어졌다. 그것을 위해 우리가 존재한다. 물건은 날이 갈수록 점점 더 중요해지고, 사람은 날이 갈수록 점점 덜 중요해지는 이 문명사회에서 목적은 수단에게 납치됐다. 물건이 당신을 사고, 자동차가 당신을 조종하며, 컴퓨터가 당신을 프로그래밍하고, 텔레비전이 당신을 본다.

세계화, 바보화

불과 몇 년 전까지만 해도, 아무에게도 빚 하나 지지 않은 사람은 정직하고 성실한 생활을 보여 주는 훌륭한 귀감이었다. 오늘날 그런

이는 외계인이다. 빚지지 않은 사람은 존재하는 것이 아니다. 나는 빚진다, 고로 존재한다. 신용이 없는 사람은 이름도 얼굴도 가치가 없다. 신용카드는 존재할 권리를 증명해 준다. 빚, 그것은 아무것도 가진 게 없는 사람이 가지는 것이다. 어떤 사람이든 어떤 나라든 이 세상에 속해 있다면 최소한 한 쪽 발은 그 덫에 걸려 있다.

금융체계로 바뀌어 버린 생산체계는 더 많은 소비자를 만들어 내기 위해 더 많은 빚꾸러기를 만들어 낸다. 한 세기도 더 전에 이런 상황을 내다본 카를 마르크스는 수익률 하락과 과잉생산 추세가 체제에 무한 성장을 강요하고 '근대적 은행주의'에 기생하는 벌레들의 권력을 정신이 나갈 정도로 확대시키라 강요한다고 경고했다. 그는 그 기생충을 "생산에 대해서는 낫 놓고 기역 자도 모르고, 전혀 관계도 없는 패거리들"이라고 규정했다.

지금 이 세계에서 소비의 폭발은 전쟁보다 더 많은 소음을 일으키고, 카니발 축제보다 더 많은 소동을 발생시킨다. 터키의 오래된 속담이 잘 말해 주듯 "홀짝홀짝 마시는 사람이 두 배로 더 취한다." 떠들썩한 이 술잔치는 시선을 멍하게 하고 흐리게 만든다. 전 지구적인 이 거대한 취기는 시간에서도 공간에서도 끝 가는 줄 모른다. 그러나 소비문화는 북 소리처럼 요란하다. 속이 비어 있기 때문이다. 그리고 진실의 순간이 와서 호들갑스러운 소란이 멈추고 축제가 끝나면, 술꾼은 홀로 정신이 든다. 값을 치러야만 하는 깨진 그릇과 제 그림자만이 그의 곁에 있을 따름이다. 수요의 폭발은 동일한 시스템을 강요하는 여러 국경과 충돌을 일으킨다. 그 시스템은 폐가 공기를 필요로 하는 것처럼 더욱 열려 있고 더욱 넓은 시장을 필요로 한다. 동시에 원자재

++ 가난

사람들이 말하는 가난한 사람이란 낭비할 시간이 없는 사람들이다.
사람들이 말하는 가난한 사람이란 조용하게 살 수도 없고, 조용함을 살 능력도 없는 사람들이다.
사람들이 말하는 가난한 사람이란 나는 법을 잊어버린 암탉의 날개처럼 걷는 법을 잊어버린 다리를 가진 사람들이다.
사람들이 말하는 가난한 사람이란 쓰레기를 먹으며 마치 음식이라도 되는 양 돈을 내는 사람들이다.
사람들이 말하는 가난한 사람이란 마치 공기라도 되는 양 10원 한 장 내지 않고 똥을 먹을 권리가 있는 사람들이다.
사람들이 말하는 가난한 사람이란 텔레비전 채널 두 개를 놓고 하나를 택할 자유 외에는 아무런 자유도 없는 사람들이다.
사람들이 말하는 가난한 사람이란 기계와 함께 열정적이고 극적인 인생을 사는 사람들이다.
사람들이 말하는 가난한 사람이란 항상 다수지만 항상 외로운 사람들이다.
사람들이 말하는 가난한 사람이란 자신들이 가난하다는 것을 모르는 사람들이다.

값과 노동력 비용은 지금처럼 정말 바닥에서 헤어나지 말아야 한다. 그 시스템은 모두의 이름으로 말하고, 모두를 향해 자신의 강압적인 소비 명령을 내리며, 모두에게 구매 열기를 확산시킨다. 그러나 방법이 없다. 거의 모두를 대상으로 한 이 모험은 TV 브라운관에서 시작하고 끝이 난다. 물건을 소유하기 위해 빚을 지는 대다수 사람들은 또 다른 빚을 만들어 내는 빚을 갚기 위해 오로지 빚만을 거머쥔 채 끝이 나고 만다. 또 환상을 소비하며 끝을 맺기도 하는데, 이것은 종종 범죄로 구체화된다.

사회학자인 토마스 모울리안(Tomás Moulian)은 신용의 대량 확산 때문에 칠레의 일상 문화가 소비의 상징 — 예를 들면, 외모는 인격의 핵심, 속임수는 생활방식, '48개월 할부 유토피아' 등 — 을 중심으로 회전하고 있다고 경고한다. 소비 모델은 1973년에 호커 헌터 제트기가 살바도르 아옌데(Salvador Allende) 대통령 궁을 폭격하고, 피노체트 장군이 기적의 시대를 연 이래 세월을 따라 꾸준히 강요되어 왔다. 사반세기 후인 1998년 초, 「뉴욕 타임스」는 그 쿠데타가 "정체된 바나나 공화국이었다가 라틴아메리카 경제의 별로 떠오른 칠레의 변신에 물꼬를 튼 사건"이었다고 주장했다.

그 별이 얼마나 되는 칠레 사람들에게 빛을 비추었는가? 국민의 4분의 1은 절대 빈곤으로 허덕인다. 호르헤 라반데로(Jorge Lavandero) 기민당 상원의원은 칠레의 최고 부자 100명이 국가가 매년 사회복지 사업에 지출하는 예산보다 더 많은 돈을 벌고 있다고 말했다. 미국의 마크 쿠퍼(Marc Cooper) 기자는 소비의 천국에서 수많은 사기꾼을 찾아냈다. 예를 들면, 차 내에 에어컨 장치가 없다는 사실을 속이기 위해 창문을 닫고 쪄죽는 사람들, 장난감 휴대전화로 이야기하는 사람들, 감자나 바지를 12개월 할부 신용 카드로 사는 사람들이 그들이다. 그는 또한 대형 슈퍼마켓 '점보'에서도 일부 성난 노동자들을 발견했다. 그들은 토요일 오전, 제일 비싼 물건들만 골라서 카트에 넘치도록 싣고, 이 통로 저 통로를 잠시 과시하며 다니다가 물건이 가득 찬 카트를 버리고, 껌 하나 사지 않고 옆길로 새 버린다.

++ 희생자

1998년 가을, 부에노스아이레스 시내 한복판에서 한눈팔던 보행자가 버스에 치여 죽었다. 희생자는 휴대전화로 이야기하며 길을 건너던 중이었다. 이야기하던 중에? 이야기하는 척하는 거였다. 전화는 장난감이었으니까.

++ 마술

몬테비데오의 가난한 변두리인 세로노르테(Cerro Norte) 마을에서 한 마술사가 거리공연을 벌였다. 가느다란 막대기를 한 번 치니 주먹이나 모자에서 1달러가 튀어나왔다.

공연이 끝나자 마술지팡이는 사라졌다. 이튿날, 동네 사람들은 신발도 신지 않은 한 소년이 손에 마술지팡이를 들고 거리를 활보하는 것을 보았다. 그는 보이는 것은 무엇이든 그 지팡이로 내려치고서, 무언가를 기대하며 멈춰 있곤 했다. 아홉 살 난 그 어린이도 같은 동네의 여느 어린이들처럼 본드를 넣은 비닐 봉투에 코를 박고 흡입하곤 했다. "그렇게 하면 난 다른 나라로 가거든요."

극소수의 특권인 낭비할 권리를 모두의 자유라고들 한다. 네가 얼마나 소비하는지 말해 주면, 너의 값어치가 얼마인지 말해 줄게. 이 문명은 꽃도 닭도 사람도 가만히 잠들게 내버려 두지 않는다. 꽃은 더 빨리 자라기 위해 온실에서 잠시도 쉬지 않고 빛을 받아야만 한다. 달걀 공장의 암탉들에게도 밤은 금지되어 있다. 그리고 사람들도 돈을 갚아야 하는 고민과 구매욕으로 불면의 벌을 받는다.

이런 생활은 사람들에게는 그다지 좋지 않지만, 제약 산업에는 대단히 좋다. 미국은 세계시장에서 합법적으로 판매되는 진정제, 우울증 치료제, 그 외의 화학약제의 절반을 소비하고, 불법으로 판매되는 금지 약제의 절반 이상을 소비한다. 이는 미국 인구가 세계 인구의 겨우 5%를 차지하는 점을 고려하면 결코 하찮은 수치가 아니다.

몬테비데오의 부세오(Buceo) 마을에 사는 한 여인은 "불행한 사람들, 그들은 비교하면서 살아가는 사람들"이라며 한탄한다. 언젠가 그렇게 노래한 탱고가 있었듯이 더 이상 존재하지 않는다는 고통은 이제 소유하지 않는다는 수치스러움에 자리를 내주었다. 가난한 사람은

++ 농담이야 2

모스크바를 빠져나오던 차 한 대가 산산조각이 났다. 잔해 속에서 가까스로 살아남은 운전자는 이렇게 신음했다.

"내 메르세데스…… 내 메르세데스……."

누군가 말했다.

"하지만 선생…… 차가 무슨 소용이요? 팔 하나를 잃어버린 걸 모르시겠소?"

팔이 잘려 나간 자리를 쳐다보며, 그는 이렇게 흐느꼈다.

"내 롤렉스…… 내 롤렉스……."

불쌍한 사람이다. 부에노스아이레스의 비야피오리토(Villa Fiorito)에 사는 한 청년은 "당신이 아무것도 가진 게 없으면, 스스로 아무런 가치도 없는 사람이라고 생각하게 될 것이다."라고 말한다. 도미니카의 산프란시스코데마코리스(San Francisco de Macorís)에 사는 또 다른 청년은 "우리 누나들은 유명 상표를 위해 일한다. 메이커 제품을 사면서 살고, 할부금을 갚기 위해 비지땀을 흘리며 산다."고 말한다.

시장의 보이지 않는 폭력은 이렇다. 다양성은 수익성의 적이고, 획일성만이 지배한다. 엄청난 규모의 대량생산은 사방에 의무적인 소비 기준을 강요한다. 이러한 의무적 획일화의 독재는 그 어떤 일당 독재보다 더 파괴적이다. 모범 소비자의 복사본 같은 인간을 재생산하는 생활방식을 전세계에 강요한다.

모범 소비자는 조용한 사람이다. 양과 질을 혼동하는 이 문명은 비만과 섭생도 혼동한다. 과학 잡지 『란세트(*The Lancet*)』에 따르면, 최근 10년 동안 '고도 비만'이 선진국의 젊은층에서 약 30% 증가했다. 콜로라도 대학 건강과학센터의 최근 연구에 따르면, 지난 16년 동안 미국의 비만 아동은 40%나 증가했다. 라이트 음식과 음료, 다이어트

++ 농담 아니야 2
1998년 봄, 오스트리아 빈에서 새로운 향수가 탄생한다. TV 카메라가 돌아가는 가운데 오스트리아 은행의 비밀금고실에서 향수 명명식을 갖는다. 이제 막 태어난 어린 것이 **캐시**(Cash, 현금)라는 이름에 화답하며 자극적인 돈 냄새를 내뿜는다. 이 향수의 등장은 독일의 도이치 방크 본점과 스위스의 스위스 은행 연합에서도 광고를 탄다.
캐시 향수는 최고급 부티크나 인터넷에서만 판매된다.
"캐시가 향수계의 페라리(Ferrari)가 되었으면 합니다."라는 게 캐시를 만들어 낸 사람들의 바람이다.

음식, 무지방 식품을 만들어 낸 나라에 지구상에서 가장 많은 뚱보가 산다. 모범 소비자는 일할 때와 텔레비전 볼 때만 차에서 내린다. 작은 브라운관 앞에 앉아서 쓰레기 음식을 먹어 치우며 하루 네 시간을 소비한다.

음식을 가장한 쓰레기가 쾌재를 부른다. 이 산업은 세계인의 미각을 식민지화하고, 각 지방의 음식 전통을 산산이 파괴한다. 한 나라에서 수천 년 이상 전해 내려오는 동안 세련되고 다양해진 좋은 식습관은 부자의 밥상만이 아니라 모든 사람의 부뚜막에 살아 있는, 우리 모두의 유산이다. 그러나 그 전통, 그 문화 정체성의 표시, 그 인생의 축제는 화학적인 단 하나의 맛에 눌려 가차 없이 찌그러지고 만다. 바로 햄버거의 세계화, 패스트푸드의 독재다. 전세계 규모로 이루어지는 음식의 플라스틱화는 맥도날드와 버거킹 그리고 몇몇 다른 업체의 작품으로 요리의 민족 자결권을 무참히 짓밟는다. 그 권리는 신성하다. 우리 모두 잘 알고 있는 것처럼 정신으로 향하는 여러 입구 가운데 하나가 바로 입이기 때문이다.

1998년 월드컵은 이런 저런 일 중에서도, 마스터카드가 근육을 발달시켜 주고, 코카콜라는 변치 않는 청춘을 제공하며, 훌륭한 운동선수 중에 맥도날드 감자튀김을 먹지 않는 선수가 없다는 사실을 확실하게 보여 주었다. 거대한 맥도날드 부대는 지구상 모든 어린이와 어른의 입을 향해 햄버거를 발사한다. 맥도날드사의 'M' 자가 그려내는 두 개의 아치는 최근 동유럽 국가 정복 기간에 정복군의 깃발 역할을 했다. 1990년, 온갖 요란스러움과 허식 속에 개장한 모스크바 맥도날드 매장 앞에 길게 늘어선 줄은 베를린 장벽의 붕괴만큼이나 웅변적으로 서구의 승리를 상징한다.

자유세계의 미덕을 보여 주는, 시간이 남긴 흔적을 하나 보자. 맥도날드는 종업원들이 노조를 결성할 자유를 인정하지 않는다. 자신들이 진출한 수많은 나라에서 맥도날드는 신성한 법적 권리를 무참히 짓밟고 있다. 1997년, 회사 측이 '맥 패밀리'라고 부르는 종업원들 중의 일부가 몬트리올의 한 매장에서 노조를 결성하려 했다. 그 매장은 문을 닫았다. 그러나 1998년 또 다른 종업원들이 밴쿠버 근처의 작은 도시에서 위업을 이루었다. 기네스북에 오를 만한 일이었다.

1996년, 헬렌 스틸(Helen Steel)과 데이비드 모리스(David Morris)라는 영국의 환경운동가 두 명이 맥도날드를 상대로 소송을 제기했다. 종업원 학대와 자연 파괴, 동심을 상업적으로 조작한 혐의로 고발한 것이다. 직원들은 형편없는 임금을 받고 열악한 조건에서 일하면서도 조합에 가입할 수 없다. 햄버거에 쓰이는 고기를 생산하기 위해 열대우림을 파괴하고, 원주민을 약탈한다. 수백만 달러를 쏟아 붓는 광고는 영양의 가치가 대단히 의심스러운 음식을 어린이들이 선호하도록 유도함으로써 국민 건강의 악화를 노린다. 처음에는 코끼리 등의 모기 물린 자국처럼 미미했던 이 소송은 대단한 반향을 불러일으켰고, 여론이 무시해 마지않는 갖가지 정보를 널리 알리는 데 기여했으며, 권력의 뻔뻔함에 길들여진 한 기업에게는 값비싼 만성 두통을 안겨 주었다. 결국 이야기는 권력으로 돌아간다. 맥도날드는 미국에서 금속 기계산업에 종사하는 노동자보다 더 많은 사람들을 고용하고 있고, 1997년에는 아르헨티나와 헝가리의 수출액을 넘어서는 매출액을 기록했다. 빅맥(Big Mac)은 너무나 아무것도 아니지만 너무나 중요해서 많은 나라에서 빅맥의 가격이 종종 국제 금융 거래의 가치척도로 이용된다. 가짜 음식이 가짜 경제를 이끌고 있는 셈이다. 브라질의 맥도날드 광고를 보면, 맥도날드의 최고 히트 상품인 빅맥은 사랑과 같다. 두 몸이 치즈와 오이 피클에 흥분하여 타르타르소스를 흘리면서 서로 키스하며 껴안고 있고, 양파로 된 심장은 양상추의 푸른 희망에 고무되어 불타오른다.

저렴한 가격과 짧은 시간, 인간 기계는 연료를 공급받는 즉시 생산

++ 얼굴과 가면 1

가난한 사람만이 못생기고 늙는 벌을 받는다. 나머지 사람들은 본래 얼굴과 몸을 수정한다. 시간 흐름을 막기 위해 자신이 필요한 머리카락, 코, 눈꺼풀, 입술, 광대뼈, 유두, 배, 엉덩이, 근육, 종아리를 돈으로 살 수 있다. 성형수술실은 원하는 얼굴과 몸매, 나이를 제공하는 쇼핑센터다. "성형수술은 정신의 필수품"이라고 말한 사람은 아르헨티나의 로댕인 로베르토 셀리코비치(Roberto Zelicovich)다. 리마에서는 주머니사정만 허락하면 누구든지 완벽한 코와 흰 피부를 가질 수 있다는 광고 포스터를 볼 수 있다. 페루 텔레비전은 페루 원주민의 매부리코를 고기 완자 모양의 자그마한 코로 바꾸는 수술을 한 어느 청년을 인터뷰했다. 그는 정면과 옆면에서 자신의 코를 자랑스럽게 드러내보였다. 이젠 여자들에게 인기가 좋다고도 말했다.

로스앤젤레스, 상파울루, 부에노스아이레스 같은 도시에서는 돈 있는 사람들이 마치 치과에 가는 것처럼 성형외과 수술실을 들락거리는 사치를 한다. 어느 정도 시간이 흐르고, 몇 차례의 수술을 거치고 나면 모두 똑같아진다. 남성은 주름 하나 없는 미라의 얼굴이고, 여성은 드라큘라의 애인으로 변한다. 그들은 어느 정도 표현의 어려움을 겪는다. 윙크라도 한 번 하면 배꼽이 딸려 올라갈 지경이니 말이다.

체제에 되돌려준다. 1983년, 독일 작가 귄터 발라프(Günter Wallraff)가 이 주유소들 중 한 군데에서 일한 적이 있다. 함부르크에 있는 한 맥도날드 매장에서 일한 적이 있다. 그는 회사가 맥도날드라는 이름으로 어떤 일을 자행하는지는 순진할 만큼 알지 못했다. 그는 끓는 기름 방울을 맞아 가면서 쉴 새 없이 뛰어다니며 일했다. 해동된 햄버거는 10분 동안만 먹을 만하다. 10분이 지나면 악취를 풍기기 때문에 그 전에 지체 없이 철판에 던져야 한다. 감자튀김, 채소, 고기, 생선, 닭고기 등의 모든 음식 맛이 똑같다. 그것은 화학 산업이 지시하는 대로 만들어 낸 인공의 맛이다. 게다가 고기에 포함된 지방 함량이 25%나 된다는 사실, 그것도 색소를 첨가했다는 사실을 숨기는 데 온힘을 다한다. 이 불량식품은 세기말에 가장 성공을 거둔 음식이다. 맥도날

++ 얼굴과 가면 2

라틴아메리카 도시들도 '리프팅(lifting)'을 한다. 나이와 정체성의 지우개. 주름도 없고, 코도 없이 도시들은 점점 더 기억력을 상실해 가고, 점점 더 자기 자신과 멀어져 가며, 점점 서로 똑같아진다.

똑같이 높은 건물, 기둥, 정육면체, 원통이 자신들의 존재를 강요하고, 세계 유명 메이커들의 똑같은 대형 광고가 도시 풍경을 넘치도록 채운다. 의무적 복제화의 시대에서 진정한 도시 계획자들은 광고인들이다.

드의 요리사들은 일리노이 주의 엘크그로브(Elk Grove)에 있는 햄버거 대학에서 양성된다. 그러나 정통한 소식통에 따르면, 맥도날드 소유주들은 '에스닉 푸드'라는 세련된 음식을 내놓는 값비싼 레스토랑을 선호한다. 초밥이나 타이, 이란, 자바, 인도, 멕시코 등의 음식……. 선택된 사람들은 자기가 골라서 누릴 수 있는 것은 다 누리고, 그렇지 않은 것만 던져 준다. 차별 없이 모든 것이 평등한 세상은 아닌 모양이다.

소비 군중은 만국 공용어의 명령을 받는다. 광고는 에스페란토어가 하지 못한 일을 해냈다. 누구든 어디에서든 텔레비전이 던지는 메시지를 이해한다. 20세기의 마지막 25년 동안 전세계의 광고비는 두 배로 늘어났다. 덕분에 가난한 어린이들은 갈수록 콜라는 많이 마시고 우유는 적게 마신다. 여가 시간은 의무적 소비 시간이 되고, 자유 시간은 감옥 같은 시간이 된다. 아주 가난한 가정에 침대는 없어도 텔레비전은 있고, 텔레비전은 발언권을 갖는다. 할부로 구입한 그 작은 동물은 발전의 민주주의적 천명을 입증한다. 아무도 듣지 않지만, 모든 사람에게 얘기한다. 못사는 사람과 잘사는 사람 모두 자동차 최신 모델의 좋은 점이 무엇인지 알고, 못사는 사람과 잘사는 사람 모두 어느 은행의 이율이 얼마나 이득이 되는지도 안다.

상파울루 거리에서 만난 한 노파가 혼자서 이런 말을 하고 또 했다. "가난한 사람은 주위에 아무도 없는 사람이다." 갈수록 사람들은 더 많아지지만, 갈수록 사람들은 더 혼자다. 무수한 혼자는 대도시에서 서로 밀치며 살아가는 군중을 형성한다. "실례지만, 제 눈에서 팔꿈치 좀 빼 주시겠습니까?"

전문가들은 물건을 외로움을 달래는 마술사의 주문으로 바꿀 줄 안다. 물건은 인간의 속성을 지녔다. 쓰다듬고, 같이 있어 주고, 이해해 주고, 도와준다. 향수는 당신에게 키스해 주고, 자동차는 절대 실수하지 않는 친구다. 소비문화는 고독을 시장에서 가장 수지맞는 품목으로 만들었다. 가슴에 뚫린 구멍은 그 구멍을 물건으로 가득 채우거나 가득 채우는 꿈을 꾸는 것으로 메워진다. 그리고 물건은 껴안을 수 있는 것만이 아니다. 물건은 신분상승의 상징이 될 수도 있고, 계급사회의 세관을 통과하기 위한 허가증이 될 수도 있으며, 출입 금지된 문을 여는 열쇠가 될 수도 있다. 흔하지 않을수록 더 좋다. 물건이 당신을 택하고, 군중의 익명성에서 당신을 구한다. 광고는 판매하는 물건의 정보를 제공하지 않는다. 아주 드물게는 예외도 있지만 말이다. 정보 제공이야말로 제일 하찮은 일이다. 가장 중요한 임무는 절망을

보상하고 환상을 심는 일이다. 당신은 이 면도용 로션을 사면서 어떤 사람으로 바뀌고 싶습니까?

범죄학자인 앤터니 플랫(Anthony Platt)은 길거리에서 발생하는 범죄가 단지 지독한 가난 때문만이 아니라 개인주의 윤리의 소산이기도 하다고 분석했다. 그는 또 성공해야 한다는 강박관념이 물건을 불법으로 소유하려는 욕심에 결정적 영향을 미친다고 했다. 돈이 행복을 가져다주는 것은 아니라는 얘기를 늘 듣고는 있지만, 가난한 TV 시청자들은 돈이 행복 혹은 행복과 대단히 비슷한 무언가를 가져다줄 것이라고 믿는다. 행복과 사이비 행복의 차이를 가리는 것은 전문가의 영역이다.

역사학자인 에릭 홉스봄(Eric Hobsbawm)에 따르면, 처음 경작이 시작된 구석기 말 이후 20세기는 농업에 중심을 두고 살아온 인간 생활 7,000년의 세월에 종지부를 찍은 시기다. 세계는 모두 도시화되고, 농민은 도시민이 되었다. 라틴아메리카의 논밭에는 사람 하나 없고, 도시에는 거대한 개미집이 있다. 세계에서도 손꼽히는 대도시들이면서 가장 불합리한 곳이다. 수출에 기반을 둔 현대 농업과 손바닥만한 땅덩이의 침식 때문에 쫓겨난 농민들은 도시 변두리로 쳐들어간다. 그들은 어느 곳에 가든 신이 함께한다고 믿지만, 신은 대도시만 돌본다는 사실을 경험으로 안다. 도시는 일자리와 풍요로움, 자식의 미래를 약속한다. 농촌에서는 기다림에 지친 사람들이 흘러가는 인생을 지켜보다가 하품하면서 세상을 떠난다. 반면, 도시에서는 사람이 죽든 말든 인생은 멈추지 않고 계속된다. 도시에 처음 온 사람들이 누추한 방에 콩나물처럼 짓눌려 살면서 제일 먼저 발견하는 것은 모자라는 일자리와 남아도는 인력, 그 어느 것도 공짜는 없다는 것, 가장 비싼 사치품은 공기와 조용함이라는 사실이다.

14세기가 태동할 무렵, 조르다누 다 히발투(Giordano da Rivalto) 신부는 피렌체에서 도시를 찬양하는 연설을 했다. 그는 "사람들이 서로 모이고 싶어 하기 때문에" 도시가 커진다고 말했다. 서로 모인다, 서로 만난다. 지금은 누가 누구와 만나는가? 희망은 현실과 만나는가? 욕망은 세상과 만나는가? 그리고 사람들은 사람들과 만나는가? 인간관계가 물건 사이의 관계로 축소되었다면, 얼마나 많은 사람들이 물건과 만나는가?

세계가 커다란 TV 화면으로 변하려 한다. TV 속 물건은 바라보는

++ 각종 기념일

크리스마스가 예수 탄생을 축하하기 위한 것인지, 상업의 신인 머큐리(Mercury)를 기리기 위한 것인지는 알 길이 없다. 그래도 의무적으로 물건을 사야 하는 여러 날에 새로 이름을 붙이는 일에 바쁜 사람은 머큐리임이 틀림없다. 어린이날, 아버지날, 어머니날, 할아버지의 날, 연인의 날, 친구의 날, 비서의 날, 경찰의 날, 간호사의 날 등등……. 영리를 목적으로 한 달력에는 날이 갈수록 아무개의 날이 늘어만 간다.

이 추세대로 간다면, 머지않아 미지의 악당이나 무명의 타락자, 살아남은 노동자에게 경의를 표하는 날도 있게 될 것이다.

++ 대단한 날

쓰레기를 먹으며, 쓰레기 집에서, 쓰레기로 삶을 연명하고, 쓰레기에서 산다. 그러나 1년에 한 번, 마나과의 쓰레기 수레들은 최다 관객 동원 행사의 주인공이 된다. '벤허의 마차 경기'는 '니카라과의 미국화'에 한 몸을 바치기 위한 일념으로 마이애미에서 돌아온 어느 기업인의 구상에서 시작되었다.

쓰레기 수레 위에 올라선 청소부들은 주먹을 높이 쳐들어 니카라과 대통령, 주니카라과 미국 대사, 귀빈석을 빛내는 당국자들에게 인사한다. 청소부들은 항상 입는 누더기 위에 폭넓은 총천연색 망토를 걸치고, 머리에는 로마 전사들의 깃털 달린 헬멧을 쓴다. 다 찌그러져 가는 수레는 **스폰서**들의 이름이 잘 보이도록 새로 단장을 했다. 주인처럼 굶주려서 비루먹고 주인처럼 벌을 받고 있는 말들은 주인에게 영광, 혹은 음료 상자를 선사하기 위해 날아오를 준마들이다.

트럼펫이 비명을 지른다. 깃발이 내려가고, 경기가 시작된다. 피골이 상접한 말의 엉덩이에 채찍은 사정없이 내려쳐지고, 군중은 흥분하여 이성을 잃고 외친다. "코카콜라! 코카콜라!"

것이지 만질 수는 없다. 판매되기를 기다리는 상품은 공공의 공간을 침략하여 자기 것으로 만든다. 불과 얼마 전까지만 해도 만남의 장소였던 버스 터미널이나 기차역은 이제 상업 전시공간으로 탈바꿈하고 있다. 모든 쇼윈도의 쇼윈도라 할 수 있는 쇼핑센터나 쇼핑몰은 자신의 위압적 존재를 억지로 주입한다. 군중은 소비의 미사가 열리는 이 대사원에 순례자가 되어 참석한다.

신앙심이 돈독한 신도들의 대부분은 제 주머니로는 감당할 수 없는 물건들을 황홀경에 빠져 바라보고, 소비할 수 있는 소수만이 끊임없이 퍼붓는 판매 공세에 굴복한다. 군중은 에스컬레이터를 타고 오르내리며 세계 일주를 한다. 마네킹은 밀라노나 파리에서처럼 옷을 입고, 기계는 시카고에서처럼 소리를 낸다. 보고 듣는 데는 돈을 내지 않아도 된다. 촌에서 왔거나, 혹은 도시에서 왔어도 아직 이 현대적 행복의

축복을 받지 못한 곳에서 온 여행객은 세계 유명 상표 밑에서 사진을 찍기 위해 포즈를 취한다. 예전에 마을 광장에 세워진 유명 인사의 동상 발치에서 그랬듯이 말이다. 베아트리스 사를로(Beatriz Sarlo)는 변두리 주민들이 마을 중심지를 드나들듯이 이젠 센터, 즉 쇼핑센터를 찾는다고 말한다. 과거에 주말이면 도시 중심가로 산책을 나가곤 했는데, 이젠 도시 속의 이 오아시스로 유람을 떠나는 일로 대치되고 있다. 깨끗이 몸단장하고, 잘 다린 옷을 입고, 깔끔하게 머리단장도 하고, 제일 좋은 옷을 차려입은 방문객은 초대받지는 않았으되 구경꾼은 될 수 있는 파티에 참석한다. 가족 모두 소비의 우주를 도는 우주선을 타고 여행을 떠난다. 그곳에는 시장의 미학에 바탕을 두고 모델, 메이커, 상표가 어울린 환각의 풍경이 선보인다.

소비문화, 허망의 문화는 모든 것을 즉시 못쓰게 만드는 벌을 내린다. 모든 것은 팔아야 한다는 필요성에 따르기 위해 현기증 나는 유행 속도에 맞춰 변한다. 물건은 덧없는 삶을 사는 또 다른 물건으로 대치되기 위해 눈 깜짝할 새에 나이 든다. 세기말에 유일하게 영원한 것은

++ 전 지구적 경기장

축구가 지금과 같은 형태를 갖추게 된 것은 1세기가 조금 넘는다. 축구는 영어를 구사하면서 태어났고, 여전히 영어로 말하고 있지만, 예전에는 훌륭한 '포워드'의 가치와 '드리블' 능력을 그토록 열렬히 찬양했던 것처럼 지금은 능력 있는 '스폰서'의 가치와 '마케팅' 능력을 찬양하는 소리가 들린다.

누가 돈을 내느냐에 따라 챔피언십의 이름이 달라진다. 아르헨티나 챔피언십은 펩시콜라다. 세계 청소년 축구 챔피언십은 코카콜라다. 대륙간 클럽 토너먼트전은 도요타 컵이다.

세계에서 가장 인기 있는 이 스포츠의 팬들에게, 또 전 지구적으로 열정에 심취한 사람들에게 축구팀의 유니폼 티셔츠는 성스러운 망토이자 제2의 피부이며 또 다른 가슴이다. 그러나 축구팀 유니폼은 걸어 다니는 광고판으로 변질되었다. 1998년, 오스트리아 빈의 래피드(Rapid) 팀 선수들은 한 번에 네 가지 광고를 보여 주었다. 티셔츠에는 은행 광고, 무역회사 광고, 자동차회사 광고가, 그리고 바지에는 신용카드 회사 광고가 부착되었다. 아르헨티나 축구팀의 숙적 리버 플레이트(River Plate)와 보카 주니어스(Boca Juniors)가 격돌하는 축구 경기가 부에노스아이레스에서 벌어지면, 킬메스(Quilmes)는 킬메스에 맞서 싸운다. 양 팀 모두 티셔츠에 똑같은 국산 맥주를 자랑한다. 급속한 세계화의 물결 속에서 리버 플레이트는 아디다스를 위해, 보카 주니어스는 나이키를 위해 경기를 한다. 거두절미하고 간단히 말하면, 1998년 월드컵 대회 결승에서 프랑스가 브라질을 격파한 것은 아디다스가 나이키를 이긴 것이라고 말할 수 있다.

불확실성이고, 영원성을 지니지 못한 물건은 그 물건을 만들 때 들어간 자본과 노동력만큼 쉽게 사라져 버린다. 돈은 어제는 저기에 있다가 오늘은 여기에 있고 내일은 어디에 있을지 모르는 빛의 속도로 날아간다. 모든 노동자는 잠재적 실업자다. 역설적으로, 덧없음의 왕국인 쇼핑센터는 확실성에 대해 가장 성공적 환상을 제공한다. 쇼핑센터는 시간을 넘어선 곳에, 나이도 없고 뿌리도 없이, 밤도 낮도 없고 기억도 없이, 그리고 공간을 넘어선 곳에, 위험한 현실의 혼탁함을 넘어선 곳에 존재한다. 이 복지의 성전에서는 더럽고 위협적인 바깥세상으로 나가지 않고도 무엇이든 다 할 수 있다. 최근에는 잠도 잘 수 있는 쇼핑 센터도 등장했다. 로스앤젤레스와 라스베이거스의 쇼핑센터에서는 호텔 서비스와 운동시설 서비스를 제공한다. 추위도 더위도 알지 못하는 쇼핑은 환경오염과 폭력에도 무사하다. 마이클 A. 페티(Michael A. Petti)는 세계 언론에 과학적인 충고를 내놓았다. 널리 알려진 <더 오래 살기(Viva más)>라는 시리즈에서였다. 페티 박사는 공기가 나쁜 도시에 살면서 더 오래 살기를 원하는 사람들에게 "백화점 안을 걸어 다녀라."라고 권한다. 오염의 버섯구름은 멕시코, 상파울루, 산티아고 데칠레 같은 도시 위에 걸려 있고, 모퉁이에는 범죄가 도사리고 있다. 하지만 깨끗한 공기, 누군가가 지켜주는 발걸음, 세상 밖에 존재하는 이 불감증의 세상 백화점에서는 위험 없이 숨쉬고 걷고 물건을 살 수 있다.

정도의 차이는 있지만, 로스앤젤레스든 방콕이든 부에노스아이레스든 글래스고든 쇼핑은 똑같다. 그러나 똑같다고 해서 고객 유치 경쟁을 안 해도 된다는 말은 아니다. 예를 들어, 「베자(*Veja*)」라는 잡지는 1991년 말, 포르투알레그레(Pôrto Alegre)에 있는 프라이아 지 벨라스(Praia de Belas) 쇼핑센터의 쇼핑 뉴스에 대해 이렇게 추켜세운다. "아이들이 편안하라고 유모차를 대여해 줌으로써 작은 소비자들의 산책을 돕는다." 그러나 모든 쇼핑센터가 제공하는 상품 중에서 가장 중요한 것은 안전이다.

사치품인 안전은 이 벙커에 들어오는 사람 누구에게나 손만 뻗으면 닿을 수 있는 곳에 있다. 끝도 없는 그 관대함 속에서 소비문화는 우리에게 지옥 같은 거리에서 도주할 수 있는 통행허가증을 선물한다.

++ 주사

50여 년 전, 작가 펠리스베르토 에르난데스(Felisberto Hernández)가 예언적 메시지가 담긴 이야기 한 편을 발표했다. 흰 옷을 입은 한 신사가 손에 주사기를 들고 몬테비데오의 전차에 올라타서, 승객 한 사람 한 사람의 팔에 친절하게 액체를 주사했다. 주사를 맞은 사람들은 얼마 지나지 않아 제 몸 어딘가에서 '엘 카나리오(El Canario)' 가구회사의 로고송을 듣기 시작했다. 그들은 핏속에 돌아다니는 그 광고를 꺼내기 위해 약국에서 주사 효과를 없애는 '엘 카나리오' 제약회사의 약을 사야만 했다.

자동차가 기다리고 있는 어마어마한 주차장 해변에 둘러싸인 이 섬들은 닫힌 공간, 보호받는 공간을 제공한다. 그곳에서 사람들은 소비를 권하는 소리를 듣고 사람들과 마주친다. 과거에 사람들은 서로 보고 싶은 마음에 이끌려 광장이나 공원, 재래시장 같은 열린 공간이나 카페테리아에 가곤 했다. 하지만 요즘 세상에 그런 실외 공간은 폭력의 위험에 지나치게 노출되어 있다. 쇼핑에는 위험도 없다. 국민의 경찰과 청원 경찰, 눈에 보이는 경찰과 보이지 않는 경찰은 수상한 사람을 길이나 감옥에 던져 버리는 일을 맡는다. 가난한 사람들은 자신들이 타고난 위험함을 꾸며서 감출 줄 모른다. 특히 가난한 사람 중에서도 피부색이 어두운 사람들은 결백을 증명할 수 있을 때까지 범죄자가 될 수도 있다. 그들이 어린이라면 상황은 더 나빠진다. 위험함은 나이에 반비례한다. 이미 1979년에 콜롬비아 경찰이 '남미경찰대회'에 제출한 보고서에 따르면, 청소년 담당 경찰은 위험한 미성년자들의 "악한 행위를 근절"하고, "그들의 존재가 백화점에서 야기하는 거추장스러움을 피하는" 일에 매달리기 위해 다른 업무를 포기할 수밖에 없었다.

축소된 도시로 변해 버린 이 거대한 슈퍼마켓들은 보이지 않고 보는 눈, 물건 사이로 거니는 사람들의 발길을 뒤따라가는 몰래 카메라 등 전자 감시 장치의 보호를 받는다. 그러나 전자공학이 금지된 선악과의 유혹에 무너질 법한 달갑잖은 사람들을 감시하고 혼내 주기 위해서만 쓰이지는 않는다. 현대 과학기술은 소비자들이 더 많이 소비하도록 만드는 데도 사용된다. 사이버 세상에서 시민권이 소비의 의무와 융합될 때, 대기업은 남몰래 소비자에게 따라붙어 탐정을 하고, 광고의 융단폭격을 가한다. 컴퓨터는 시민 한 사람 한 사람의 세세한 엑스레이 사진을 제공한다. 각자의 습관, 기호, 지출 내용이 어떤지 시민이 사용하는 신용카드, 현금인출기, 이메일을 통해 알 수 있다. 사실상 이런 것은 고성장 국가에서 많이 발생하는 일로서, 온라인 세상의 상업적 조작으로 인해 개인의 사생활은 시장의 원리에 봉사하기 위해 침해되고 있다. 예를 들어, 미국 사람이 자신이 무슨 물건을 사는지, 어떤 병을 앓고 있는지, 가진 돈은 얼마고 빚진 돈은 얼마인지 비밀로 유지하기는 갈수록 힘들어진다. 그 자료를 분석하면 어떤 새로운 서비스를 계약할지, 어디에서 새로이 대출을 받을 것인지 그리고 신상품을 얼마나 구매할 수 있을지 추측하는 것은 그다지 어렵지 않다.

시민 각자가 물건을 아무리 많이 사더라도 저들이 팔아야만 하는 엄청난 양에 비하면 언제나 새 발의 피일 뿐이다. 예를 들어, 최근 몇 년 동안 자동차 산업은 수요보다 더 많은 자동차를 생산했다. 라틴아메리카 대도시는 날이 갈수록 더 많이 사들인다. 끝은 어디인가? 내수시장과 해외시장의 주문 사이의 모순에 빠진 것처럼, 또 점점 높은 임금을 요구하는 소비에 대한 강박관념과 점점 낮은 임금을 강요

하는 경쟁의 의무 사이의 모순에 빠진 것처럼 건널 수 없는 한계가 있다.

예를 들어, 광고는 아무나 원하기만 하면 손에 넣을 수 있는 축복인 것처럼 자동차를 선전한다. 보편적 권리이자 민주적 정복인가? 만일 그것이 사실이라면, 그리고 만의 하나 모든 인간이 바퀴 넷 달린 그 부적의 행복한 소유자가 될 수 있다면, 지구는 공기 부족으로 인해 급사하고 말 것이다. 그리고 그 전에 에너지 부족으로 멈춰서고 말 것이다. 인류는 수백만 년 동안 축적해 온 석유의 상당량을 눈 깜짝할 새에 이미 다 써 버렸다. 자동차는 심장 박동 리듬에 맞춰 줄줄이 생산되는데, 그 자동차들은 지구가 매년 생산하는 모든 석유의 절반 이상을 게걸스럽게 먹어 치운다.

지구의 주인들은 지구가 마치 일회용인 것처럼 사용한다. 태어나자마자 바닥나는, 잠깐 사용하고 버리는 물건, 텔레비전에서 기관총처럼 쏟아내는 영상들, 잠시도 쉴 틈 없이 광고가 토해 내는 유행과 우상들. 그러나 우리가 어느 다른 별로 이사해 살 것인가? 신께서 별로 기분이 좋지 않아 지구를 사유화하기로 결심하시고, 몇몇 기업에게 지구를 팔아넘기셨다는 이야기를 우리가 믿어야만 하는가? 소비사회는 바보 사냥을 위한 함정이다. 칼자루를 쥔 사람들은 그 사실을 모르는 척하지만, 눈이 달린 사람이라면 누구나 이제 거의 남아 있지 않은 자연의 생존을 위해 반드시 적게, 아주 조금 소비하거나 혹은 전혀 소비하지 말아야 한다는 사실을 알고 있다. 사회의 불의는 시정해야 하는 잘못이나 극복해야 할 단점이 아니라 절대 불가결한 필수품이다. 지구 크기의 쇼핑센터를 먹여 살릴 만한 자연은 없다.

남반구의 대통령들은 제1세계로 진입시켜 주겠다고 약속한다. 우리 모두를 낭비 제국의 부유한 일원으로 만들어 줄 마법의 상승 행위다. 그러나 그들은 사기와 범죄행위찬양죄로 기소되어야 한다. 사기죄라 함은 불가능한 것을 약속하기 때문이다. 우리가 지구를 쥐어짜 씨를 말리는 사람들처럼 소비한다면, 우리에게 세상은 없다. 그리고 범죄행위찬양죄라 함은 마치 삶의 오르가슴인 것처럼 우리에게 제공되는 삶의 방식, 행복의 신호라고들 떠드는 소비의 착란상태가 우리의 몸을 병들게 하고, 정신을 못 쓰게 만들며, 집 — 항상 갈망해 온 이상적인 삶의 터 — 도 절도 없이 우리를 나앉게 하고 있기 때문이다.

집중 과정: 소통 불능

카를 폰 클라우제비츠*가 1세기 반 후에 다시 살아나서 채널을 이리저리 돌려 본다면, 전쟁은 다른 수단을 통한 텔레비전 방송의 연속이라고 말할 것이다. 땀구멍마다 폭력이 스며 나오는 세상에서 실제 현실은 실제 현실을 모방한 가상현실을 모방한다. 다들 잘 알고 있듯이 폭력은 폭력을 낳는다. 그러나 폭력을 흥행물로 판매하고 소비재로 둔갑시키는 폭력 산업으로 보자면 이익도 낳는다.

이제 목적이 수단을 정당화할 필요는 없다. 지금은 전 태양계 차원에서 자신의 가치를 강요하는 권력체계의 목적을 매스컴이 정당화한다. 세계 각국 정부의 교육부는 몇 안 되는 사람이 장악하고 있다. 그렇게 많은 사람이 그렇게 적은 사람 때문에 의사소통이 불가능했던 적은 유례가 없다.

표현의 권리는 들을 권리인가?

16세기, 가톨릭교회의 일부 신학자들은 소통할 권리라는 이름으로

* Karl von Clausewits, 1780~1831. 프로이센의 군인. 저서 『전쟁론』에서 "전쟁은 정치적 수단과는 다른 수단으로 계속되는 정치에 불과하다."고 한 말이 잘 알려져 있다.

++ 너의 비밀을 말해 봐 1
최근 말레이시아는 커뮤니케이션 네트워크를 재정비했다. 한 일본 기업이 이 일을 맡으려 했는데, 갑자기 미국의 AT&T사가 더 낮은 가격을 제시하면서 더 남는 장사라고 귀를 간질였다. AT&T가 계약을 따낼 수 있었던 것은 일본이 제시한 가격을 미리 감지하고 암호를 해독해 낸 미국국가안전보장국(NSA, National Security Agency)의 훌륭한 작업 덕택이었다.
정보 수집 기관인 NSA는 미국중앙정보국(CIA, Central Intelligence Agency)보다 네 배나 많은 예산을 확보하고, 세상 어느 곳이든 전화, 팩스, 이메일로 주고받는 모든 이야기를 점검하는 데 필요한 기술도 보유한다. 1분당 최고 200만 개의 대화를 가로채 들을 수 있다. NSA는 세계의 정치, 경제를 통제하는 활동을 하는데, 국가안전과 반테러 국제투쟁이 알리바이 구실을 한다. 그들의 감시체계는 그린피스(Greenpeace)나 국제사면위원회(Amnesty International)처럼 위험하고 죄 많은 조직과 관련된 모든 메시지를 통제할 수 있다.
이런 사실은 1998년 3월, 유럽의회가 내놓은 〈정치적 통제의 기술 평가〉라는 제목의 보고서가 배포되었을 때 그 뚜껑이 열렸다.

아메리카 정복을 정당화했다. 의사소통권(Jus communicationis) — 정복자는 이야기했고, 원주민은 들었다. 원주민이 듣고도 들리지 않는 척할 때, 전쟁은 불가피했고 또 정당했다. 그들의 의사소통권은 복종할 권리였다. 20세기 말, 아직도 권력의 독백을 일컬어 의사소통(communication)이라고 하고, 그때 아메리카를 짓밟은 일은 만남이라고 한다.

지구에서 와서 지구로 돌아가는 수백만의 말과 영상으로 가득 찬 위성접시가 지구 주위를 돈다. 손톱 크기의 경이로운 무언가가 반세기 전에는 30톤에 달하는 장비가 필요했을 메시지를 빛의 속도로 받고 처리하고 전송한다. 이것은 테크노 시대 기술과학의 기적이다. 미디어 사회를 사는 운 좋은 사람들은 휴대전화로 통화하고, 이메일을 받고, 호출기에 답하고, 팩스를 읽고, 자동응답기로 수신한 전화 내용

++ 너의 비밀을 말해 봐 2

현대 기업은 실제 고객과 어떻게 의사소통을 할까? 대답은 컴퓨터로 프로그래밍된 가상의 고객을 통해서다.

영국의 하이퍼마켓 체인인 세인스버리(Sainsbury)는 구매자의 움직임과 감정을 완벽하게 흉내 낸 수학 모델을 실행에 옮겼다. 쇼핑 카트 사이로 복도를 걷는 가상의 고객을 재생한 모니터를 보면, 그들의 좋고 싫음, 가족간의 약속과 개인 필수품, 사회적 위치와 야망을 알 수 있다. 뿐만 아니라, 광고와 특가 물품에 대한 반응, 시간이 구매자의 유동성에 미치는 영향, 상품이 놓인 위치의 중요성을 평가할 수도 있다. 실제 이익을 불리기 위해 가상의 미디어를 동원하여 그렇게 구매행위를 연구하고 판매 전략을 수립한다.

을 다른 자동응답기에 남기고, 컴퓨터로 쇼핑하고, 비디오 게임과 휴대용 TV로 심심한 시간을 보내면서 해변에서 휴가를 즐길 수 있다. 커뮤니케이션 기술의 비행과 우리가 느끼는 현기증은 마술 같다.

자정에 컴퓨터 한 대가 빌 게이츠의 이마에 키스를 한다. 아침에 눈을 떠보니 세계 제일의 부자가 되어 있다. 생생한 목소리로 컴퓨터와 대화할 수 있는 마이크가 내장된 컴퓨터도 등장해 이미 시판되고 있다. 천상의 도시인 사이버 공간에서는 컴퓨터가 전화나 TV와 한 몸이 되고, 그래서 생겨난 놀라운 새 생명들의 세례식에 세상 모든 사람들을 초대한다.

부상하는 사이버 커뮤니티가 가상현실에 의지하고 있는 한편, 도시에선 사람으로 차고 넘치는 광활한 사막화가 진행 중이다. 그 사막에선 각자 자신의 수호성인만 열심히 살피고 자신의 거품에서 헤어나지 못한다. 설문조사를 보면, 40년 전까지만 해도 미국인 열 명 중 여섯 명은 다른 사람을 신뢰했다. 그러나 지금은 열 명 중 네 명만이 다른 사람을 믿는다. 인간관계는 더욱 빠른 속도로 와해되고 있다. 에이즈를 옮길 수도 있고, 일자리를 빼앗을 수도 있고, 집을 다 털어갈 수도 있는 사람들과의 인간관계가 악의 구렁텅이로 빠지면 빠질수록 기계와 맺는 관계는 더욱 신성시된다. 세계경제에서 가장 역동적인 커뮤니케이션 산업은 인류 역사의 새로운 시대로 진입할 수 있는 주문을 판다. 그러나 지나치게 커뮤니케이션화한 이 세계는 외톨이와 벙어리의 나라가 되어 간다.

지배적 커뮤니케이션 매체를 몇 안 되는 사람들이 장악하고, 그 몇 안 되는 사람들마저도 나날이 적어지는 추세인데, 일반적으로 인간관계를 상호 이용과 상호 두려움의 관계로 찌그러뜨리는 방향으로 움직인다. 최근에는 뜻밖에도 인터넷이라는 은하수가 소중한 의견교환의 기회를 열어 주었다. 권력의 메아리가 아닌 수많은 목소리가 인터넷을 통해 자신의 의사를 내비친다. 하지만 이 새로운 정보 고속도로에 가까이 하는 것은 아직도 인터넷 사용자의 95%가 살고 있는 선진국의 특권이다. 그리고 상업 광고는 이미 인터넷을 비즈니스 넷으로 바꾸려 애쓰고 있다. 커뮤니케이션의 자유를 위한 새로운 장인 인터넷은 돈벌이의 자유를 위한 새로운 장이기도 하다. 가상 지구에서라면 세관과 마주칠 위험도 없고, 독립을 외치며 정신착란에 빠져버린 정부도 없다. 1997년 중반, 이미 인터넷상의 무역 공간이 교육공간을 훌쩍 뛰어넘자, 미국 대통령은 세상의 모든 나라들이 인터넷을 통한 재화와 용역의 무관세 거래를 유지해야 한다고 역설했고, 그때부터 이 문제는 국제기구에서 미국 대표단이 가장 신경 쓰는 사안의 하나가 되었다.

사이버 공간의 통제는 전화선에 달려 있다. 그렇기 때문에 최근

세계 각지에서 전화를 공기업의 손에서 송두리째 낚아채 거대 커뮤니케이션 재벌에 넘겨주기 위한 사유화의 물결이 일고 있는 것도 결코 우연은 아니다. 미국이 해외 전화 시장에 투자하는 비용은 여타 부문의 투자보다 훨씬 더 급증하고 있고, 그동안 자본은 전속력으로 집적된다. 1998년 중반, 여덟 개의 초대형 기업이 미국의 전화사업을 쥐락펴락하고 있었는데, 불과 일 주일 만에 다섯 개로 줄어들었다.

공중파 TV와 케이블 TV, 영화 산업, 어마어마한 발행 부수를 자랑하는 신문, 대형 출판사와 음반사, 높은 청취율을 기록하는 라디오도 비록 거북이 걸음이지만 독점을 향한 느린 발걸음을 옮기고 있다. 전세계 보급망을 가진 매스미디어는 표현의 자유 가격을 천정부지로 올려 놓았다. 들을 권리를 가진 사람들은 점점 늘어나고, 남에게 듣게 해야 할 권리를 가진 사람들은 점점 줄어든다. 제2차 세계대전 후 몇 년간은 다양한 정보와 의견을 전하는 독립 매체와, 문화의 다양성을 찾아내 보급하는 창조적 모험심으로 가득한 매체도 상당한 영향력을 행사했다. 1980년 무렵, 수많은 중소기업이 전멸하면서 지구 전체

시장의 대부분은 50개 회사의 손으로 넘어가고 말았다. 그때부터 독립성과 다양성은 꼬리 셋 달린 강아지보다 더 보기 힘들어졌다.

제작자인 제리 아이슨버그(Jerry Isenberg)에 따르면, 최근 20년 동안 미국 TV는 창조력 있는 독립 회사들을 초토화시켰다. 그 규모는 실로 어마어마했다. 예전엔 독립적 성격의 회사들이 브라운관 프로그램의 30~50%를 제공했는데 지금은 겨우 10%에 이를 뿐이다. 광고가 차지하는 비중도 상황을 적나라하게 보여 준다. 전세계 광고 지출액의 절반은 겨우 열 개밖에 안 되는 거대 재벌의 주머니를 채우기 위한 것이다. 그들은 영상, 언어, 음악과 관계된 모든 것의 제작과 배급을 독점한다.

최근 5년 동안 미국의 주요 커뮤니케이션 기업들의 해외시장은 두 배나 커졌다. 예를 들면, 제너럴 일렉트릭, 디즈니-ABC, 타임워너-CNN, 비아컴, TCI 그리고 가장 나중에 입성한 마이크로소프트사가 있다. 빌 게이츠의 소유인 마이크로소프트는 소프트웨어 시장을 지배하고 있고, 최근에는 텔레비주얼 제작과 케이블 TV 부문에도 성공적으로 발을 들여놓았다. 이 공룡 기업들은 머독 제국, 일본 기업 소니, 독일 기업 베텔스만 그리고 또 다른 몇몇 기업과 함께 소수 독점 권력을 행사한다. 이들 모두는 공동으로 전세계에 거미줄을 엮어 놓았다. 그들의 이익은 상호 교차된다. 셀 수 없는 거미줄이 서로를 이리저리 엮는다. 이 커뮤니케이션 시장의 거인들은 서로 경쟁하지 않는 척하지만, 더 좋은 앞자리를 차지하기 위해 때로는 치고받으며 싸움질을 하고 욕을 퍼붓다가, 진실의 시간이 오면 구경거리를 끝내고 지구를 나눠 가진다.

++ 세계화된 영웅

007 스파이는 더 이상 대영제국을 위해 일하지 않는다. 지금 제임스 본드는 수많은 나라의 수많은 기업을 위해 열과 성을 다하는 광고 맨이다. 1997년 개봉된 〈007 네버 다이〉의 장면 하나 하나는 스팟(spot) 광고 역할을 한다. 절대불패 본드는 오메가(Omega) 시계를 보고, 에릭슨(Ericsson) 휴대전화로 통화하며, 옥상에서 뛰어내려도 반드시 하이네켄(Heineken) 맥주를 실어 나르는 트럭 위에 떨어지고, 에이비스(Avis)에서 빌린 BMW를 타고 도망치는데, 물건 값은 비자 카드로 치르고, 샴페인은 동 페리뇽(Dom Pérignon)을 즐기며, 로레알(L'Oréal) 제품으로 머리를 단장하고 아르마니(Armani)나 구찌(Gucci) 옷을 입은 여자들과 사랑을 나누고 겐조(Kenzo) 옷을 입은 적과 싸운다.

행운의 사이버 네트워크 덕분에 빌 게이츠는 아르헨티나 정부의 1년 예산에 맞먹는 어마어마한 돈을 단시간에 거머쥐었다. 1998년 중반, 미국 정부는 경쟁자를 짓밟는 독점 방식으로 시장에 제품을 강요한 혐의로 마이크로소프트에 소송을 제기했다. 그 전에 연방정부는 그와 유사한 혐의로 IBM사에 소송을 걸었다. 13년 동안 주거니 받거니 하더니 결국 헛일이 되어 버렸다. 법률상의 법이 돈과 관련된 법에 맞서서 할 수 있는 일이란 거의 없고, 자본주의 경제는 겨울에 추운 것만큼이나 필연적으로 권력의 집중을 야기한다. 예전엔 독점금지법이 석유왕이나 철강왕을 위협하곤 했지만 지금은 지구 전체에 가장 위험한 독재 — 모든 인류의 마음과 양심에 작용하는 독재 말이다 — 를 실현시키려는 전 지구적 음모를 어쩌다가라도 막지는 못할 것 같다.

기술의 다양성은 민주주의의 다양성이라고들 한다. 기술은 모두가 영상과 말, 음악을 접할 수 있게 한다. 인류 역사상 유례가 없는 일이다. 그러나 개인 독점 세력이 한 가지 영상과 한 가지 말, 한 가지 음악을 강요한다면, 이 기적도 속임수에 불과할 뿐이다. 물론 예외가 있기 마련이다. 다행히 적잖은 예외가 있는데, 대개 이 복수성은 우리에게 똑같은 젓가락 두 짝 중에서 하나를 선택할 수많은 가능성을 주려 한다. 정보와 관련하여 아르헨티나의 에세키엘 페르난데스 모레스(Ezequiel Fernández-Moores) 기자가 말한 것처럼 “우리는 모든 것에 대한 정보를 접하고 있다. 그러나 아는 것은 아무것도 없다.”

비록 권력 구조가 날이 갈수록 국제화되고 국경이 어디인지 분간하기도 힘들게 됐지만, 미국이 이 시대 커뮤니케이션 신경 체계의 중심을 차지한다고 해서 반제국주의의 죄가 성립되지는 않는다. 미국 기업들은 영화와 텔레비전, 정보와 컴퓨터 과학을 지배한다. 그 광활한 극서(Far West)가 세상을 정복하라고 권유한다. 미국은 자신들의 대량 메시지를 전세계로 전파하는 것을 국가적 사안으로 삼는다. 남반구 국가들은 문화를 그저 장식쯤으로 간주하지만, 백악관 주인들은 이 문제에 관해서만은 털끝만큼도 멍청한 구석이 없다. 그 어떤 미국

++ 모범 인생 4
그의 추종자들과 그의 적들이 공감하는 부분이 있다. 그의 최대 미덕은 경솔함이다. 세기말의 세상에서 성공의 미소를 짓기 위해 불가결한 그의 싹쓸이 능력도 인정을 받는다. 루퍼트 머독(Rupert Murdoch)은 노조를 파괴하고 경쟁자를 먹어 치우며 무일푼으로 시작해 오늘날 커뮤니케이션계의 세계 챔피언으로 등극했다. 멈추지 않는 그의 행보는 머나먼 오스트레일리아에서 한 일간지를 계승했을 때부터 시작된다. 지금은 런던의 유서 깊은 「타임스(*The Times*)」와, 다이애나 비가 전날 밤 누구와 잤는지 등을 보도하면서 최대의 주가를 올렸던 영국의 타블로이드판 등을 포함해 여러 나라의 130개 일간지를 소유하고 있다. 정신의 제작자이자 영혼의 안내자인 그는 위성 커뮤니케이션 기술 부분에 세계에서 가장 많은 투자를 했고, 세계에서 가장 큰 TV 네트워크 중의 하나를 소유하고 있다. 게다가 그의 친구인 마거릿 대처(Margaret Thatcher)와 뉴트 깅그리치(Newt Gingrich)의 책 등 세계문학에서 손꼽히는 걸작도 다소 출간하는 하퍼 콜린스(Harper Collins) 출판사와 폭스 영화사 스튜디오의 주인이기도 하다.

대통령도 문화 산업의 정치적 중요성이 경제 가치만큼이나 중요하다는 점을 간과하지 않는다. 예를 들어, 수년 전부터 미국 정부는 자국 영화를 보호하기 위해 안간힘을 쓰는 나라들에 대해 별로 외교적이지 않은 외교 압력을 행사하면서 할리우드 제작물의 해외 판매에 직접 영향력을 행사한다.

할리우드가 챙기는 수입의 반 이상은 해외시장에서 들어오고, 그 판매액은 한해 두해 지날수록 입이 딱 벌어질 정도의 속도로 급증한다. 아카데미 시상식은 전세계 사람들을 TV 앞으로 불러 앉힌다. 시청률은 월드컵이나 올림픽 경기에 버금갈 정도다. 제국주의 권력은 멍청하지 않다. 제국주의 권력은 자신들이 상당 부분 감정이라든가, 성공에 대한 환상, 강력한 힘의 상징들, 소비 명령, 폭력 예찬 등의 무제한 보급에 의지하고 있다는 사실을 잘 알고 있다. 니키타 미할코프(Nikita

Mikhalkov)의 <천국 가까이에(Close to Eden)>라는 영화에서 몽골의 농부들은 록 음악에 몸을 흔들고, 말보로(Marlboro) 담배를 피며, 도널드 덕(Donald Duck) 모자를 쓰고, 람보 역을 맡은 실베스터 스탤론(Sylvester Stallon)의 이미지에 둘러싸인다. 이웃을 박살내는 기술의 또 다른 거장인 터미네이터(Terminator)는 전세계 어린이들이 가장 흠모하는 인물이다. 1997년 유네스코가 유럽, 아프리카, 아시아, 아메리카에서 동시에 실시한 설문조사를 보면, 열 명 중 아홉 명의 어린이가 근육질이자 폭력의 화신인 아널드 슈워제네거(Arnold Schwarzenegger)와 자신을 동일시했다.

미디어 세상의 지구촌에서는 모든 대륙이 서로 섞이고 모든 세기가 동시에 발생한다. 알랭 투렌(Alain Touraine)은 TV와 관련해 "우리는 여기 출신인 동시에 모든 천지 팔방 출신이기도 하다. 다시 말해 그 어디 출신도 아니다."라고 말했다. "대중에게 언제나 매력 있는 영상은 휘발유와 낙타, 코카콜라와 안데스 지역의 마을들, 청바지와 화려한 성채를 나란히 늘어놓는 것이다." 엉망으로 찢겨져 나간 수많은 지역 문화가 사라지려 하거나 과거로 도피하고 있다. 똑같이 따라하거나 아예 빗장을 걸어 잠그는 것 둘 중 하나를 택해야 하는 운명에 처했다고 생각하면서 말이다. 그 지역 문화들은 절망적일 만큼 너무도 자주 종교의 근본주의 혹은 그 어떤 다른 진실도 자기 것이 아니면 부정하는 절대 진실에 몸을 맡긴다. 거부할 수 없는 현대화를 앞에 두고도 배타적 생각과 향수 외에는 다른 답이 없는 것처럼 지나간 시간으로 회귀하라고 한다. 청교도적이면 청교도적일수록 더 좋다.

냉전은 이제 물 건너간 일이 되었다. 그와 함께 자유세계는 얼마

++ 구경거리

1995년 내내 미국 TV에서 가장 잘 팔려 나간 상품은 한 형사소송 사건이었다. 살인 혐의로 기소된 육상선수 심슨(O. J. Simpson)을 두고 끝도 없이 열렸던 재판은 모든 채널의 방송 시간을 장악했고, TV 시청자의 눈과 귀를 사로잡았다.
흥행물이 된 범죄. 소송에 참여하는 수많은 배우는 저마다 맡은 역을 충실히 수행했고, 피고인에게 죄가 있는지 결백한지, 변론이 이성적인지 엉터리인지, 감정(鑑定)이 합법적인지 아닌지, 증언이 진실한지 아닌지의 여부보다는 배우들이 연기를 잘했는지 못했는지가 훨씬 더 중요했다. 시간이 남으면 판사가 다른 판사를 불러 TV 카메라 앞에서 더 설득력 있는 연기를 하기 위한 비책을 가르쳐 주는 강의를 하기도 했다.

전까지만 해도 동구권 국가들을 지배하던 전체주의에 대항하여 서구의 성스러운 십자군전쟁을 전개할 수 있었던 마법의 변명거리를 잃어버렸다. 한 줌도 되지 않는 거인들이 조작하는 커뮤니케이션이 국가에 의해 독점된 커뮤니케이션만큼이나 전체주의적일 수 있다는 사실은 이제 날이 갈수록 더욱 명확해진다. 우리 모두는 표현의 자유와 기업의 자유를 동일시해야만 하는 처지에 놓였다. 문화는 오락거리로 전락하고, 오락은 수지맞는 세계의 장사로 변해 간다. 인생은 볼거리로 전락하고, 볼거리는 정치와 경제 권력의 원천으로 변해 간다. 정보는 광고로 전락하고, 광고는 만사를 좌지우지한다.

지구의 인간 세 명 중 두 명은 제3세계에 산다. 그러나 주요 통신사의 기자 세 명 중 두 명은 유럽이나 미국에서 일한다. 국제협약에서 인정하고 지배자가 연설할 때마다 내세우는, 정보의 자유로운 유통과 다양성의 존중은 어디에 있는가? 전세계 사람들이 접하는 뉴스의 대부분은 소수의 사람들에게서 나오고, 그들을 향해 있다. 이는 정보 판매에만 전념하면서 유럽과 미국에서 수입의 최대 부분을 얻는 상업 통신사의 입장에서 보면 이해하고도 남는나. 지구 북반구의 독백. 그 외 지역이나 국가에서는 정보를 거의 혹은 전혀 얻지 못한다. 예외가 있다면 전쟁이나 큰 재난이 발생했을 경우인데, 상황을 전달하는 기자들은 해당 지역의 언어를 말하지도 못하고, 해당 지역의 역사나 문화에 대해서 낫 놓고 기역 자도 모르는 경우가 빈번하다. 그들이 전하는 정보는 불확실하기 일쑤고, 어떤 경우에는 뻔뻔스럽고 솔직히 거짓말 투성이다. 지구 남반구는 자신들을 하찮게 보는 자들의 눈으로 자신들을 봐야만 하는 처지에 놓인다.

1980년대 초반, 국제연합교육과학문화기구(UNESCO)은 정보가 단순한 상품이 아니라 사회 권리이고, 커뮤니케이션이 교육 기능의 책임을 갖는다는 확신을 갖고 어떤 프로젝트를 후원한 적이 있다. 정보와 의견 생산의 무관심에 빠진 국가들로부터 어떤 압력도 받지 않고 독립 정보를 제공할 수 있도록 새로운 국제통신사의 설립 가능성을 제기했다. 그 프로젝트는 대단히 조심스럽고 모호한 용어로 작성되었지만, 미국 정부는 표현의 자유를 무시하는 만행이라며 노발대발했다. 미국은 있는 힘껏 문을 쾅 닫고 국제연합교육과학문화기구를 떠났고, 자신의 식민지였던 나라의 식민지처럼 행동하곤 하던 영국도 국제연합교육과학문화기구를 떠났다. 결국 정치권력과 상업 이익에서 벗어난 국제 정보의 가능성은 책상 서랍 속에 보관된 채 흐지부지되었다. 아무리 변변치 못하다고 해도 모든 독립 계획안은 뉴스와 의견을 생산하는 능동 기능을 극소수에게 할당하고, 그 외의 모든 사람에게 뉴스와 의견을 소비하는 수동 기능을 부여하는 노동의 국제 분업을 어느 정도는 위협할 수 있다.

지구 남반구에 대한 정보는 극소수다. 그마저도 남반구의 시각에서 다뤄지는 경우는 전혀 없거나 거의 없다. 대개 대량 정보는 위에서 내려다보고 밖에서 들여다보는, 타인의 시선이 지니는 편견을 반영한다. 텔레비전은 광고와 광고 사이에 기아와 전쟁 장면을 걸러내기 마련이다. 그 잔인한 공포와 참사는 지옥이 따로 없는 하부 세계에서 오는데, TV는 거리의 간극을 더 빨리 메워주는 자동차나 주름을 지워주는 얼굴 크림, 흰머리를 감춰주는 염색약, 진통제 혹은 다른 놀라운 상품들을 쏟아내는 소비사회의 천국 같은 면만 부각할 뿐이다. 다른 세계의 그 이미지들은 종종 아프리카에서 나온다. 아프리카의 기아 문제는 자연재해인 것처럼 전시되고, 아프리카에서 발생하는 전쟁은 자기들끼리 사지를 찢어 죽이는 야만 성향의 부족들이 벌이는 피비린내 나는 의식인 '깜둥이들의 일'이다. 배고픔에 허덕이는 장면에서 식민지 약탈이라는 말은 어쩌다 스치는 참에라도 절대 등장하지 않는다. 어제는 노예매매와 의무적 단일경작으로 아프리카를 피 흘리게 하고, 오늘은 쥐꼬리만한 봉급과 개도 웃을 법한 가격으로 출혈을 계속하게 하는 서구열강들의 책임이라는 말은 하늘이 바다가 되어도 입에 올리

++ 정보의 시대

1989년 크리스마스 이브, 우리는 루마니아의 체아우셰스쿠(Nicolae Ceauşescu)가 저지른 학살의 끔찍한 증거를 지켜볼 수 있었다.

'사회주의의 푸른 다뉴브 강'이라고 불리길 원했던 정신 나간 이 폭군은 티미쇼아라(Timişoara)에서 4,000명의 반대자를 향해 발포를 명했다. 그때 많은 시체를 볼 수 있었던 것은 TV 수상기의 보급과 신문과 잡지를 사진으로 도배했던 국제통신사의 활약 덕분이었다. 고문으로 뒤틀린 수많은 주검의 행렬은 세계를 경악에 빠뜨렸다.

나중에 일부 일간지는 정정 기사를 발표했지만, 읽은 사람은 거의 없었다. 티미쇼아라에서 학살이 일어난 것은 사실이지만, 학살된 사람은 독재정권의 경찰을 포함해 100여 명이었고, 머리털을 곤두서게 했던 그 잔인한 장면들은 연출된 것이라는 내용이었다. 수많은 시체는 티미쇼아라 학살사건과는 관계가 없었고, 고문이 아니라 세월이 흐름에 따라 자연스럽게 형체가 변한 것이었다. 그런데 뉴스 제작자들은 묘지에서 시체를 파내어 카메라 앞에 포즈를 취하게 놓았다.

지 않는다. 전쟁을 보도할 때도 마찬가지다. 아프리카의 독립을 저당 잡았던 백인 주인들은 부패 관료와 독재 군인들, 인위로 그은 국경선과 상호간 증오심을 유산으로 남겨 주었지만 그들에 대해서는 늘 그렇듯 처벌되지 않는 관행을 보여 주고, 식민지 유산에 관해서도 늘 그렇듯 침묵을 지킨다. 또한 북반구는 남반구가 서로 싸움질하며 죽고 죽이도록 무기를 팔아먹는데, 그 죽음의 산업에 대해서도 일언반구 얘기가 없다.

작가 소잉카[Wole Soyinka, 나이지리아의 극작가이자 시인·소설가·비평가]가 이야기하듯, 아프리카 지도는 한 번 보기만으로도 "자기가 짜고 있는 담요의 씨실이 어떻게 엮이는지, 색깔은 어떤지, 전체 그림은 어떤지 전혀 신경 쓰지 않는 정신 나간 직공의 작품"인 것 같다. 검은 아프리카를 40조각이 넘도록 산산이 부숴 놓은 국경선의 대부분

은 군사적·상업적 이유로만 설명될 뿐 역사적 뿌리라든가 자연 환경과는 털끝만큼도 관계가 없다. 국경선을 그어 버린 제국주의 열강들은 부족간의 반목을 조작하는 일에도 능수능란했다. 나누어라, 그리고 통치하라. 어느 날 벨기에의 왕이 현재 르완다와 부룬디가 차지하고 있는 땅에서 암소를 여덟 마리 이상 가진 사람은 투치족(Tutsi), 그 미만을 가진 사람은 후투족(Hutu)이라는 결정을 내렸다. 목동이었던 투치족과 농부였던 후투족은 혈통은 다르지만 같은 땅에서 수백 년 동안 같은 역사를 공유하고 같은 언어를 말하며 평화롭게 공존하고 있었다. 그들은 서로 적인지도 몰랐다. 그러나 상호 증오감이 지독히 타올라 1994~1995년 동안 기나긴 학살이 이어졌고 두 부족 합쳐 50만 명이 넘는 희생자가 발생했다. 이 대량 살상을 보도하는 기사에서 모든 일이 두 형제 국민의 공존에 반하는 독일과 벨기에라는 제국주의 국가들의 작품이라는 사실을, 그리고 서로 끝장을 내버리라고 무기와 군사 원조

++ 전쟁놀이하자 1

예누리 치왈라(Yenuri Chihuala)는 1995년 페루와 에콰도르의 국경분쟁 당시 숨졌다. 그의 나이 14세였다. 리마 빈민가의 많은 다른 아이들처럼 그도 강제로 징집되었다. 징집 후 그는 흔적도 없이 사라졌다.

TV, 라디오, 신문은 페루를 위해 몸 바친 청소년의 귀감으로 그 어린 희생자를 칭송했다. 전쟁이 벌어지던 그때에, 일간지 「엘 코메르시오(*El Comercio*)」는 사회면과 스포츠면에서 저주해 마지않았던 바로 그 청소년들을 제1면에서는 찬미하는 데에 할애했다. 뻣뻣한 머리털과 거무스름한 피부의 인디언 후예 '튀기들'이 전쟁터에서 군복을 입었을 땐 조국의 영웅이었다. 그러나 바로 그 야생미 넘치는 훌륭한 청소년들이 도심 거리나 축구 경기장에서 민간인 복장을 했을 땐 천성적으로 폭력적이고 위험한 짐승이었다.

를 아끼지 않았던 프랑스의 공헌도 있었다는 사실을 눈곱만치라도 인정하는 말은 들은 적 없고, 가뭄에 콩 난 경우에 활자로만 읽을 수 있었을 뿐이다.

못사는 사람에게 일어나는 일이 못사는 나라에도 똑같이 일어난다. 매스컴은 시장에서 잘 팔릴 만큼 눈길을 확 잡아끄는 재난이 일어났을 때, 그저 눈길 한 번 던져 주신다. 일부 국가들이 뉴스거리가 되고 세계지도에서 모습이라도 한 번 비치려 한다면, 얼마나 많은 사람들이 전쟁이나 지진으로 내장을 다 드러내고 얼마나 많은 사람들이 홍수로 익사해야 하는가? 굶어죽은 사람들의 시체를 얼마나 많이 쌓아올려야 그들이 일생에 단 한 번이라도 카메라의 시선을 받을 수 있을까? 세상은 거대한 '리얼리티 쇼(reality show)'장으로 변해 가려 한다. 언제나 실종상태인 가난한 사람들은 몰래 카메라의 웃음거리가 되거나, 자신들이 벌이는 잔인함의 주연으로서만 텔레비전에 모습을 드러낸다. 아무도 몰라주는 사람은 남들이 알아줄 필요가, 보이지 않

++ 전쟁놀이하자 2

비디오 게임은 수많은 추종자를 확보하고 있다. 그 숫자는 점점 늘어나는 추세이고, 남녀노소도 따로 없다. 비디오 게임 옹호자들은 비디오 게임의 폭력이 정보매체의 형식을 따르고 있기 때문에 해가 없고, 어린이를 거리의 폭력에서 멀어지게 하고, 청소년과 성인을 담배에서 멀리하기 때문에 유익하다고 주장한다.

비디오 게임에서는 기관총의 딱딱거리는 소리, 섬뜩한 음악, 고통에 울부짖는 소리, 단정적 명령어들로 조합된 언어가 사용된다. 예를 들어 보자. "놈을 끝장내!, 놈들을 두들겨 패!, 발사해!" 미래의 전쟁, 전쟁 같은 미래. 가장 많이 보급된 비디오 게임에서는 상대가 무엇이든 한 번의 의심도 없이 움직이는 모든 것을 향해 반드시 먼저 발사하고, 나중에 다시 발사해야만 하는 전쟁터가 제공된다. 악당, 인정머리 없는 외계인, 포악한 로봇, 유인원 무리, 공포를 불러일으키는 사이버 악마, 돌연변이 괴물, 불길이 솟아오르는 해골바가지의 공격 앞에서는 조금의 주저함도 휴전도 가능하지 않다. 적을 많이 죽이면 죽일수록 승리에 더욱 가까워진다. 이미 고전이 된 모털 컴뱃(Mortal Combat)에서는 공격이 정확하게 제대로 이뤄지면 상을 준다. 머리를 뿌리째 날려버리며 적의 목을 자르는 공격, 가슴에서 피가 흘러내리는 심장을 끄집어내는 공격, 혹은 두개골을 수천 개의 조각으로 가루를 내버리는 공격 등이 그것이다.

예외로 자동차경주 같은, 비군사적인 비디오 게임도 있기는 하다. 점수를 쌓는 방법 중의 하나가 얼마나 많은 보행자를 짓밟는가에 있는 자동차경주 게임 말이다.

는 사람들은 남에게 보일 필요가 있다. 뿌리를 뽑힌 사람들은 뿌리를 찾는다. TV에 존재하지 않는 것이 현실에서 존재하는가? 최하층 사람들도 브라운관의 영화를 꿈꾼다. TV에선 어떤 허수아비라도 숨 막히는 미남으로 변신한다. TV의 신들이 거주하는 올림포스 산에 입산한다는 조건으로 오락 프로그램의 카메라 앞에서 제 몸에 총을 쏘아버린 불쌍한 사람도 있었다.

최근 들어 토크쇼는 라틴아메리카 일부 국가에서 연속극에 버금가거나 그보다 더 많은 인기를 누리고 있다. 성폭행당한 여자아이가 꼬치꼬치 캐묻는 기자 앞에서 또다시 성폭행당하는 듯 울고 있다.

……이 괴물은 새로 등장한 '엘러펀트 맨'이다. 귀빈 여러분, 이 놀라운 장면을 절대 놓치지 마십시오. ……수염 난 여자가 애인을 구하고, 뚱뚱한 남자가 자신이 임신했다고 합니다. 30여 년 전, 브라질에서 혐오감 경연대회가 열려 수많은 지원자를 불러 모았고, 엄청난 TV 시청률을 기록했다. 누가 전국에서 가장 키 작은 난쟁이인가? 누가 샤워할 때 발에 물이 젖지 않을 만큼 가장 코가 큰 코쟁이인가? 누가 가장 운도 없이 불행한 사람인가? 불행한 사람 경연대회 때는 차마 믿기 힘든 사람들의 행렬이 스튜디오 앞에 장사진을 쳤다. 쥐가 갉아먹어 귀가 없는 여자아이, 침대 다리에 묶여 30년을 보낸 정신박약자, 술주정뱅이 남편의 딸이자 처제, 장모, 부인이기도 했다가 남편 때문에 불구가 된 여인 등이 있었다. 불행한 사람은 제각기 팬을 거느리고 있어서 방청석에서는 합창으로 외치는 소리가 터져 나오곤 했다. "이겼다! 이겼다!"

가난한 사람들은 또한 거의 어느 때나 사회면 톱기사를 차지한다. 누구든 가난한 혐의자를 경찰이 체포했을 때 별 죄책감 없이 촬영하고 사진 찍고 몽타주를 작성하고, TV와 신문은 재판이 열리기도 전에 미리 판결을 내린다. 매스컴은 위험한 국가들에게 사전에 미리 판결을 내리는 것처럼 위험한 가난뱅이들에게 공소의 기회조차 주지 않고 미리 판결을 내린다.

1980년대 말, 사담 후세인은 자신을 신격화했던 바로 그 매스컴에 의해 악마가 되었다. 후세인은 바그다드의 사탄으로 변했고, 국제정치의 하늘에서 사악함으로 빛나는 별이 되었다. 또한 매스컴은 이라크가 인류에게 위험을 초래할 뿐이라는 점을 세계 사람들에게 이해시키기 위해 여념이 없었다. 1991년 초, 미국은 28개국과 수많은 관중의 지지를 등에 업고 사막의 폭풍작전을 전개했다. 파나마 침공을 마치고 돌아온 미국은 이라크가 쿠웨이트를 침공했기 때문에 이라크를 침공했다고 말했다. 작가인 톰 엥겔하트(Tom Engelhardt)가 TV 역사상 최대 규모의 슈퍼 제작물이라고 규정했듯이, 100만 명의 엑스트라와 하루 10억 달러의 제작비가 소요된 이 매머드 쇼는 국제 TV의 관중석을 정복했고, 전세계 국가에서 대단히 높은 시청률을 기록했다. 뿐만 아니라 뉴욕 증시도 기록을 경신했다.

전쟁이 발발하기 전에는 식인 풍습도 식도락이었다. 걸프전은 첨단 기술 무기에 대한 경의의 표현이자 인간의 생명을 조롱하는 내용이 담긴, 끝도 없고 추잡한 구경거리였다. TV 화면은 인공위성과 레이더,

++ 역사 강좌

1998년 내내, 세계화된 매스컴은 이 지구의 대통령이 모니카 르윈스키(Monica Lewinsky)라는, 탐욕스럽고 말 많은 뚱뚱보와 벌인 애정 행각에 혼신의 힘을 다해서 가장 많은 면을 할애했다.

전세계 모든 국가에서 우리 모두는 르윈스키화되었다. 이 이야기는 아침 먹으며 들춰 보는 조간신문, 점심 먹으며 듣는 라디오 뉴스, 저녁 먹으며 보는 뉴스, 커피를 마시며 읽던 잡지를 온통 뒤덮었다.

1998년에 다른 일도 일어나긴 한 것 같은데, 도통 기억이 나질 않는다.

컴퓨터가 주축이 된 이 기계전에서 보기 좋은 미사일과 환상의 로켓, 완벽한 전투기, 놀라울 정도로 정확하게 사람을 가루로 만들어 버리는 스마트탄을 보여 주었다. 이 무훈으로 115명의 미국 측 사망자가 발생했다. 이라크 측의 사망자는 어느 누구도 세어 본 적이 없다. 10만 명 이하는 아니라고 추산할 뿐이다. 화면에서는 절대 비춰 준 적 없다. TV가 보여 준 전쟁의 유일한 희생자는 석유를 더덕더덕 뒤집어쓴 오리 한 마리였다. 그마저도 조작된 화면이었다고 나중에 알려졌다. 미국의 전함에서 퇴역한 해군 장성 진 라로크(Gene LaRocque)는 스터즈 터켈(Studs Terkel) 기자에게 이렇게 말했다. "지금 우리는 사람들을 보지도 않고 죽인다. 수천 킬로미터 떨어진 곳에서 버튼을 누른다. 감정도 양심의 가책도 없이 원격조종되는 죽음이다. 그러고 나서, 우리는 집으로 금의환향했다."

몇 년 지나지 않은 1998년 초, 미국은 이 위업을 재현해 보고 싶어졌다. 대규모 커뮤니케이션 장비들은 이라크가 인류에게 위협이 된다고 설득함으로써 또다시 엄청난 규모의 군 기계에 봉사하기 위해

++ 전자 친구

정신없이 빠져 버린 게이머들은 서로 얘기도 하지 않는다. 직장에서 집으로 퇴근하는 길 혹은 집에서 직장으로 출근하는 길에 3,000만 명의 일본인들은 파친코와 만나고, 파친코에게 영혼을 내맡긴다. 게이머는 상금을 약속하는 구멍을 향해 철 구슬을 던지면서 기계 앞에 앉아 몇 시간이고 보낸다. 각 기계는 게이머들이 거의 매번 돈을 잃도록 프로그램된 컴퓨터의 지배를 받는다. 물론 믿음의 불길이 꺼지지 않도록 간혹 돈을 따게 만들기도 한다. 일본에서는 돈놀이 노름판이 금지되어 있기 때문에 대신 카드를 사서 게임을 즐기는데, 상금은 우선 사탕 종류로 지급하고 나중에 건물 모퉁이만 돌면 돈으로 바꿔 준다.

1998년, 일본 국민은 파친코 신전에 하루 5억 달러를 바쳤다.

팔을 걷어붙였다. 이번에는 화학무기 차례였다. 그보다 몇 년 전, 후세인은 이란에 미제 살인 가스를 사용하여 어느 누구의 털끝 하나 건드리지 않고 쿠르드족을 휩쓸었다. 그런데 이라크가 탄저균, 선(腺)페스트, 보툴리누스균, 발암세포와 치명적 기타 병원균 등 세균 무기고를 보유하고 있다는 소식이 퍼지면서 갑자기 공포감이 확산되었다. 미국에서는 어느 연구소든 워싱턴 근교에 있는 ATCC(American Type Culture Collection)사에서 전화나 우편으로 구입할 수 있는 것들이다. 그러나 국제연합 사찰단은 천일야화의 이라크 궁전에서 아무것도 발견하지 못했고, 전쟁은 다음번 구실이 생길 때까지 잠시 연기되었다.

세계의 정보를 군사적으로 조작하는 일은 커뮤니케이션 기술의 역사를 살펴볼 때 전혀 놀라운 일이 아니다. 미 국방부는 언제나 모든 신기술의 주요 돈줄이었고, 주요 고객이었다. 최초의 전자 컴퓨터도 미 국방부의 의뢰로 탄생했다. 커뮤니케이션 위성은 군사 프로젝트에서 비롯한 것이고, 국제적 차원에서 군사작전을 조율하기 위해 인터넷을 최초로 구축한 것도 미 국방부였다. 커뮤니케이션 기술 부문에 군대가 억만 달러를 투자함으로써 군의 작업은 단순해지고 가속이 붙었으며, 자신들의 범죄행위가 마치 지구의 평화를 위한 공헌이기나 한 것처럼 세계를 향해 홍보하는 일도 가능하게 되었다.

운 좋게도 역사는 역설을 먹고 자라기도 한다. 미 국방부는 세계를 커다란 전쟁터로 프로그래밍하기 위해 만들어 낸 인터넷이 지금까지 거의 침묵을 지키던 평화주의 운동을 위해 쓰일 것이라고는 꿈에도 예측하지 못했다. 그러나 커뮤니케이션 기술의 놀라운 발전과 정보 시스템은 무엇보다도 폭력이 마치 삶의 방식이거나 지배문화인 것처

럼 비추는 데 쓰인다. 더 많은 세상과 더 많은 사람을 아울러야 할 커뮤니케이션 매체는 우리를 폭력의 운명에 길들게 하기 위해 우리를 어릴 때부터 훈련시킨다.

스크린, 영화, TV, 컴퓨터가 쉴 새 없이 피를 흘리고 폭발음을 터뜨린다. 1994년, 부에노스아이레스의 두 대학이 일반 TV와 케이블 TV 프로그램 중에서 어린이 프로그램의 폭력성을 측정했다. 3분에 한 번씩 폭력 장면이 나왔다. 아르헨티나 어린이가 10세가 되었을 때는 폭력을 암시하는 수많은 사건들을 제외하고도 8만 5,000번의 폭력장면을 시청한다는 것이 이 조사의 결론이었다. 폭력의 복용량은 주말에 증가했다. 1년 전 리마 교외에서 실시한 설문조사에 따르면, 거의 모든 부모들이 그런 식의 폭력 프로그램을 묵과할 수 있다고 대답했다. "애들이 좋아하는 프로예요. 즐기는 거죠. 애들이 좋아한다면, 뭔가 이유가 있겠죠. 인생이 어떤 건지 배운다면 더 좋고요." 덧붙여 "애들한테 나쁜 영향이야 미치겠어요. 별 거 아닌데." 이와 동시에 브라질 정부가 실시한 연구에 따르면, 글로부(Globo) TV가 방영하는 폭력 장면의 절반이 어린이 프로그램에 포함되어 있다. 브라질 어린이들은 2분 46초마다 쏟아지는 잔인함을 받아들이고 있는 것이다.

우리 시대 어린이의 일상사에서 TV를 보는 시간은 교실에서 보내는 시간을 압도적으로 능가한다. 세계 어디에서나 상황은 대동소이하다. 학교에 가든 안 가든 어린이는 TV 프로그램에서 정보와 교육, 인성 변화의 가장 중요한 원천을 얻고, 대화의 주요 얘깃거리도 얻는다. TV를 통한 교육의 지배력은 최근 공교육이 망가지고 있는 라틴아메리카 국가에서 위태로울 정도의 중요성을 지닌다. 정치가들은 연설을 늘어놓을 때면 교육을 위해 목숨이라도 바칠 것 같지만, 실제로는 TV 브라운관을 통한 소비와 폭력의 수업에 아이들을 대책 없이 내맡김으로써 교육을 죽이고 있다. 정치가들이 연설을 늘어놓을 때면 범죄의 폐해를 알리고 강력한 처벌을 요구하지만, 실제로는 신세대의 정신적 식민지화를 조장한다. 어린이는 아주 어릴 때부터 권력을 상징하는 물건을 통해 자신의 정체성을 인식하고, 그 물건을 깨끗한 총알 한 방에 차지하기 위해 길들여진다.

커뮤니케이션 매체는 현실을 반영하는가? 아니면 현실의 틀을 만드는가? 누가 누구로부터 오는가? 달걀인가? 닭인가? 자기 꼬리를 무는 독사가 더 적당하지 않을까? 미디어는 사람들이 원하는 것을 제공한다고 말하고, 그렇게 말함으로써 책임을 변제받는다. 하지만 수요에 부응하는 공급은 똑같은 공급의 수요를 점점 더 많이 만들어 낸다. 즉, 습관이 되어 자기만의 필요성을 만들어 내고 결국 중독된다. 거리에 TV에서만큼이나 폭력이 난무한다고 얘기하는 것도 미디어다. 그러나 세상의 폭력을 드러내는 미디어의 폭력은 폭력을 배가시키는 데 한몫한다.

유럽은 매스커뮤니케이션을 다루면서 유익한 경험을 했다. 즉, 정부 주관이 아니라 시민사회의 다양한 목소리를 대변하는 조직이

TV와 라디오를 직접 주관하여 높은 품질의 공공 서비스를 일구어 냈다. 유럽의 이 같은 경험이 오늘날에는 상업화의 경쟁으로 위기에 봉착했지만, 인간의 존엄성과 정보·지식에 관한 권리 존중에서 시작하여 시민에게 향하는, 진정 서로 소통할 수 있고 진정 민주적인 커뮤니케이션의 실례를 보여 준다. 그러나 이것이 국제화된 모델은 아니다. 세계는 미국의 민영 TV가 제공하는, 피와 신경안정제와 광고가 뒤섞인 치명적 폭탄주의 공격을 받았다. 최소의 비용으로 최대의 수익을 거둘 수 있는 것이라면 뭐든지 좋고, 이익을 건질 수 없는 것은 뭐든지 나쁘다는 사실에 입각한 모델이 강요되었다.

페리클레스 시절의 그리스에서는 사물을 재판하는 법정이 있었다. 예를 들어, 어떤 범죄의 도구로 사용된 칼을 징계한다면 칼을 조각내어 부순다든지 바다에 던져 버리라는 판결을 내렸다. 오늘날 같은 식으로 텔레비전 수상기를 처벌하는 일이 옳은가? TV를 두고 속이 시커멓다거나 바보상자라고 부르는 사람들은 TV를 비방한다. 상업적 TV는 커뮤니케이션을 장삿거리로 전락시켰다. 그러나 그것이 아무리 자명하다고 해도 TV 수상기는 사람들이 자신을 이용하고 남용하는 일과는 아무 관계도 없고 아무 죄도 없다. 그리고 다음의 사실 역시 불을 보듯 명확하다. 즉, 우리 시대 추앙받는 이 토템은 감동을 조작하는 기술자들이 디자인하고, 정신의 공장에서 대량 생산해 내는 꿈과 우상, 신화를 동서남북 천지 사방팔방에 강요하기 위해 가장 성공적으로 사용되는 매체다.

피터 멘젤(Peter Menzel)을 비롯한 몇몇 사진작가가 지구촌의 다양한 가족의 모습을 책 한 권에 담았다. 영국, 쿠웨이트, 이탈리아, 일본,

++ 말 5
몇몇 인류학자들이 생명의 유래를 찾아서 태평양 연안의 콜롬비아 마을을 돌아보고 있었다. 한 노인이 이렇게 부탁했다.
"내가 하는 말은 녹음하지 마시게. 나는 말을 참 못하거든. 내 손자 녀석들이 훨씬 낫다네."
또 다른 인류학자들이 그곳에서 멀리 떨어진 그란카나리아 섬마을을 둘러보고 있었다. 또 다른 노인이 그들에게 커피도 대접하고, 정말 감칠맛 나는 말로 환상으로 가득한 이야기도 들려 주어서 즐거운 시간을 보냈다. 그리고 이렇게 말했다.
"우리는 말을 잘 못해요. 애들은 말하는 법을 알고 있어요."
말 잘한다는 손자들과 아이들은 TV처럼 말한다.

멕시코, 베트남, 러시아, 알바니아, 타이, 남아프리카 공화국에 사는 각 가족의 친밀함을 보여 주는 사진에는 서로 다른 점이 매우 많았다. 그러나 모든 가족이 공통점을 지니고 있었는데, 그것은 바로 TV였다. 전세계에는 12억 대의 TV 수상기가 있다. 최근 실시된 연구와 설문조사에 따르면, 아메리카의 북쪽에서 남쪽으로 갈수록 브라운관의 전지전능함과 편재성은 두드러진다. 예를 들어 보자.

- 캐나다의 열 가정 중 네 곳에서 부모는 TV를 켜 놓지 않고는 단 한 가지의 음식 메뉴도 기억하지 못한다.
- 미국의 어린이는 부모와 이야기하는 시간보다 40배나 많은 시간을 TV 시청에 바친다.
- 멕시코의 대부분의 가정에서는 가구가 TV를 중심으로 배치되어 있다.
- 브라질 사람들의 4분의 1은 만일 TV가 존재하지 않는다면 무얼 하면서 살아야 할지 막막하다고 말한다.

일하기, 잠자기, TV 시청하기는 지금 이 세상에서 가장 많은 시간을 차지하는 세 가지 활동이다. 정치가는 그 사실을 잘 알고 있다.

수백만 가정에 강대상을 배달해 주는 이 전자 네트워크는 지구상에 존재했던 수많은 설교자들 중 어느 누구도 꿈꾸지 못했던 파급효과를 확신한다. 설득의 힘은 내용이나 각 메시지의 진실성이 어느 정도인지에 달려 있지 않고, 상품을 판매하는 광고의 융단폭격이 얼마나 뛰어난 영상을 보여 주는지, 얼마나 효과적인지에 달렸다. 시장에 신상품 세제가 선보이듯 여론에 어떤 대통령이 시판된다. 로널드 레이건은 1980년대에 대통령으로 당선되고 재선된, 역사상 최초의 TV 대통령이다. 그는 별 볼 일 없는 배우였는데, 할리우드에서 보낸 많은 시간 동안 카메라가 지켜보는 앞에서 진심으로 거짓말하는 법을 터득했다. 그리고 비단처럼 부드러운 목소리 덕분에 제너럴 일렉트릭의 사내 아나운서로 일하기도 했다. TV 시대에 정치를 하기 위해 레이건은 더 이상 바랄 것이 없었다. 그다지 많지 않은 그의 아이디어는 「리더스 다이제스트(*Reader's Digest*)」에서 얻은 것이다. 작가인 고어 비달(Gore Vidal)이 밝혀낸 사실에 따르면, 몽테스키외의 작품이 제퍼슨(Jefferson)에게 중요했던 것만큼이나 「리더스 다이제스트」는 레이건에

게 중요했다. 레이건은 브라운관 덕분에 니카라과는 위험하다고 국내 여론을 설득할 수 있었다. 레이건은 아래로부터 붉게 물들어오고 있던 아메리카 지도를 앞에 놓고, 니카라과가 텍사스를 경유해 미국을 침공할 것이라고 말했다.

레이건이 첫 단추를 끼우자 각지에서 여러 TV 대통령이 당선의 기쁨을 누렸다. 크리스찬 디오르사의 모델이었던 페르난두 콜로르는 TV 덕택에 1990년 브라질 대통령 궁에 입성했다. 그러나 좌파의 승리를 저지하기 위해 콜로르를 만들어 냈던 바로 그 TV가 약 2년 후 그를 축출했다. 1994년 이탈리아에서 실비오 베를루스코니(Silvio Berlusconi)가 정치권력의 최고봉에 오르게 된 것도 TV 없이는 설명할 수 없다. 베를루스코니는 민주적 다양성이라는 이름하에 민영 TV를 독점한 이후 수많은 TV 시청자에게 영향을 미쳤다. 밀라노 축구 클럽의 구단주로서 거둬들인 성공도 큰 몫을 했지만, 그의 정치 야심에 불길을 지핀 것은 바로 민영 TV 독점이었다.

세계 각국의 정치가는 TV가 자신을 들볶거나 소외시키지 않을까 두려워한다. 뉴스나 연속극에는 착한 사람도 있고 촌놈도 있고 희생자도 있고 사형 집행인도 있다. 그러나 그 어느 정치가도 악당 역할은 맡기 싫어한다. 그러나 최소한 악당이 있긴 있다. 없는 게 더 나쁘다. 정치가는 TV가 자신들을 알아주지 않아서, 시민으로서 사망선고를 받지나 않을까 하는 공포에 사로잡혀 있다. TV에 나오지 않는 사람은 실제로 존재하지 않는다. TV를 떠나 버리는 사람은 세상을 떠나는 것이다. 정치판에서 살아남기 위해서는 어느 정도 계속해서 TV에 얼굴을 보여야 하는데, 그 연속성이란 것은 유지하기도 매우 힘들고,

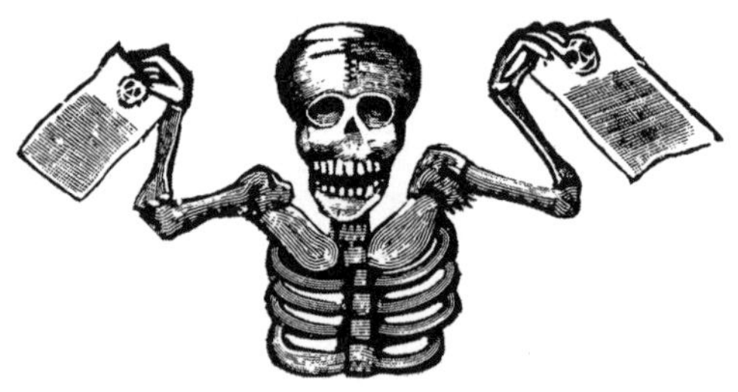

공짜로 굴러 들어오지도 않게 마련이다. TV 사업가들은 정치가에게 연단을 제공하고, 정치가는 그들에게 불처벌권을 부여함으로써 은혜를 갚는다. 사업가들은 낯 두껍게도 개인 주머니를 채우기 위해 공공 서비스를 운영하는 사치를 누린다.

정치가는 TV — 라디오와 활자 매체는 TV만큼 강력하지 않다 — 가 대중에게 행사하는 유혹의 마력과 자기 직업의 권위 상실을 무시하지도 않고 무시하는 사치를 누릴 수도 없다. 1996년 라틴아메리카 여러 나라에서 실시된 한 설문조사에서는 누구든지 쉽게 접하는 사실을 확인해 주었다. 그 내용을 보면, 과테말라 사람과 에콰도르 사람 열 명 중 아홉 명은 자기 나라 국회의원이 나쁘거나 최악이라는 생각을 갖고 있었고, 페루 사람과 볼리비아 사람 열 명 중 아홉 명은 정당을 신뢰하지 않는다고 대답했다. 반면, 라틴아메리카 사람 세 명 중 두 명은 커뮤니케이션 매체에서 보고 듣는 것을 믿는다고 했다. 대안 커뮤니케이션 활동가인 호세 이그나시오 로페스 비힐(José Ignacio López Vigil)이 이렇게 깔끔하게 정리했다. "당신이 라틴아메리카에서 정치를 하고 싶다면, 엠시나 아나운서나 가수가 되라. 최고의 선택이 될 것이다."

대중의 정당성을 획득하거나 공고히 하기 위해 TV를 직접 장악하는 정치가도 있다. 브라질 정치가 중에서도 가장 막강하고 보수적인 안토니우 카를루스 마갈량이스(Antonio Carlos Magalhães)는 바이아 주에서 고맙게도 민영 TV 독점권을 얻었고, 자신의 영지(領地)에서 브라질 TV의 보스 회사인 글로부 TV와 합작으로 실질적인 독점권을 행사하고 있다. 바이아 시의 시장인 리디시 다 마타(Lídice da Mata)는 노동당 유권자들에 의해 선출되었다. 노동당(PT)은 좌파를 내세우며 강력한 세력을 형성하고 있다. 1994년, 시장은 주민들에게 위급한 메시지를 전해야만 하는 홍수나 붕괴사건, 시위 혹은 기타 비상사태가 발생했을 때, 마갈랑스가 쥐고 있는 TV에 돈을 주고도 별다른 도움을 받을 수 없었다고 고발했다. 요술 거울인 바이아의 TV는 주인의 얼굴만 비춘다.

라틴아메리카의 많은 국가에서 스스로 공영방송이라고 주장하는

++ 상상력 예찬

몇 년 전, 영국의 BBC가 자국 어린이에게 TV가 좋은지 라디오가 좋은지를 물었다. 거의 모두 TV라고 대답했다. 마치 고양이가 야옹야옹 우는지, 죽은 사람은 숨을 안 쉬는지를 확인하는 것과 같았다. 그런데 라디오를 택한 극소수의 어린이 중에서 이런 이유를 말한 아이가 있었다. "저는 라디오가 더 좋아요. 라디오를 들으면 더 아름다운 풍경을 볼 수 있거든요."

채널들이 있는데, 그것은 국가가 국가의 권위를 떨어뜨리기 위해 저지르는 전형적 술책에 불과하다. 일부 용감한 예외가 있긴 하지만, 프로그램은 대체로 재미가 없다. 종사자들은 말하기도 부끄러울 정도의 봉급을 받으며 구석기 시대 기계로 일하는데, 공영 채널의 화면은 종종 흐릿해지며 비가 내린다. 시청자를 확보하기 위해 대체 방안을 사용하는 것은 민영 TV다. 돈과 표의 샘솟는 원천인 TV는 라틴아메리카 전 지역에서 단 몇 명의 손 안에 들어 있다. 우루과이에서는 세 가족이 무료든 유료 케이블 TV든 모든 민영 TV를 마음대로 주무른다. 이 세 가족은 TV를 독점함으로써 돈을 긁어모으고 광고를 뱉어 내며 외국 프로그램을 거의 헐값에 들여온다. 드물게, 정말 가뭄에 콩 나는 격으로 국내 예술가에게 일자리를 주기도 하고, 우수한 자사 프로그램을 제작하는 위험을 감수하기도 한다. 기적이 일어나면 신학자는 바로 그것이 신이 존재한다는 증거라고 말한다. 두 개의 멀티미디어 그룹이 아르헨티나 TV의 노른자위를 모두 차지하고 있다. 콜롬비아에서도 두 그룹이 TV와 기타 주요 커뮤니케이션 매체를 손에 쥐고 있다. 멕시코의 텔레비사(Televisa)와 브라질의 글로부 TV는 다른 여러 소왕국의 존재 덕분에 겨우 모습을 숨긴 채 군주정치를 실시한다.

라틴아메리카는 미국의 영상 산업에 대단히 수지맞는 시장을 제공한다. 라틴아메리카 지역에서는 TV 프로그램을 엄청나게 소비하고 있지만, 일부 보도 프로그램과 소문난 연속극을 제외하면 생산은 거의 하지 않는다. 브라질 사람들이 잘 만들기로 유명한 연속극은 라틴아메리카 TV가 유일하게 수출하는 품목이다. 정치부패, 마약거래, 거리의 아이들, 땅 없는 농민들처럼 우리 시대의 이야기가 때로 등장하기는 하지만, 거센 인기몰이를 했던 연속극에 대해서 멕시코의 텔레비사 사장이 1998년 초에 이렇게 규정한 바 있다. "우리는 꿈을 판다. 절대로 현실을 반영하지는 않는다. 우리는 환상을 판다. 그것은 신데렐라의 환상과 같다."

대체로 신데렐라가 왕자와 결혼하고, 권선징악이 뚜렷하며, 장님이 시력을 회복하고, 찢어지게 가난한 사람이 유산을 물려받아 엄청난 부자가 되는 지상 유일의 장소가 바로 히트한 연속극이다. 길이 때문에 '긴 뱀'으로 불리기도 하는 TV 연속극에서 사회의 모순은 눈물 아니면 달콤한 꿀에 녹아버린다. 신앙은 이 생이 끝난 후에 천국으로 들어갈

것이라고 약속하지만, 어떤 무신론자라도 하루 일을 마친 후에는 연속극 속으로 들어갈 수 있다. 작품 속 인물이 보여 주는 또 다른 현실이 실제 현실을 대체한다. 연속극이 한 회 한 회 진행되는 마법의 시간 동안 TV는 의지할 곳 없는 영혼에게 도피와 해방, 구원을 제공하는 이동식 신전이다. 누군가 이런 말을 했다. "가난한 사람은 화려함을 좋아한다. 지식인만이 가난을 보는 것을 즐긴다." 아무리 가난한 사람일지라도 연속극 속의 호화로운 장면에 끼어들어 부자들의 쾌락뿐 아니라 불행과 눈물까지도 대등하게 나눌 수 있다. 전세계에 가장 많이 알려진 라틴아메리카 연속극 가운데 하나는 제목도 ＜부자도 눈물을 흘린다(Los ricos también Iloran)＞였다.

큰 갑부가 얽힌 줄거리는 흔한 얘기다. 몇 주, 몇 달, 몇 년, 혹은 몇 세기 동안 TV 관중석에 모인 사람들은 손톱을 깨물면서 비운의 하녀가 회사 사장의 사생아임이 밝혀지고 나서 돈 많지만 못된 여자를 이기고 승리하여 그 집 도련님과 결혼하기를 학수고대한다. 화장실에 몰래 숨어 눈물을 닦는 가련한 하녀의 헌신적 사랑을 그리는 기나긴 십자가의 길은 테니스장이나 야외 수영장에서 벌어지는 파티, 증권시장, 회사의 간부 회의실에서 진행되는 이야기와 하나 둘 섞여 간다. 그곳에서 다른 인물들도 아픔을 겪고, 때로는 살인을 저지르기도 한다. 신자유주의적 열정의 시대에 새로 태어난 신데렐라다.

신은 죽었다. 마르크스도 죽었다. 그런데 나는 하나도 기분이 좋지 않다.

— 우디 앨런(Woody Allen)

대항 학교

- 세기말의 배신과 약속
- 이성을 잃을 권리

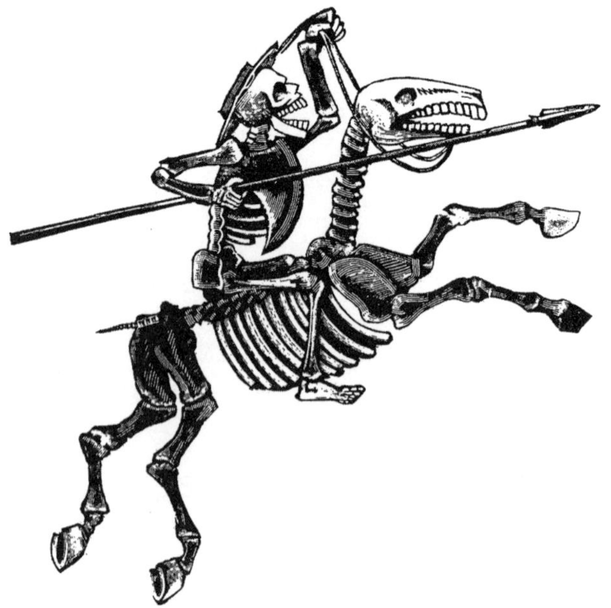

세기말의 배신과 약속

1902년, 합리주의언론협회(RPA, Rationalist Press Association)가 런던에서 『신교리 문답집』을 발간했다. 20세기는 평화, 자유, 발전이라는 이름으로 세례를 받았고, 대부와 대모는 이제 막 태어난 20세기가 미신과 유물론, 가난, 전쟁에서 세상을 해방할 것이라고 확신했다.

시간은 흘렀지만 이제 20세기는 죽어가고 있다. 우리에게 남겨진 세상은 어떤 세상인가? 기계에 대한 미신과 무기에 대한 우상숭배가 판을 치는, 영혼이 없는 세상이다. 왼쪽이 오른쪽에, 배꼽이 등에, 머리가 발에 붙어 있는, 거꾸로 뒤집힌 세상이다.

다시 새로운 질문이 되는 질문과 대답

과학과 기술의 능력에 대한 믿음은 발전할 수 있다는 기대감을 20세기 내내 살찌웠다. 20세기가 제 갈 길을 반 정도 갔을 무렵, 일부 국제기구는 어린이용 분유를 나눠주고, 마을을 DDT로 소독하면서 저개발 지역의 개발을 촉진한 적이 있었다. 분유가 모유를 대체하여 가난한 아기들의 조기 사망을 재촉하고, DDT가 암을 퍼뜨린다는 사실은 후

일 알게 되었다. 시간이 더 지나 세기말, 같은 일이 되풀이된다. 기술자는 과학이라는 이름으로 저개발 치료 처방전을 만들어 내는데, 처방이 원래 병보다 더 나쁘기 일쑤고, 그 과정에서 인간은 쓰레기 취급당하고 자연은 파괴된다.

이 시대의 가장 확실한 상징은 어쩌면 물질은 숭상하고 인간은 까맣게 짓눌러 버리는 중성자탄일지도 모른다. 내용 없는 껍데기와 의미 없는 말의 시대에 사는 인간의 변변치 못한 운명이여! 시장과 전쟁의 원리에 고개를 조아린 과학과 기술이 우리에게 머리를 조아리라고 한다. 우리는 우리가 만든 도구의 도구다. 마녀의 견습생이 더 이상 알 수도 없고 막을 수도 없는 힘을 풀어놓았다. 중심도 없는 미로인 세상은 조각조각 부서지고, 동시에 자기 머리 위의 하늘마저도 부순다. 20세기를 지나는 동안 인간의 손과 노동의 대가를 갈라놓고, 말과 행동이 영원히 만나지 못하게 등을 떠밀며, 현실의 기억을 비우고 모든 사람이 다른 사람의 경쟁자이자 적이 되게 하는 바로 그 권력구조에 의해 수단과 목적도 서로 갈라섰다.

현실은 뿌리도 유대감도 빼앗긴 채 계산과 무시의 왕국으로 변해 버렸다. 가격이 물건과 사람과 국가의 가치를 규정한다. 신용카드를 몇 장이나 가지고 있느냐가 존중할 만한 가치가 있는 사람인지 아닌지를 가늠하는 세상에서 사치품은 시장이 거들떠보지도 않는 사람들에게 질투를 불러일으킨다. 한창 잘나가고 있는 안개 속의 관념론자와 우매한 사제는 현실은 판독할 수 없다고 말한다. 그 말은 현실은 바꿀 수 없음을 의미한다. 세계화 때문에 국제화는 굴욕으로 전락했고, 모범 시민은 현실을 숙명으로 받아들이는 사람이 되었다. 정말 그렇다면,

예전에 그랬기 때문일 게다. 예전에 그랬다면, 앞으로도 그러할 것이기 때문일 게다. 20세기는 변화를 향한 희망의 별자리에서 태어났지만, 얼마 지나지 않아 사회주의 혁명의 소용돌이에 뒤흔들렸다. 삶이 다해 가는 지금 이 순간에 20세기는 낙담과 체념에 패배한 느낌이 든다. 역사상 모든 반란의 원동력이 되었던 불의는 20세기 들어 줄어든 것이 아니라, 우리가 불의를 습관으로 받아들이고 운명으로 알고 복종하기 위해 이렇게 잘 훈련되어 있지 않다면 믿기 어려울 정도의 극한 정도로까지 늘어났다.

그러나 권력은 부정이 점점 더 부정해지고, 위험이 점점 더 위험해지는 것에 개의치 않는다. 베를린 장벽 붕괴 후 공산주의 체제는 무너져 버리거나 알아볼 수 없을 정도로 모습을 바꾸었고, 자본주의는 핑곗거리도 없이 남겨졌다. 냉전시대에는 지구상 절반의 사람들이 다른 절반의 사람들에게서 자신들이 저지른 범죄의 알리바이를 찾아내고 공포감을 정당화할 수 있었다. 다른 한쪽이 더 나빴기 때문에 늘 한쪽은 자신들이 더 낫다고 말했다. 그러나 지금 별안간 적을 잃은 고아 신세가 된 자본주의는 스스로의 헤게모니 장악을 축하하고, 그

++ 사상사 강좌

"마놀로, 어떻게 사상을 바꿨어?"

"아니야, 페페."

"맞잖아, 무슨 소리야. 넌 군주제 지지자였잖아. 그런데 팔랑헤[Falange, 에스파냐의 급진 우익 정당] 당원이었다가 나중엔 프랑코주의자가 됐지. 그리고 민주당원이 되었어. 얼마 전만 해도 넌 사회주의자 편이었는데, 지금은 우파 소속이군. 그러고도 사상이 안 변했다고 하는 거야?"

"페페, 아니라니까. 내 사상은 언제나 한결같았어. 이 지방의 시장이 되는 거야."

++ 경기장과 관람석

1980년대, 니카라과 국민은 국가의 존엄성과 사회정의가 작고 가난한 나라에게도 있을 수 있는 사치라고 믿었기 때문에 전쟁의 시련을 겪었다.

1996년, 펠릭스 수리타(Félix Zurita)는 혁명군이었던 움베르토 오르테가(Humberto Ortega) 장군과 인터뷰를 했다. 세월은 너무도 짧은 시간에 많은 것을 바꾸어 놓았다. 굴욕? 불의? 인간의 본성이 원래 그렇다고 장군이 말했다. 어느 누구도 자신에게 주어진 것에 만족하지 않는다.

"계급이 있어요." 그가 다시 사회는 축구경기장 같다고 말했다. "경기장에는 10만 명이 들어갑니다. 하지만 정면 관람석에는 500명만 앉을 수 있어요. 당신이 아무리 국민을 사랑한다 하더라도 모두를 정면 관람석에 앉힐 수는 없지요."

헤게모니를 이용하고 남용하지만, 자신이 저지른 행동에 스스로도 놀라기 시작한 징후가 일부 나타난다. 그때 국민의 분노라는 악귀를 내쫓기 위한 액막이로서 경제의 사회적 차원을 발견한다. 자본주의는 시장경제라는 이름으로 불렸지만, 지금은 성(姓)이 더 길어져서 사회주의 시장경제가 되었다. 그리고 자본주의는 그 바뀐 이름이 적힌 여권을 들고 가난한 나라들을 여행한다.

맥도날드 광고에서 햄버거를 먹는 남자아이가 등장해 "나는 아무것도 나눠 먹지 않아요"라고 말한다. 새 시대는 우리에게 남은 음식을 쓰레기통에 처박는 대신 나눠주라고 한다는 사실을 그 멍청한 아이는 알지 못했다. 연대는 여전히 쓸모없는 에너지 낭비로 간주되고, 비판적 양심은 인간의 삶에서 우매한 단계에 불과하다. 그러나 권력은 당근과 채찍을 번갈아 사용하기로 작정했고, 지금은 자신들에게 허락된 유일한 사회정의의 방법인 사회원조를 설교한다. "비둘기가 아니라 은퇴한 노인들에게 옥수수를 던져 줘야 한다"라고 충고한 사람은 한때 코미디언이었던 아르헨티나의 철학자 타토 보레스(Tato Bores)다. 그는

++ 경기장

사람들은 경기에 참석하는가? 아니면 경기를 직접 즐기는가?

진정한 민주주의 국가에서 국민의 자리는 경기장에 있는 게 아닌가? 4년, 5년 혹은 6년마다 한 번씩 자신의 한 표를 투표함에 넣는 날에만 민주주의를 행사하는가? 아니면 1년 365일 매일 행사하는가?

민주주의를 매일 실천하는 실험이 브라질의 포르투알레그레에서 시행되고 있다. 이곳 주민들은 각 마을이 집행할 수 있는 시 예산의 향방을 토론하여 결정하며, 지방정부가 내놓는 계획안을 승인하고 수정하거나 퇴짜 놓기도 한다. 의견을 내놓는 것은 전문가와 정치가지만, 실질적으로 일을 처리하는 것은 주민들이다.

관념론자들이 그 주장을 장려하고, 기술 관료들이 필요한 방법을 강구하고, 각국 정부가 제3세계에 채택하기 수년 전에 이미 이 사태를 간파했다.

세기말 가장 많은 눈물을 흘린 성녀는 다이애나 공주다. 어머니에게 버림을 받고, 시어머니에게 들볶이고, 남편에게 우롱당하고, 연인들에게 배신당한 그녀는 자신의 소명을 자선사업에서 찾아냈다. 그녀가 죽었을 때 81개에 달하는 공공 자선기관을 맡고 있었다. 만일 그녀가 살아 있다면 남반구 국가의 어느 정부에서든 경제 장관 역을 매우 훌륭히 수행할 것이다. 왜 아니겠는가? 자선은 사람들을 위로해 주지만 현실을 문제삼지는 않는다. "내가 가난한 사람들에게 먹을 것을 주면, 그들은 나를 성인이라고 부릅니다." 브라질의 주교 엘데르 카마라(Helder Cámara)가 말했다. "그런데 왜 먹을 게 없느냐고 물어보면, 날 빨갱이라고 해요."

수평적이고 동등하게 이뤄지는 연대와 달리, 자선은 위에서 아래로 시행되고 수혜자에게 굴욕감을 주며 권력관계를 전혀 변화시키지 못한다. 최상의 경우 어쩌다 정의가 있을 수도 있겠지만, 저 높은 하늘에서나 가능한 일이다. 여기 지상에서는 불의는 불의인 채 여전히 그대로이고 자선은 오직 눈속임으로 감추려고만 한다. 20세기는 혁명의 별자리를 타고 났지만, 절망으로 상처 입고 죽어 간다. 결속된 사회 창조를 위한 모험과 실패. 역사를 변화시킬 수 있는 인간의 능력에 대한 믿음이 위기에 처해 있다. 세상을 멈추어라, 나는 내리고 싶다. 이 붕괴의 시대에 후회하는 사람들이 증가하고 있다. 정치 야심을 가졌던 것을 후회하는 사람, 그리고 격정을 품은 것을 후회하는 사람. 지금은 닭장 속의 새로 변해 버린 싸움닭이 넘쳐나는데, 의심하거나 낙담하는 일은 없을 거라고 믿었던 독단주의자들은 향수를 불러일으키는 향수의 향수 속에 몸을 숨기거나 혼수상태에서 온몸이 마비돼 버린다. “우리가 모든 해답을 갖고 있게 되자, 문제를 바꾸어 버렸다.” 키토의 어느 벽에 누군가 써 놓은 글이다.

사상을 개조하는 성형외과 수술은 수많은 혁명군과, 붉거나 분홍빛을 띤 수많은 좌파 정당의 색깔을 마이클 잭슨이 부러워할 정도로 신속하고 효과적으로 바꾸었다. 위장(僞裝)은 얼굴의 수치라는 말을 들은 적이 있는데, 이 시대의 카멜레온들은 그것을 다른 방법으로 설명하고 싶어 한다. 즉, 민주주의를 공고히 해야 한다, 경제를 근대화해야 한다, 현실에 적응하는 것 외엔 별다른 도리가 없다고 말이다.

그럼에도 현실은 오늘날 우리가 라틴아메리카에서 누리는 그 평화는 정의 없는 평화이자 폭력의 온상이라고 말해 준다. 폭력을 가장 극심하게 앓고 있는 콜롬비아에서는 사망자의 85%가 일반 폭력의 희생자고, 15%만이 정치 폭력의 희생자다. 일반 폭력이 제 이름에 걸맞은 평화를 구축하지 못한 사회의 정치적 무능함을 어떤 식으로든 말해 주는 것은 아닐까?

역사는 단호하다. 미국의 거부권은 폭력의 뿌리를 뽑아내려 시도했던 수많은 정치 실험을 금지하거나 질식 상태로 몰아넣었다. 정의와 연대는 서구문명의 기반을 흔드는 외부의 공격이라는 비난을 받았다. 솔직히 말하면 민주주의에는 한계가 있기 때문에 그 경계선을 밟지는 않을까 조심해야 한다는 것은 아주 명확히 밝혀진 사실이다. 이것은 이야기하자면 대단히 긴데, 최근의 칠레나 니카라과, 쿠바의 예를 떠올려보는 것도 나쁘지 않다.

1970년대 초, 칠레가 민주주의를 해 보겠다는 진지한 시도를 하자 헨리 키신저(Henry Kissinger)가 백악관에서 이 무모한 일은 응징될 것이라고 아주 단호하게 으름장을 놓았다. "나는 자국민들의 무책임 때문에 공산주의가 되려는 한 국가 앞에서 우리가 팔짱 끼고 수수방관해야 할 이유가 없다고 생각한다."

피노체트 장군의 군부 쿠데타로 막을 내린 그 진행 과정은 아메리카 국가들과 그들 권리의 불평등관계에 대하여 이제 거의 아무도 제기하지 않는 몇 가지 문제들을 남겨 놓았다. 닉슨 대통령이 미국으로서는 아옌데 대통령을 받아들일 수 없다고 아무렇지도 않게 이야기했듯이, 아옌데 대통령도 칠레로서는 닉슨 대통령을 받아들일 수 없다고 말했더라면 아무렇지도 않았을까? 칠레가 미국에 대해 채권과 투자를 규제하는 국제 봉쇄조치를 앞장서서 지휘했더라도 특별한 일이 아니었을까? 칠레가 미국 정치가, 언론인, 군인을 매수하여 민주주의를 핏물들게 질식시키라고 부추겼더라면, 그것도 별일 아니었을까? 닉슨의 상승세를 막기 위해 아옌데가 쿠데타를 조직했더라면 그리고 그 쿠데타를 무너뜨리기 위해 또 다른 쿠데타가 일어났더라면? 이 세계를 지배하는 강대국들은 뻔뻔스럽게 양심의 가책도 없이 국제범죄를 저지른다. 그들이 저지르는 범죄는 그들을 전기의자가 아니라 권력의 최고자리로 향하게 한다. 그리고 권력이 저지르는 범죄는 모든 범죄의 어머니다.

니카라과가 '니카라과는 니카라과다'라는 무례함을 범했을 때 10년 동안의 내전으로 고통을 받았다. 미국의 부름으로 미국의 훈련을 받고 미국의 지시를 받아 무장한 군부대가 1980년대에 니카라과를 뒤엎어 놓았다. 세계의 여론에 독약을 주입하자는 캠페인 때문에 사람들은 산디니스타(Sandinista) 정권의 발전 계획을 크렘린 궁의 지하실에서 획책하는 음모와 혼동하게 되었다. 그러나 니카라과를 공격한 것은 니카라과가 어느 강대국의 위성국가여서가 아니라 또 다시 다른 강대국의 위성국가가 되게 하기 위해서였고, 니카라과가 민주주의 국가가

++ 세계지도

적도는 우리가 학교에서 배운 것처럼 세계지도의 한가운데를 통과하지 않는다. 모든 사람이 보기는 했지만 아무도 발견하지 못했던 이 사실을 50여 년 전에 독일의 연구자인 아르노 페터스(Arno Peters)가 밝혀 냈다. 우리가 지금까지 믿어 왔던 세계지도는 벌거벗은 임금님이었다.

우리가 배운 세계지도는 3분의 2를 북반구에, 나머지 3분의 1을 남반구에 할당하고 있다. 라틴아메리카가 유럽 전체 면적의 두 배나 되지만, 지도에서 유럽은 라틴아메리카보다 넓다. 인도는 스칸디나비아보다 세 배나 넓지만, 지도에서는 더 작아 보인다. 미국과 캐나다는 지도에서 아프리카보다 더 넓은 땅을 차지하고 있지만, 실상은 전체 아프리카 면적의 3분의 2에 겨우 달하는 수준이다.

지도는 거짓말하고 있다. 제국주의 경제가 부(富)를 강탈하듯이 전통 지리학은 공간을 강탈하고, 공식 발표된 역사는 기억을 강탈하고, 형식뿐인 문화는 발언권을 강탈한다.

아니었기 때문에 공격했던 것이 아니라 민주주의 국가가 되지 않게 하기 위해서였다. 산디니스타 혁명은 전쟁의 와중에서 50만 명의 국민을 문맹에서 벗어나게 했고, 유아 사망률을 3분의 1로 낮추었으며, 수많은 사람들의 가슴 속에 연대의 힘과 정의의 소명 의식을 불어넣었다. 그것이 바로 니카라과의 도전이었고, 그것이 바로 저주였다. 결국

산디니스타 정권은 모든 것을 다 파괴하는 기나긴 전쟁 때문에 선거에서 패배했다. 그러고 나서는 언제나 그러게 마련이듯 몇몇 지도자가 나서서 자신의 언행에 역행하는 놀라운 재주넘기를 선보이며 희망을 짓밟는 죄를 저질렀다.

내전 기간 동안 니카라과의 거리에는 평화가 감돌았지만, 평화조약이 발표된 이후로 거리는 전쟁의 무대가 되었다. 악명 높은 비행과 청소년 패거리들의 싸움터가 되어 버렸다. 미국의 젊은 인류학자인 데니스 로저스(Dennis Rodgers)는 마나과(Managua) 시의 여러 동네를 공포로 몰아넣고 있는 폭력배 집단의 조직원으로 잠입했다. 그는 젊은이들이 자신들을 소외시키는 사회를 향해 도시의 불량배라는 형태로 난폭하게 대응하고 있다고 밝혔다. 또한 일하고 공부할 기회의 완전한 부재와 극심한 가난 때문이 아니라, 그 어떤 정체성을 찾기 위한 절망의 몸짓 때문에 그들이 나날이 활성화된다는 결론에 이르렀다. 혁명과 내전기인 1970년대와 1980년대의 젊은이는 자신들의 나라에서 조국이 되고자 하는 식민지를 발견할 수 있었지만, 1990년대의 젊은이들은 자신들을 바라볼 거울도 없이 남게 되었다. 지금은 어떤 동네 혹은 동네의 어느 길거리의 애국자가 되어, 원수지간 동네나 거리의 패거리들과 사생결단으로 싸운다. 자신의 영역을 지키려 싸우고 훔치기 위해 조직을 이루는 그들은, 박살이 나서 와해되고 지지리도 가난한 공동체에서 조금 덜 외롭고 조금 덜 가난하다. 그들은 훔친 물건을 나누어 가지고, 전리품은 본드, 마리화나, 술, 총알, 주머니칼, 나이키 운동화, 야구모자로 바뀐다.

동유럽 맹방들이 무너진 후로, 미국 달러가 쿠바의 지배 화폐가 된 후로, 쿠바에서도 길거리 폭력이 급증했고, 매매춘이 활개를 친다. 쿠바는 라틴아메리카에서 가장 잘 단결되고 가장 덜 부정한 사회를 건설한 죄 때문에 40년 동안 미국에게서 문둥이 취급을 당했다. 최근 몇 년 동안 쿠바 사회는 물질적 지지기반을 상당히 상실했다. 경제는 곤경에 빠졌고, 관광객의 침공은 국민들의 일상생활을 교란시켰으며, 노동은 가치를 상실했고, 어제의 반역자들이 오늘의 반역적 달러로 변신했다. 최근의 이러한 어려움에도 혁명이 이룬 일부 과업은 아직도 건재해서 쿠바의 가장 철천지원수들조차도 인정할 정도인데, 특히 교육과 보건 부문이 튼실하다. 유아 사망률을 예로 들어 보면, 워싱턴에서 사망하는 아이들의 평균 절반에 달하는 아이들만 쿠바 전체에서 사망할 정도다. 피델 카스트로는 여전히 전세계 갱단 두목들에게 아무런 거리낌 없이 할 말 다하며, 부하들이 힘을 모아야 할 필요성을 성가시게 역설하는 지도자다. 쿠바에서 방금 도착한 친구가 이렇게 말했다. “모자라지 않는 게 없어. 그건 맞아. 그래도 자존심만은 차고도 넘쳐. 수혈을 할 정도라니까.” 그러나 쿠바의 위기와 비극적 쓸쓸함은 권력의 수직성이 가지는 한계를 드러내 주었다. 관영 언론이 언급하지 않으면 어떤 사건도 존재하지 않는다고 믿는 못된 습관을 여전히 가지고 있다. 미국을 지휘한 아홉 명의 대통령은 쿠바에 민주주의가 없다고 대를 이어 목청 높여 비난했지만, 자신들이 저지른 행동의 결과를 밝은 대낮에 낱낱이 드러낼 뿐이었다.

미국의 그치지 않는 공격과 길고도 무자비한 봉쇄정책 덕택에 쿠바 혁명은 점점 더 군국화되었고, 원래 계획과 다른 형태의 권력 모델을 채택하게 되었다. 시장의 전지전능함에 대한 대안으로 시작된

++ 도시의 담벼락에 적혀 있는 것

나는 밤이 너무도 좋아. 그래서 낮에는 밤 위에 차양을 칠 거야.
그래, 매미는 일하지 않는구나. 하지만 개미는 노래할 수 없어.
우리 할머니가 마약은 안 된다고 하셨어. 그리곤 돌아가셨지.
인생은 저절로 치유되는 병이야.
이 공장은 새들을 연기로 내뿜네.
우리 아버지는 정치가라도 된 것처럼 거짓말을 하셔.
행동은 이제 그만! 우린 소망을 원해!
희망은 가장 마지막으로 잃어버린 것.
세상에 오기 위해 아무도 우리에게 길을 물어 본 적 없지만, 이 세상에 살기 위해 우리에게 길을 물어봐 주었으면 해.
다른 나라가 있을 거야. 어딘가에.

국가의 전지전능함은 관료주의의 무능함으로 변질되어 끝나고 말았다. 혁명은 변모하면서 몸집을 불렸고, 반복에 반복을 거듭하며 재생산되는 관료주의를 낳았다. 이 즈음, 안으로부터의 독재주의 봉쇄는 혁명이 지닌 창조 에너지를 거스르고, 밖으로부터의 제국주의 봉쇄만큼이나 적대적 결과를 낳았다. 의견을 내놓아도 무용지물이기 때문에 아예 의견이 없는 시민들이 많다. 그러나 말하는 것에 두려움도 없고, 하고자 하는 의욕을 가진 사람들도 있어서, 그들의 생기 덕분에 쿠바는 여전히 살아 움직인다. 그들은 모순이 역사의 맥박임을 확인한다. 삶이 원래의 계획과 다른 모습으로 진행되면서 나타나는 번거로움이나 이설(異說)을 모순과 혼동하는 사람들에게는 안됐지만 말이다.

20세기의 상당 기간 동안, 이른바 현실사회주의라는 이름의 동구권 블록의 존재는 국제적 노동분권의 함정에서 발을 빼고 싶어 했던 몇몇 국가의 독립 의지를 고취시켰다. 그러나 동유럽 사회주의 국가들은 국가적 요소는 많이 지니고 있으면서 사회주의 요소는 거의 혹은 전혀 갖고 있지 않았다. 붕괴 사태가 일어나자 우리 모두는 사회주의의 장례식에 초대받았고, 매장인들은 누가 죽었는지 착각했다.

그 미심쩍은 사회주의는 정의의 이름으로 자유를 희생시켰다. 놀란 만한 균형이 아닌가. 자본주의는 자유의 이름으로 매일 정의를 희생시키고 있으니 말이다. 우리는 둘 가운데 하나의 제단 앞에 무릎을 꿇어야만 하는가? 불의는 피해갈 길 없는 운명이 아니라고 믿는 우리는 자유를 부인하는 소수의 횡포를 인정할 이유가 없다. 그 소수는 아무런 책임도 지지 않았고, 국민을 미성년자 취급했으며, 일치와 만장일치를 헷갈려했고, 다양성과 반역을 혼동했다. 돌처럼 굳어 버린 그 권력은 민중에게서 떨어져 나가고 있었다. 그렇게 쉽고도 냉정하게 무너져 버린 이유를, 이번에도 같은 인물들로 그렇게 빨리 새로운 권력이 들어선 이유를 아마도 그것이 설명하고 있는지도 모른다. 관료들은 곡예사의 뛰어넘기 재주를 보여 주었고, 눈 깜짝할 새에 성공한 기업인이나 마피아 두목으로 변신했다. 현재 모스크바에는 라스베이거스보다 두 배나 많은 카지노가 있는데, 다른 한편에서 임금은 절반으로 폭락하고, 길거리 범죄는 우후죽순 급증하고 있다.

비극의 시대다. 그리고 어쩌면 유익할 수도 있을, 확실함의 위기 시대다. 모두의 국가라고 얘기하면서 실제로는 소수의 국가였고, 종국엔 어느 누구의 국가도 아니었던 나라를 믿었던 사람들의 위기, 타오르는 열변에서 소금기 다 빠져나간 연설로 변해 버린 정당으로부터 선거를 통한 길을 믿었던 사람들의 위기, 체제를 극복하겠다는 약속에서 출발하여 그 체제를 관리하는 일로 끝을 맺은 정당들. 하늘도 제 손에 넣을 수 있다고 믿었던 일을 사죄하는 사람들이 많다. 자기 자신의

++ 또 다른 세계화

다자간 투자협정은 돈의 자유로운 유통을 위한 새로운 규칙으로서 1998년 초에 기정사실화되었다. 선진국은 비밀리에 협상을 진행시켰고, 주권조차 거의 남아 있지 않은 나머지 나라들에게 결과를 강요하고자 했다.

그러나 시민사회는 그 비밀을 깨버렸다. 대안조직들은 인터넷을 통해 국제적 규모의 빨간 경고등을 재빨리 켤 수 있었고, 각국 정부에 압력을 행사했다. 협정은 껍데기도 깨지 못하고 썩어 버린 달걀이 되었다.

과거를 지우기 위해 갖은 애를 쓰면서 희망에서 내리는 사람들도 많다. 희망이 무슨 지친 말이라도 되는 것처럼 말이다.

세기말, 천 년의 끝. 세상도 끝인가? 오염되지 않은 공기가 얼마나 우리에게 남아 있는가? 휩쓸려가지 않은 땅과 살아 숨쉬는 물은? 병들지 않은 영혼은 얼마나 남아 있는가? '아프다(enfermo)'라는 말은 히브리어로 '계획이 없는'을 의미한다. 이것은 우리 시대의 갖가지 심한 유행병 중에서도 가장 심각한 병이다. 그러나 또 어떤 누군가는 보고타의 어느 담벼락을 지나다가 이런 글을 남겨두었다. "더 좋은 날들을 위해 염세주의는 내버려 둡시다."

우리가 희망을 갖는다고 하고 싶을 때, 에스파냐어로는 희망을 품는다고 한다. 아름다운 표현이자, 아름다운 도전이다. 흘러가는 이 시대의 무자비한 바깥공기를 쐬며 노천에서 얼어 죽지 않게 희망을 품는다. 최근 라틴아메리카 17개국에서 실시된 설문조사를 보면, 네 명 가운데 세 명이 자신의 상황이 정체되어 있거나 전보다 나빠지고 있다고 답했다. 불행도 겨울이나 죽음처럼 받아들여야 하는가? 라틴아메리카 사람들은 체념하고 참아내야 하는지, 그래서 그저 북반구의 풍자만화가 되어야 하는지 자문하기 시작할 때다. 원래 모습의 흉한

++ 라틴아메리카 사람들

우리가 역사와 한 약속을 어겼다고들 하지만, 우리는 모든 약속시간에 늦게 도착한다는 점을 인정해야 한다.

우리는 권력을 잡을 수도 없었다. 우리는 길을 잃기도 하고, 방향을 혼동하기도 하는데, 나중엔 이 문제에 대해 꼭 기나긴 연설을 늘어놓는다.

우리 라틴아메리카 사람들은 수다쟁이, 떠돌이, 말썽꾼, 냄비 기질, 파티에 환장한 사람이라는 빌어먹을 명성이 있다. 어떤 이유가 있을 것이다. 시장의 법칙은 값이 없는 것은 가치도 없다는 사실을 우리에게 가르쳐주었다. 우리는 우리의 주가가 그리 높지 않다는 점을 알고 있다. 그러나 장사 쪽으로 너무도 잘 발달된 우리의 후각 덕분에 우리는 우리가 파는 물건의 값을 치르고, 우리의 얼굴을 왜곡해 보여주는 모든 거울을 산다.

우리는 서로를 증오하도록, 우리 자신의 파멸을 위해 진심을 다해 일하도록 배우면서 500년을 보냈고, 아직도 그 와중에 있다. 그러나 우리는 몽유병 환자가 되어 돌아다니다가 무엇에든 부딪치는 기벽과, 설명할 수 없는 부활의 성향을 아직도 고치지 못했다.

부분을 몇 배로 부풀려 보여 주는 거울에 불과한가? '할 수 있는 놈은 자기가 자기를 구하라'가 더 악화되어 '할 수 없는 놈은 죽어라'인가? 대부분의 사람이 트랙에서 밀려나는 경주의 수많은 패배자들? 대학살로 변해 버린 범죄, 완전한 광기(狂氣)로 승격된 도시의 히스테리? 우리는 더 말할 것도 더 살아갈 일도 없는가?

역사는 과오가 없다는 말을 다행히도 이젠 거의 하지 않는다. 지금 우리는 역사도 착각하고, 한눈을 팔며, 잠을 자기도 하고, 길을 잃기도 한다는 사실을 잘 알고 있다. 우리가 역사를 만들고, 역사는 우리를 닮는다. 그러나 역사도 우리처럼 예측할 수 없다. 인류의 역사에도 축구에서와 똑같은 일이 일어난다. 최고로 좋은 점은 놀라게 할 수 있는 능력이다. 예상을 보기 좋게 뒤엎고, 모든 확실함을 무너뜨리며, 작은 다윗이 천하무적 골리앗에게 때로 멋지게 한 방 먹인다.

++ 땅 없는 사람들

세바스치아웅 살가두(Sebastião Salgado)가 그들을 사진에 담았다. 쉬쿠 부아르키(Chico Buarque)는 그들을 노래했다. 주제 사라마구(José Saramago)는 그들을 다룬 이야기를 썼다. 땅 없는 500만 농민 가족이 "환상과 절망 사이를 헤매면서" 브라질의 광활한 황야를 떠돈다.

그들 가운데 상당수가 '땅 없는 사람들의 운동'에 합류했다. 도로변에 급조된 텐트에서 사람들 물결이 쏟아져 나온다. 그들은 텅 빈 대농장을 향해 밤새 침묵의 행진을 계속한다. 자물쇠를 부수고, 출입문을 열고 들어간다. 때로는 총잡이나 군인의 총알이 그들을 맞이하기도 한다. 총잡이나 군인은 일 없는 그 땅에서 일하는 유일한 사람들이다.

'땅 없는 사람들의 운동'이 죄인이다. 놀고먹는 자들의 소유권을 존중하지 않을 뿐 아니라, 그것도 모자라 국가의 의무도 존중하지 않는다. 땅 없는 사람들은 자신들이 차지한 땅에서 곡식을 재배한다. 세계은행이 남반구 국가들에게 자기가 먹을 음식을 재배하지 말라고, 그리고 국제시장에서 말 잘 듣는 거지가 되라고 명령하고 있는데도 말이다.

아무리 엿 같을지라도 현실의 날실 위에 새로운 천이 모습을 드러낸다. 그 천은 대단히 다양한 색의 씨실로 짜여 있다. 대안적 사회운동이 정당과 노조를 통해서만 표현되는 것은 아니다. 물론 그런 경우가 많지만, 꼭 그렇기만 한 것은 아니다. 또 그 과정은 볼 만한 구경거리도 전혀 못 된다. 세계 각지에서 무수한 신생 세력이 출현하고 있는데 특히 지역 차원의 대안 사회 운동이 모습을 드러낸다. 아래에서 위로, 안에서 밖으로 싹이 트고 있다. 민중의 참여에 힘을 얻은 민주주의, 그 민주주의를의 재건하고자 호들갑 떨지 않고 힘을 모으고 있다. 관용과 상부상조, 자연과 나누는 친교라는, 상처 입은 전통 또한 회복되고 있다. 대변인 중 한 명인 만프레드 막스 네프(Manfred Max-Neef)는 그것을 껴안음을 부정하고 팔꿈치로 찌르기만을 강요하는 체제를 공격하기 위해 나선 모기 떼로 정의한다.

++ 사파타 혁명군
안개는 밀림에서 사용하는 얼굴 가리개다. 안개는 쫓기는 아이들을 숨긴다. 사람들은 안개 속에서 나와서 안개로 돌아간다. 치아파스 원주민은 위엄 있는 옷차림을 하고, 떠다니듯 걸으며 조용히 침묵하거나 부드럽게 말한다. 하인으로 복종하라는 벌을 받은 이 왕자들은 처음이었고 마지막이다. 땅과 역사에서 추방되어 안개의 신비 속에서 쉴 곳을 찾았다. 바로 그곳에서 자신들을 능멸하는 권력의 가면을 벗기기 위해 그들 스스로 가면을 쓰고 나왔다.

"코뿔소보다 더 강력한 것이 모기 떼다. 커지고 또 커지고, 귀를 울리고 또 울린다." 라틴아메리카에서 세력을 확대하는 위험한 인간 종류를 살펴보자. 땅 없는 사람, 무주택자, 실업자, 가진 게 없는 사람들의 조직, 인권운동 그룹, 권력의 후안무치함을 증오하는 어머니와 할머니들의 하얀 손수건, 이웃 사람들을 규합하는 운동, 공정한 가격과 건강한 제품을 위해 투쟁하는 시민전선, 인종차별과 성차별, 남성우월주의, 아동착취 철폐를 위해 싸우는 사람들, 환경운동가, 평화운동가, 건강 장려인과 교육자, 공동의 창조력을 해방시키고 집단의 기억을 되찾으려 노력하는 사람들, 유기농법을 실천하는 협동조합, 주민 공동체의 라디오와 TV 방송 그리고 민중의 참여를 보여 주는 기타 많은 목소리는 정당의 보조 바퀴도 아니고, 바티칸에 굴종하는 교회도 아니다. 종종 권력은 시민사회의 갖가지 에너지를 귀찮을 정도로 못살게 굴기도 하고, 총으로 공격하기도 한다. 어떤 운동가들은 길에서 난자당해 죽기도 한다. 모든 신과 모든 악마가 그들을 천국에서 보호하시길, 돌팔매질 당하는 자들은 열매를 맺는 나무들이니.

치아파스의 사파타 혁명군이나 브라질의 땅 없는 사람들과 같은 예외가 있기는 하지만, 이런 운동이 최우선으로 여론의 관심을 끄는

경우는 극히 드물다. 물론 그럴 만한 가치가 없어서 그런 것은 아니다. 이 민중운동 조직들 가운데 하나를 예로 들어 보자. 이 조직은 최근에 생겼고 국외에서는 알려지지 않았는데, 라틴아메리카 대통령들이 거울로 삼아야 할 본보기를 제시한다. 멕시코 채무자들이 은행의 고리채에서 자신들을 보호하기 위해 결성한 조직의 이름은 '엘 바르손(El Barzón)'이다. 엘 바르손은 자발적으로 생겨났다. 처음엔 몇 명 되지 않았다. 그러나 전파력이 강했다. 지금은 상당히 많은 사람들이 있다. 멕시코에서 그 많은 사람들을 모았듯이 우리의 대통령들께서도 그 경험을 타산지석으로 삼아 배우기만 한다면, 여러 나라가 함께 뭉쳐서 각 나라와 개별 협상을 벌이며 자기 주장을 강요하는 재정 독재 타파를 위한 공동전선을 구축해 낼 수도 있을 것이다. 그러나 대통령들께선 서로 회합하고 카메라 앞에서 포즈를 취할 때마다 교환하곤 하는 이름난 명승지 얘기 때문에 다른 얘기를 들을 귀가 없다. 가족사진을 촬영할 때면 언제나 한가운데에 서는 모국(母國)인 미국을 에워싸고 포즈를 취한다.

라틴아메리카의 여러 곳에서 이런 일이 발생하고 있다. 공포의 마비 가스에 맞서서 사람들은 서로 뭉치고 뭉쳐서 작아지지 않는 법을 배운다. 마르코스 부사령관의 분신인 비에호 안토니오(Viejo Antonio)가 말한 것처럼 "인간은 자신이 느끼는 공포심만큼 작고, 자신이 선택한 적군만큼 크다." 작아지지 않는 이들은 자신들의 이야기를 한다. 복종하면서 통치하는 것이 최고의 통치다. 개발(開發)에서도 계발(啓發)에서도 멀리 떨어진 사람들, 제대로 영양공급도 받지 못하는 사람들, 인간 이하의 취급을 받는 사람들, 얘기를 해도 들어주는 사람이 없는 사람들. 마르코스 부사령관은 세상으로 떠오르지 못하고 아득한 저 '아래'에 가라앉아 있는 그들의 대변인이다. 치아파스 원주민 공동체는 함께 토론하고 결정한다. 그리고 마르코스는 그들을 대신해 말한다. 목소리를 내지 못하는 사람들의 목소리? 침묵해야만 하는 그들은 많다는 말로는 부족할 만큼 할 말이 많은 사람들이다. 그들은 말로 얘기하고, 침묵으로 얘기한다.

공식 발표된 역사에서는 기억이 잘려 나가 있다. 공식 역사는 지구에 존재하는 갱단 두목들의 자화자찬에 대한 기나긴 의식이다. 역사의 그 탐조등은 산의 정상만을 비추고, 아랫부분은 어둠 속에 내버려 둔다. 언제나 보이지 않는 사람들은 할리우드의 엑스트라처럼 고작해야 역사의 무대장치를 구성할 뿐이다. 그러나 실제 역사의 주인공들, 배척당한 사람들, 속아 살아온 사람들, 지나간 현실과 지금 현실의 숨어 있던 주역인 그들이 바로 우리가 만들어 낼 수 있는 또 다른 현실의 찬란한 스펙트럼을 구체화한다. 아메리카는 엘리트주의, 인종차별주의, 남성우월주의, 군국주의에 눈이 멀어 아직도 자신의 충만함을 눈여겨보지 않고 있다. 이것은 남반구 국가들에게는 더더욱 꼭

++ 경고

일부 불량청소년, 떠돌이 범죄자, 부랑자, 사회의 기생충들은 반항이라는 전염병을 퍼뜨리는 위험한 바이러스 보균자로서, 주무 관청은 다음에서 이들이 활개치고 다니는 사태를 전 국민에게 경고하고자 한다.

큰 목소리로 생각하고, 컬러풀한 꿈을 꾸며, 민주주의 공생의 근간이 되는 순종과 인내의 규율을 어기며 파렴치한 경향을 보이는 이들을 식별하는 것은 그다지 어렵지 않다. 공중보건의 측면으로 봐서는 매우 다행한 일이다. 그들은 의무적 노년 증명서를 지니고 있지 않다는 특징을 띤다. 잘 알려졌듯이 이 증명서는 우리나라가 수년 전부터 성공적으로 수행하고 있는 "건강한 신체에 늙은 정신"이라는 캠페인을 위해 도시의 길모퉁이에서나 농촌의 공공장소에서 무료로 배포하고 있는데도 말이다.

정부는 권위를 인정하고, 얼마 안 되는 이 말썽꾼들의 도발적 행동을 너그럽게 눈감아 주는 동시에 우리나라의 주요 수출 품목이자 무역수지와 국제수지의 균형을 이루는 반석이 되는 젊은이의 발전을 불철주야 지켜보리라는, 돌이킬 수 없는 결심을 한 번 더 명기하기로 한다.

들어맞는 말이다. 라틴아메리카는 지구상에서 인종적으로나 식물적으로나 믿기 어려울 정도의 다양성을 지니고 있는 곳이다. 바로 그 다양성에 라틴아메리카의 풍요로움과 신앙이 있다. 인류학자인 로돌포 스타벤아겐(Rodolfo Stavenhagen)이 지적하듯 "문화의 다양성이 인종이라는 형태로 나타난다면, 생물의 다양성은 유전이라는 형태로 나타난다." 이 에너지가 인간과 대지의 경이로움을 나타낼 수 있도록 하려면 정체성과 고고학을, 그리고 대자연과 풍경을 혼동하지 않는 데서부터 출발해야 할 것이다. 정체성은 박물관에 조용히 머물러 있지 않고, 환경은 조경원예에 국한되지 않는다.

5세기 전, 아메리카의 인간과 대지는 물건의 성격을 띠고 세계시장에 편입되었다. 정복당한 정복자들인 한 줌의 정복자 무리는 아메리카의 다원성을 알아보는 능력이 있어서, 그 다원성 속에서 그 다원성을

++ 혈족

우리는 싹트고 자라서 성숙하고 지쳐서 죽고 다시 태어나는 모든 것들의 가족입니다.

어린이에게는 수많은 아버지와 삼촌, 형제, 조부모가 있습니다. 조부모는 죽은 사람들과 언덕들입니다. 암컷 비와 수컷 비의 물을 맞고 자란 우리 대지와 태양의 아들 모두는 씨앗, 옥수수, 강 그리고 한 해가 어떻게 오는지를 알려 주며 울부짖는 여우의 친척입니다. 돌멩이는 뱀과 도마뱀의 친척입니다. 형제지간인 옥수수와 강낭콩은 서로 들러붙지 않고 같이 자라납니다. 감자는 감자를 심는 사람의 딸이고 어머니입니다. 왜냐하면 창조하는 사람은 창조되기 때문입니다.

모든 것은 신성하고 우리도 마찬가지입니다. 때로 우리는 신이 되고 신은 때로 사람일 뿐입니다.

안데스 산맥의 원주민들은 그렇게 얘기하고, 또 그렇게 알고 있습니다.

위해 살았다. 그러나 모든 제국주의 침략이 그렇듯 맹목적이고 비이성적인 정복사업은 원주민과 대자연을 착취의 대상이거나 방해물로 인식하는 데 그쳤다. 문화의 다양성은 무식함으로 평가절하되었고, 유일신, 단일 언어, 하나의 진실이라는 명목 아래 이단으로 고통 받았으며, 사나운 맹수인 대자연은 길들여지고, 반드시 돈으로 모습을 바꿔야만 했다. 원주민과 대지는 한 몸을 이루며 아메리카 모든 문화의 본질적 진실을 구성하고 있었는데, 이 우상숭배죄는 채찍을 맞거나 교수대에 매달리거나 불구덩이에 던져지는 벌을 받아야 했다.

이제 더 이상 자연을 '굴복시키다'라는 말은 하지 않는다. 대신에 자연의 파괴자들은 자연을 '보호'해야 한다고 말한다. 어찌되었든 간에 전에도 지금도 자연은 우리를 '벗어난' 곳에 있다. 시계와 시간을 혼동하는 문명은 자연과 우편엽서를 구별하지도 못한다. 그러나 세상의 생명력은 그 어떤 분류에도 국한되지 않고, 그 어떤 설명도 넘어선 곳에 있으며, 한시도 가만히 정체되어 있지 않다. 대자연은 움직임

++ 음악
그는 하프의 마술사였다. 콜롬비아의 평원에서는 그가 없으면 축제도 없었다. 축제가 축제답기 위해서는 대기를 기쁘게 하고 다리도 신명나게 휘젓게 만드는, 춤추는 듯 날아가는 메세 피게레도(Mese Figueredo)의 손가락이 있어야 했다.
어느 날 밤, 찾기도 어려운 좁다란 길에서 도둑 몇 명이 그를 덮쳤다. 메세 피게레도는 결혼식에 참석하기 위해 노새를 타고, 다른 노새 위에는 하프를 싣고 길을 가던 중이었는데, 도둑놈들이 그를 덮쳐서 흠씬 두들겨 맞았다.
다음 날, 누군가 그를 발견했다. 그는 길에 널브러져 있었고, 옷은 피와 흙으로 뒤범벅되어 있었는데, 살았다기보다는 죽었다는 게 더 맞는 말일 정도였다. 그때 가죽만 남은 그가 남은 힘을 다해 겨우 말했다. “노새를 가져갔어요.”
그리고 말했다. “하프도 가져갔어요.”
그리고 숨을 들이쉬고, 웃으며 말했다.
“그래도 음악은 가져가지 못했어요.”

속에서 자신을 실현한다. 지금 있는 그대로의 우리이면서 동시에 지금의 우리를 변화시키기 위해 애쓰는 우리를 아우르는, 대자연의 자녀인 우리도 움직임 속에서 우리를 실현한다. 죽는 순간에도 배움을 놓지 않았던 교육자 파울루 프레이리(Paulo Freire)는 이렇게 말했다. “우리는 움직이면서 우리가 된다.”

진실은 진실을 찾아나서는 떠남에 있지, 항구에 정박되어 있지 않다. 진실을 모색하는 것보다 더한 진실은 없다. 우리는 범죄의 형벌을 받았는가? 우리는 우리 인간 족속이 이웃을 집어삼키고 지구를 황폐화하기 위해 대단히 열심히 살고 있음을 잘 알고 있지만, 멀고 먼 구석기 시대의 할머니와 할아버지들이 자신들이 일부를 이루고 살았던 자연에 적응하지 못했더라면, 또 채집하고 수렵하는 것을 나누지 못했더라면 우리가 지금 이곳에 없으리라는 사실도 잘 알고 있다.

어디에 살든, 어떻게 살든, 언제 살든, 한 사람은 그 속에 다른 많은 사람을 포함한다. 다른 사람이 성장하는 것을 방해하고, 모습을 드러내는 것조차 금지하면서, 우리들 중에서도 가장 빌어먹을 놈들에게 무대 전면에 나서라고 날마다 얘기하는 자가 바로 10년도 채 못 가고 쓰러지는 권력이다. 비록 우리가 잘못 만들어졌어도 아직 다 만들어진 것은 아니다. 현실을 변화시키고, 우리 자신도 변화하는 모험이야말로 우주의 역사 속에서 눈 한 번 깜박일 정도의 이 짧은 순간을, 두 개의 빙하 사이에서 나누는 덧없이 짧은 한 순간의 온기를 가치 있게 만드는 일이다. 그것이 바로 우리다.

이성을 잃을 권리

새 천 년이 탄생하고 있다. 지나치게 심각하게 받아들일 일은 아니다. 결국 예수 기원 2001년은 이슬람 교도들의 1379년이자 마야인의 5114년이고, 유태인의 5762년이다. 어느 날, 봄의 시작에 새해를 맞이했던 전통을 깨기로 마음먹었던 로마 제국 상원들의 변덕 덕택에 새 천 년은 어느 해 1월 1일에 태어나는 것이다. 그리고 예수 기원에서 햇수를 세는 것은 또 다른 변덕에서 출발했다. 어느 날, 로마 교황은 언제인지 아무도 모르는 예수의 탄생일을 적어 넣기로 마음먹었다.

시간은 시간이 우리에게 복종한다는 얘기를 믿기 위해 우리가 만들어 낸 경계를 비웃는다. 그러나 세계인 모두는 이 경계를 축하하면서도 두려워한다.

비행에 초대합니다

천 년이 가고 천 년이 온다. 격노한 수다를 내뱉는 설교사들이 인류의 운명에 대해 열변을 토하고, 하느님의 노여움을 대변하는 자들이 세상의 종말과 총체적 폭발을 알리기에 더 없이 좋은 기회다. 시간은 입을 다문 채 영원과 신비의 길을 따라 계속 흘러가고 있는데 말이다.

누가 진실에 저항할 수 있겠는가? 아무리 날짜가 제멋대로 만들어졌다고 해도, 누구든지 앞으로 다가올 시간이 어떻게 될지 물어보고 싶은 유혹을 느끼게 된다. 그런데 대체 어떻게 알게 되는 걸일까? 우리에게는 단 한 가지 확실함만이 있다. 우리가 여전히 이곳에 있다면, 21세기에 우리 모두는 지난 세기의 사람들이 될 것이고, 더 나쁜 것은 우리 모두 지난 천 년의 사람들이 될 것이라는 점이다.

어떤 시간이 될지 알 수는 없지만, 최소한 우리가 바라는 시간을 상상할 권리는 있다. 1948년과 1976년 사이, 국제연합은 인권에 관한 장문의 목록을 발표했다. 그러나 인류의 엄청난 다수는 보고 듣고 침묵할 권리 외에는 가진 게 없다. 한 번도 발표된 적 없는, 꿈꿀 권리를 행사하기 시작하는 것은 어떨까? 아주 잠시라도 이성을 잃는 것은 어떨까? 또 다른 세상을 꿈꾸며 혐오스러운 오늘을 넘어선 곳에 우리의 시선을 고정시키자.

- 인간의 두려움과 욕망은 독성 물질을 내뿜지 않으리라. 그래서 대기는 깨끗하리라.
- 거리의 자동차는 개들에게 짓밟히리라.
- 인간은 자동차에 의해 조종되지 않고, 컴퓨터에 의해 프로그래밍되지 않으며, 슈퍼마켓에서 구매되지도 않고, TV에 의해 보이게 되지도 않으리라.
- TV는 가족의 가장 중요한 구성원이 되지 않고, 다리미나 세탁기처럼 취급되리라.

- 사람은 일하기 위해 살지 않고, 살기 위해 일하리라.
- 노래하는지도 모르고 새가 노래하듯이 노는 줄도 모르고 아이가 놀듯이 다만 살기 위해 살지 않고, 소유하기 위해 혹은 더 벌기 위해 사는 자들이 저지르는 어리석음의 죄가 형법에 추가되리라.
- 세계 모든 나라에서 전쟁 명령을 거부하는 젊은이들이 아니라, 전쟁을 일으키려는 젊은이들이 감옥에 가리라.
- 경제학자는 소비수준을 '삶의 수준'으로 부르는 일도, 물건의 많고 적음을 '삶의 질'로 부르는 일도 없으리라.
- 요리사는 가재가 살아 있을 때 삶아야만 가재가 좋아한다고 믿지 않으리라.
- 역사가는 모든 국가가 침략당하기를 반긴다고 믿지 않으리라.
- 정치가는 가난한 사람들이 약속을 먹고살기 좋아한다고 믿지 않으리라.
- 엄숙함이 미덕이라고 믿는 일은 더 이상 없으리라. 그리고 그 누구도 자기 자신을 비웃을 수 없는 사람을 심각하게 받아들이지 않으리라.
- 죽음과 돈은 그 마법과 같은 힘을 상실하리라. 죽음 때문에 혹은 재산 때문에 망나니가 신사로 탈바꿈하지 않으리라.
- 아무도 자신이 가장 편한 일을 하는 대신에 올바르다고 생각하는 일을 함으로써 영웅이나 바보로 취급되지 않으리라.
- 세상에는 가난한 사람을 상대로 한 전쟁이 더 이상 없고, 가난을 상대로 한 전쟁이 있으리라. 그리고 군수사업은 파산을 선고할 도리 외에는 다른 길이 없으리라.
- 음식은 더 이상 상품이 아니고, 커뮤니케이션은 장사가 아니리라.

음식과 커뮤니케이션은 인간의 권리이기 때문이다.

- 아무도 배고파 죽지 않으리라. 왜냐하면 아무도 소화불량으로 죽지 않을 것이기 때문이다.
- 거리의 어린이는 쓰레기 취급을 받지 않으리라. 거리의 어린이가 없을 것이기 때문이다.
- 부자 어린이는 돈으로 취급되지 않으리라. 왜냐하면 부자 어린이가 없을 것이기 때문이다.
- 교육은 교육비를 낼 수 있는 사람만의 특권이 아니리라.
- 돈으로 매수할 수 없어서 경찰을 저주하는 일이 사라지리라.
- 떨어져 살아야 하는 벌을 받은 샴쌍둥이인 정의와 자유는 다시 등에 등을 맞대고 아주 잘 합쳐진 한 몸이 되리라.
- 흑인 여성이 브라질의 대통령이 되고, 또 다른 흑인 여성이 미국의 대통령이 되리라. 인디언 여성이 과테말라를 통치하고, 또 다른 인디언 여성이 페루를 다스리리라.
- 아르헨티나 5월 광장의 미친 여자들은 정신건강의 본보기가 되리라. 그 여성들은 의무적 기억상실의 시대에 잊기를 거부했기 때문이다.
- 성모교회는 모세의 십계에 새겨진 오자(誤字)를 수정하리라. 여섯 번째 계율에서 몸을 아끼고 받들라고 명하리라.
- 교회는 하느님이 잊어버렸던 또 다른 계율을 공포하리라. "너희의 일부를 구성하고 있는 자연을 사랑하라."
- 세계의 사막과 정신의 황무지에 다시 나무가 심기리라.
- 절망에 빠진 사람은 희망에 빠질 것이며, 길 잃은 사람은 길을 찾으리라. 그들은 오랫동안 기다리다가 지쳐서 절망했고, 오랫동안 찾아

헤매다가 길을 잃었기 때문이다.

어느 곳에서 태어났든, 어느 곳에서 살았든, 지도와 시간의 국경선은 조금도 중요하지 않고, 정의와 아름다움에 대한 의지가 있는 모든 사람들이 같은 민족이자 동시대인이 되리라.

완벽함은 여전히 신들의 따분한 특권이리라. 그러나 어설프고 엿 같은 이 세상에서 매일 밤은 마지막인 것처럼 살게 될 것이며, 매일 낮은 처음인 것처럼 살게 되리라.

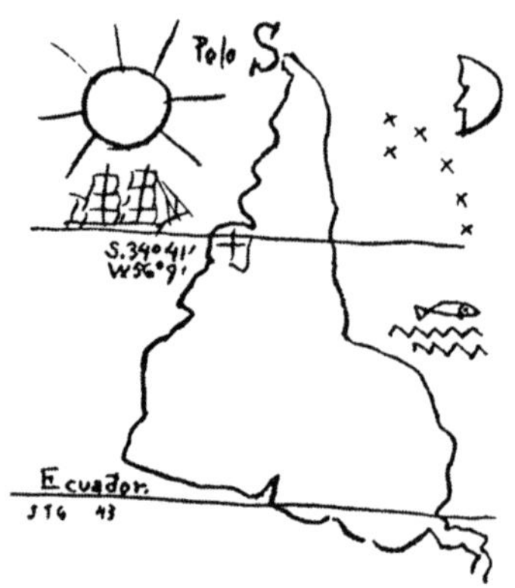

++ 질문 하나

12세기에 시칠리아 왕국의 왕실 지리학자 알 이드리시(Al-Idrisi)가 유럽에서 알고 있는 바대로 남쪽이 위에 있고 북쪽이 아래에 있는 세계지도를 그렸다. 그 당시 지도 제작법으로는 늘 있는 일이었다. 그리고 8세기 후에 우루과이의 화가 호아킨 토레스 가르시아(Joaquín Torres-García)가 그렇게 남쪽이 위에 있는 라틴아메리카 지도를 그렸다. 그는 "우리의 북쪽은 남쪽이다."라고 말했다. "북쪽으로 가기 위해서 우리의 배는 올라가지 않고 내려간다."라고도 말했다.

세상이 지금처럼 발을 위쪽으로 쳐든 채 뒤집혀 있다면, 똑바로 서 있을 수 있도록 반 바퀴 회전시켜야 하지 않을까?

참고문헌

거꾸로 된 세상의 학교

학생들

Brisset, Claire. *Un monde qui Dévore ses enfants* (Paris: Liana Levi, 1997).

ChildHope. *Hacia dónde van las niñas y adolescentes víctimas de la pobreza*. Report on Guatemala, Mexico, Panama, the Dominican Republic, Nicara- gua, Costa Rica, El Salvador, and Honduras. April 1990.

Comexani. *IV informe sobre los derechos y la situación de la infancia* (Mexico: Colectivo Mexicano de Apoyo a la Niñez, 1997).

Dimenstein, Gilberto. *A guerra dos meninos: Assassinato de menores no Brasil* (São Paulo: Brasiliense, 1990).

Gibert, Eva, et al. *Políticas y niñez* (Buenos Aires: Losada, 1997)

Iglesias, Susana, with Helena Villagra and Luis Barrios. "Un viaje a través de los espejos de los Congresos Panamericanos del Niño," in UNICEF/UNICRI/ILANUD, *La condición jurídica de la infancia en América Latina* (Buenos Aires: Galerna, 1992).

Monange/Heller. *Brésil: Rapport d'enquête sur les assassinats d'enfants*(Paris: Fédération Internationale des Droits de l'Homme, 1992).

Organización International del Trabajo. *Todavía queda mucho por hacer: El trabajo de los niños en el mundo de hoy* (Geneva: OIT, 1989).

Pilotti, Francisco, and Irene Rizzini. *A arte de governar crianças* (Rio de Janeiro: Amais, 1995).

Tribunale Permanente dei Popoli. *La violazione dei diritti fondamentali dell'infanzia e dei minori* (Rome: Nova Cultura, 1995)

United Nations Children's Fund. *State of the World's Children 1997* (New

York: UNICEF, 1997).

____. State of the World's Children 1998 (New York: UNICEF, 1998).

기본 과정: 불의

Ávila Curiel, Abelardo. *Hambre, desnutrición y sociedad: La investigación epidemiológica de la desnutrición en México* (Guadalajara: Universidad, 1990)

Barnet, Richard Jr., and John Cavanagh. *Global Dreams: Imperial Corporations and the New World Order* (New York: Simon & Schuster, 1994).

Chesnais, François. *La mondialisation du capital* (Paris: Syros, 1997).

Food and Agriculture Organization. *Producztion Yearbook* (Rome: FAO, 1996).

Goldsmith, Edward, and Jerry Mander. *The Case against the Global Economy* (San Francisco: Sierra Club, 1997).

Hobsbawm, Eric. *Age of Extremes: The Short Twentieth Century, 1914-1991* (New York: Pantheon, 1994).

Instituto del Tercer Mundo. *Guía del Mundo, 1998* (Montevideo: Mosca, 1998).

International Monetary Fund. *International Financial Statistics Yearbook* (Washington: IMF, 1997).

McNamara, Robert. *In Retrospect* (New York: Times Books, 1995).

Ramonet, Ignacio. *Géopolitique du chaos* (Paris: Galilée, 1997).

United Nations Development Program. *Human Development Report 1995* (New York: UNDP, 1995).

____. *Human Development Report 1996* (New York: UNDP, 1996).

____. *Human Development Report 1997* (New York: UNDP, 1997).

World Bank. *World Bank Atlas* (Washington: World Bank, 1997).

____. *World Development Indicators* (Washington: World Bank, 1997).

____. *World Development Report, 1995* (Oxford: Oxford University Press, 1996).

기본 과정: 인종차별주의와 남성우월주의

Berry, Mary Frances, and John W. Blassingame. *Long Memory: The Black*

Experience in America (New York: Oxford University Press, 1982).

Commager, Henry Steele. *The Empire of Reason: How Europe Imagined and America Realized the Enlightenment* (New York: Doubleday, 1978).

Escobar, Ticio. *La belleza de los otros* (Asuncion: CKI, 1993).

de Friedemann, Nina S. "Vida y muerte en el Caribe afrocolombiano: Cielo, tierra, cantos y tambores." *América negra* (Bogotá), no. 8, 1994.

Galton, Francis. *Herencia y eugenesia* (Madrid: Alianza, 1988).

Gould, Stephen Jay. *Ever Since Darwin* (New York: Norton, 1997).

____. *The Mismeasure of Man* (New York: Norton, 1981).

Graham, Richard, et al. The Idea of Race in Latin America, 1870-1940 (Austin: University of Texas, 1990).

Guinea, Gerardo. "Armas para ganar una nueva batalla" (Government of Guatemala, 1957).

Herrnstein, Richard, and Charles Murray. *The Bell Curve: Intelligence and Class Structure in American Life* (New York: Free Press, 1994).

Iglesias, Susana, with Helena Villagra and Luis Barrios. "Un viaje a través de los espejos de los Congresos Panamericanos del Niño," in UNICEF/UNICRI/ ILANUD, *La condición jurídica de la infancia en América Latina* (Buenos Aires: Galerna, 1992).

Ingenieros, José. *Crónicas de viaje* (Buenos Aires: Elmer, 1957).

Ingrao, Pietro. "Chi é l'invasore." *Il Manifesto* (Rome), November 17, 1995.

Kaminer, Wendy. *It's All the Rage: Crime and Culture* (New York: Addison-Wesley, 1995).

Lewontin, R. G., et al. *No Está en los genes: Racismo, genética e ideología* (Barcelona: Crítica, 1987).

Lombroso, Cesare. *L'homme criminel* (Paris: Alcan, 1887).

____. *Los Anarquistas* (Madrid: Júcar, 1977).

Lozano Domingo, Irene. *Lenguaje femenino, lenguaje masculino* (Madrid: Minerva, 1995).

Martínez, Stella Maris. *Manipulación genética y derecho penal* (Buenos Aires: Universidad, 1994).

Mörner, Magnus. *La mezcla de razas en la historia de América Latina* (Buenos Aires: Paidós, 1969).

Organización de las Naciones Unidas (CEPAL/CELADE). *Población, equidad y transformación productiva* (Santiago, 1995).

Palma, Milagros. *La mujer es puro cuento* (Bogotá: Tercer Mundo, 1986).

Price, Richard. *First Time: The Historical Vision of an Afro-American People* (Baltimore: Johns Hopkins University, 1983).

Rodrigues, Raymundo Nina. *As raças humanas e a responsabilidade penal no Brasil* (Salvador de Bahía: Progresso, 1957).

Rojas-Mix, Miguel. *América imaginaria* (Barcelona: Lumen, 1993).

Rowbotham, Sheila, *La mujer ignorada por la historia* (Madrid: Debate, 1980).

Rubin, William, et al. *"Primitivism" in Twentieth-Century Art* (New York: Museum of Modern Art, 1984).

Shipler, David K. *A Country of Strangers: Blacks and Whites in America* (New York: Knopf, 1997).

Spencer, Herbert. *Man versus the State* (London: Caldwell, 1940).

Tabet, Paola. *La pelle giusta* (Turin: Einaudi, 1997).

Taussig, Michael. *Shamanism, Colonialism, and the Wild Man* (Chicago: University of Chicago Press, 1987).

Trexler, Richard. *Sex and Conquest* (Cambridge: Polity, 1995).

United Nations Children's Fund. State of the World's Children 1997 (New York: UNICEF, 1997).

____. *State of the World's Children 1998* (New York: UNICEF, 1998).

United Nations Population Fund. *The State of World Population 1997* (New York: UNFPA 1997).

Vidart, Daniel. *Ideología y realidad de América* (Bogotá: Nueva América, 1985).

Weatherford, Jack. *Indian Givers: How the Indians of the Americas Transformed the World* (New York: Fawcett, 1988).

Zaffaroni, Eugenio Raúl. *Criminología: Aprximación desde un margen* (Bogotá: Temis, 1988).

____. Introduction. *La industria del control de delito,* by Nils Christie (Buenos Aires: Del Puerto, 1993).

공포에 관한 강의

공포 가르치기

Baratta, Alessandro. Criminología crítica y crítica del derecho penal (Mexico: Siglo XXI, 1986).

Batista, Nilo. "Fragmentos de un discurso sedicioso." *Discursos sediciosos*, no. 1 (Rio de Janeiro: Instituto Carioca de Criminología, 1996).

Batista, Vera Malaguti, "Drogas e criminalização da juventude pobre no Rio de Janeiro," PhD thesis, Niterói, Universidade Federal/História Contemporânea, 1997.

Blixen, Samuel. "Para rapiñar a lo grande," Brecha (Montevideo), February 13, 1998.

Chevigny, Paul. *Edge of the Knife: Police Violence in the Americas* (New York: New Press, 1995).

Data Bank on Human Rights and Political Violence in Colombia. Reports published in *Noche y niebla* (Bogotá: CINEP/Justicia y Paz, 1997-98).

Girard, René. *Le bouc émissaire* (Paris: Grasset, 1978).

Monsiváis, Carlos. "Por mi madre, bohemios." *La Jornada* (Mexico), September 29, 1997.

Otis, John, "Law and Order." *Latin Trade* (Miami), June 1997.

Pavarini, Massimo. *Control y dominación: Teorías criminológicas burguesas y proyecto hegemónico*. Epilogue by Roberto Bergalli (Mexico: Siglo XXI, 1983).

Platt, Antony M. *The Child Savers: The Invention of Delinquency* (Chicago:

University of Chicago Press, 1977).

____. "Street Crime: A View from the Left." *Crime and Social Justice* (Berkeley), no. 9, 1978.

Ruiz Harrell, Rafael. "La impunidad y la eficiencia policiaca." *La Jornada* (Mexico), January 22, 1997.

Sudbrack, Umberto Guaspari. "Grupos de extermínio: Aspectos jurídicos e de política criminal." *Discursos sediciosos*, no. 2 (Rio de Janeiro: Instituto Carioca de Criminología, 1996).

Van Dijk, Jan J. M. *Responses to Crime across the World: Results of the International Crime Victims Survey* (University of Leyden/Ministry of Justice of Holland, 1996).

Ventura, Zuenir. *Cidade partida* (São Paulo: Companhia das Letras, 1994).

공포 산업

Bates, Eric. "Private Prisons." *Nation* (New York), January 5, 1998.

Burton-Rose, Daniel, with Dan Pens and Paul Wright. *The Ceiling of America: An Inside Look at the U. S. Prison Industry* (Monroe, Maine: Common Courage, 1998).

Christie, Nils. *La industria del control del delito. ¿La nueva forma del holocausto?* (Buenos Aires: El Puerto, 1993).

Crónica (Guatemala), July 19, 1996.

Foucault, Michel. *Vigilar y castigar. Nacimiento de la prisión* (Mexico: Siglo XXI, 1976).

Human Rights Watch. *Prison Conditions in the United States* (New York: Human Rights Watch, 1992).

La Maga (Buenos Aires), August 13, 1997.

Lyon, David. *El ojo electrónico* (Madrid: Alianza, 1995).

Marron, Kevin. *The Slammer: The Crisis in Canada's Prison System* (Toronto: Doubleday, 1996).

Morrison, Toni. Interview. *Die Zeit*. February 12, 1998.

Neuman, Elías. *Los que viven del delito y los otros: La delincuencia como industria* (Buenos Aires: Siglo XXI, 1997).

New Internationalist (Oxford), August 1996.

Rusche, Georg, and Otto Kirchheimer. *Pena y estructura social* (Bogotá: Temis, 1984).

U. S. News & World Report. May 1995.

재단과 마름질: 적을 어떻게 맞춤하는가?

Amnesty International. *Report 1995* (London, 1995).

____. *Report 1996* (London, 1996).

____. *Report 1997* (London, 1997).

Batista, Nilo. "Política criminal com derramamento de sangue." *Revista Brasileira de Ciências Criminais* (São Paulo), no. 20, 1997.

Bergalli, Roberto. "Introducción a la cuestión de la droga en Argentina." *Poder y Control* (Barcelona), no. 2, 1987.

Del Olmo, Rosa. "La cara oculta de la droga." *Poder y Control* (Barcelona), no. 2, 1987.

____. *¿Prohibir o domesticar? Políticas de drogas en América Latina* (Caracas: Nueva Sociedad, 1992).

____, et al. "Drogas: El conflicto de fin de siglo." *Cuadernos de Nueva Sociedad* (caracas), no. 1, 1997.

Human Rights Watch. "Colombia's Killer Networks: The Military-Paramilitary Partnership and the United States" (New York: Human Rights Watch, 1996).

International Institute for Strategic Studies. *The Military Balance, 1997-98* (Oxford: Oxford University Press, 1997).

Levine, Michael. *The Big White Lie: The CIA and the Cocaine/Crack Epidemic: An Undercover Odyssey* (New York: Thunder's Mouth, 1993).

Miller Jerome. *Search and Destroy: African-American Males in the Criminal Justice System* (Cambridge: Cambridge University Press, 1996).

National Institute on Drug Abuse. "National Household Survey on Drug Abuse: Population Estimates, 1990" (Washington: GPO, 1991).

Niño, Luis Fernando. "¿De qué hablamos cuando hablamos de drogas?" in Niño et al., *Drogas: Mejor hablar de ciertas cosas* (Buenos Aires: Facultad de Derecho y Ciencias Sociales, Universidad, 1997).

Reuter, Peter. *The Organization of Illegal Markets: An Economic Analysis* (Washington: Department of Justice, 1985).

Schell, Jonathan. "The Gift of Time: The Case for Abolishing Nuclear Weapons." *Nation* (New York), February 2 and February 9, 1998.

Wray, Stefan John. "The Drug War and Information Warfare in Mexico." Unpublished thesis, University of Texas at August 1997.

Youngers, Coletta. "The Only War We've Got: Drug Enforcement in Latin America." *NACLA Report on the Americas* (New York), September-October 1997.

윤리학 세미나

실용 과정: 친구 사귀기와 성공하기

Arlt, Roberto. *Aguafuertes Porteñas* (Buenos Aires: Losada, 1985).

Boff, Leonardo. *A nova era: A civilização planetaria* (São Paulo: Atica, 1994).

Calabrò, Maria Antonietta. *Le mani della Mafia: Vent'anni di finanza e politica attraverso la storia del Banco Ambrosiano* (Rome: Edizioni Associate, 1991).

Di Giacomi, Maurizio, and Jordi Minguell. *El finançament de l'Església Catòlica* (Barcelona: Index, 1996).

Feinmann, José Pablo. "Dobles vidas, dobles personalidades." *Página* 30 (Buenos Aires), September 1997.

Greenberg, Michael. *British Trade and the Opening of China* (New York: Monthly

Review Press, 1951).

Hawken, Paul. *The Ecology of Commerce: A Declaration of Sustainability* (New York: Harper Business, 1993).

Henwood, Doug. *Wall Street* (New York: Verso, 1997).

Lietaer, Bernard. "De la economía real a la especulativa." *Revista del Sur/Third World Resurgence* (Montevideo), January-February 1998.

Newsinger, John. "Britain's Opium Wars." *Monthly Review* (New York), October 1997.

Pérez, Encarna, and Miguel Angel Nieto. *Los cómplices de Mario Conde: La verdad sobre Banesto, su presidente y la Corporación Industrial* (Madrid: Temas de Hoy, 1993).

Ramonet, Ignacio. *Géopolitique du chaos* (Paris: Galilée, 1997).

Saad Herrería, Pedro. *La caída de Abdalá* (Quito: El Conejo, 1997).

Silj, Alessandro. *Malpaese* (Milan: Donzelli, 1996).

Soros, George. "The Capitalist Threat." *Atlantic Monthly* (Boston), February 1997.

Spiewak, Martin. "Bastechend einfach." Das Sonntagsblatt (Hamburg), February 24, 1995.

Verbitsky, Horacio. *Robo para la Corona: Los frutos prohibidos del árbol de la corrupción* (Buenos Aires: Planeta, 1991).

World Bank. *World Bank Atlas* (Washington: World Bank, 1997).

____. *World Development Indicators* (Washington: World Bank, 1997).

____. *World Development Report, 1995* (Oxford: Oxford University Press, 1996).

Ziegler, Jean. *La Suisse lave plus blanc* (Paris: Seuil, 1990)

____. *La suisse, l'or et les morts* (Paris: Seuil, 1997).

쓸모없는 악습 물리치기

Cerrutti, Gabriela. Interview with enrique pescarmona. *Página 12* (Buenos Aires), February 18, 1997.

Chomsky, Noam. Interview. *La Jornada* (Mexico), February 1, 1998.

"Conferencia de Lee Iacocca en Buenos Aires." *El Cronista*. (Buenos Aires), November 12, 1993

Economic Policy Institute. *The State of Working America, 1996-1997* (Washington: Sharpe, 1997).

Figueroa, Héctor. "In the Name of Fashion: Exploitation in the Garment Industry." *NACLA* (New York), January-February 1996.

Filoche, Gérard. *Le travail jetable* (Paris: Ramsay, 1997).

Forrester, Viviane. *El horror económico* (Mexico: FCE, 1997).

"The Gap and Sweatshop Labor in El Salvador." *NACLA* (New York), January-February 1996.

Gorz, André. *Misères du present, richesse du possible* (Paris: Galilée, 1997).

International Labor Organization. *World Employment Report 1996-1997* (Geneva: ILO, 1997).

____. *Yearbook of Labor Statistics 1996* (Geneva: ILO, 1996).

____. *Yearbook of Labor Statistics 1997* (Geneva: ILO, 1997).

Méda, Dominique. *Le travail: Une valeur en voie de disparition* (Paris: Aubier, 1995).

Moledo, Leonardo. "En defensa de los bajos sueldos universitarios." *Página 12* (Buenos Aires), December 2, 1997.

Montelh, Bernard, et al. *C'est quoi le travail?* (Paris: Autrement, 1997).

New York Newsday, August 7, 1992.

Rifkin, Jeremy. *The End of Work* (New York: Putnam's, 1995).

Stalker, Peter. *The Work of Strangers: A Survey of International Labour Migration* (Geneva: ILO, 1994)

Van Liemt, Gijsbert. *Industry of the Move* (Geneva: ILO, 1992)

Verity, J. "A Company That's 100% Virtual." *Business Week* (New York), November 21, 1994.

상급 과정: 불처벌

사례 연구

Bañales, Jorge A. "La lenta confirmació." *Brecha* (Montevideo), September 27, 1996.

Bassey, Nnimmo. "Only Business: A Pollution Tour through Latin America." *Link* (Amsterdam), no. 80, September-October 1997.

Beristain, Carlos Martín. *Viaje a la memoria: Por los caminos de la milpa* (Barcelona: Virus, 1997).

Donovan, Paul. "Making a Killing." *New Internationalist* (Oxford), September 1997.

Greenpeace International. *The Greenpeace Book on Greenwash* (Washington: Greenpeace, 1992).

Helou, Suzana, and Sebastião Benicio da Costa Neto. *Césio 137: Conseqüências psicossociais do acidente de Goiânia* (Goiás: Universidade Federal, 1995).

"Informe." *Uno más uno* (Mexico), September 1985.

International Finance Corporation. *Investing in the Environment: Business Opportunities in Developing Countries* (Washington: World Bank, 1992)

Karliner, Joshua. *The Corporate Planet: Ecology and Politics in the Age of Globalization* (San Francisco: Sierra Club, 1997).

Monsiváis, Carlos. *Entrada libre* (Mexico: Era, 1987).

Poniatowska, Elena. *Nada, Nadie: Las voces del temblor* (Mexico: Era, 1988).

Saro-Wiwa, Ken. *Genocide in Nigeria: The Ogoni Tragedy* (London: Saros, 1992).

Schlesinger, Stephen, and Stephen Kinzer. *Bitter Fruit: The Untold Story of the American Coup in Guatemala* (New York: Anchor, 1983).

Strada, Gino. "The Horror of Land Mines." *Scientific American* (Washington), May 1996.

Tótoro, Dauno. *La cofradía blindada* (Santiago de Chile: Planeta, 1998).

Verbitsky, Horacio. *El vuelo* (Buenos Aires: Planeta, 1995).

World Bank. *Priorities and Strategies for Education* (Washington: IBRO, 1995).

인간 사냥꾼들

Americas Watch. *Human Rights in Central America: A Report of El Salvador, Guatemala, Honduras, and Nicaragua* (New York, 1984).

____. *Into the Quagmire: Human Rights and U. S. Policy in Peru* (New York, 1991).

Amnesty International. *Human Rights Violations in Guatemala* (London, 1987).

Cerruttí, Gabríela. Interview with Alfredo Astiz. *Trespuntos* (Buenos Aires), January 28, 1998.

Comisión de la Verdad para El Salvador. *De la locura a la esperanza* (San Salvador: Arcoiris, 1993).

Comisión Interamricana de Derechos Humanos, Organización de Estados Americanos. *Informe shbre la situación de las derechos humanos en la república de Bolivia* (Washington: OAS, 1981).

Comisión Nacional de Verdad y Reconciliación. *Informe Rettig* (Santiago de Chile: la Nación, 1991).

Comisión Nacional sobre la Desaparición de Personas. *Nunca más* (Buenos Aires: EUDEBA, 1984).

Guena, Marcia. *Arquivo do horror: Documentos da ditadura do Paraguai* (São Paulo: Memorial de América Latina, 1996).

Inter-Church Committee on Chile. *Le cône sud de l'Amérique Latine: Une prison gigantesque. Mission d'observation au Chili, en Argentine et en Uruguay* (Montreal, 1976).

Jonas, Susanne. *The Battle for Guatemala: Rebels, Death Squads, and U. S. Power* (Boulder: Westview, 1991).

Klare, Michael T., and Nancy Stein. *Armas y poder en América Latina* (Mexico: Era, 1978).

Marín, Germán. *Una historia fantástica y calculada* (Mexico: Siglo XXI, 1976).

Ribeiro, Darcy. *Aos trancos e barrancos: Como o Brasil deu no que deu* (Rio de Janeiro: Guanabara, 1985).

Rouquié, Alain. *El estado militar en américa Latina* (Mexico: Siglo XXI, 1984)

Servicio Paz y Justicia. *Nunca más: Informe sobre la violación a los derechos humanos en Uruguay, 1972-1975* (Montevideo, 1989).

Verbitsky, Horacio. *El vuelo* (Buenos Aires: Planeta, 1995).

지구 파괴자들

Baird, Vanessa. "Trash." *New Internationalist* (Oxford), October 1997.

Barreiro, Jorge, "Accionista de Bayer por un día." *Tierra Amiga* (Montevideo), June 1994.

Bowden, Charles. *Juárez, the Laboratory of Our Future* (New York: Aperture, 1997).

Bruno, Kenny. "The Corporate Capture of the Earth Summit." *Multinational Monitor* (Washington), July-August 1992.

Carson, Rachel. *Silent Spring* (New York: Houghton Mifflin, 1994).

Colborn, Theo, with Dianne Dumanoski and John Peterson Meyers. *Nuestro Futuro Robado* (Madrid: Ecoespaña, 1997).

Durning, Alan Thein. *How Much Is Enough?* (London: Earthscan, 1992).

Lisboa, Marijane. "Ship of Ills." *New Internationalist* (Oxford), October 1997.

Lutzenberger, José. "Re-Thinking Progress." *New Internationalist* (Oxford), April 1996.

National Toxic Campaign. *Border Trouble: Rivers in Peril* (Boston, May 1991).

Payeras, Mario. *Latitud de la flor y del granizo* (Tuxtla Gutiérrez: Instituto Chiapaneco de Cultura, 1993).

Salazar, María Cristina, et al. *La floricultura en la sabana de Bogotá* (Bogotá: Unversidad Nacional/CES, 1996).

Simon, Joel. *Endangered Mexico* (San Francisco: Sierra Club, 1997).

Worldwatch Institute. *State of the World, 1996* (New York: Norton, 1996).

성스러운 자동차들

American Automobile Manufacturers Association. *World Motor Vehicle Data* (Detroit: AAMA, 1995).

Barrett, Richard, and Ismail Serageldin. *Environmentally Sustainable Urban Transport: Defining a Global Policy* (Washington: World Bank, 1993)

Cevallos, Diego. "El Reino del auto." *Tierramérica* (Mexico), June 1996.

Faiz, Asif, et al. *Automotive Air Pollution: Issues and Options for Developing Countries* (Washington: World Bank, 1990).

"Global 500: The World's Largest Corporations." *Fortune* (New York), August 7, 1995, and April 29, 1996.

"The Global 1,000." *Business Week* (New York), July 13, 1992.

Greenpeace International. *El Impacto del automóvil sobre el medio ambiente* (Santiago de Chile: Greenpeace, 1992).

Guinsberg, Enrique. "El auto nuestro de cada dia." *Transición* (Mexico), February 1996.

International Road Federation. *World Road Statistics* (Geneva: IRF, 1994).

Marshall, Stuart. "Gunship or Racing Car?" *Financial Times* (London), November 10, 1990.

Navarro, Ricardo, with Urs Heirli and Victor Beck. *La bicicleta y los triciclos* (Santiago de Chile: SKAT/CETAL, 1985).

World Health Organization. *City Air Quality Trends* (Nairobi: WHO, 1995).

____. *World Health Report* (Geneva: WHO, 1996).

____, and United Nations Environment program. *Urban Air Pollution in Megacities of the World* (Cambridge: Blackwell, 1992).

Wolf, Winfried. *Car Mania: A Critical History of Transport* (London: Pluto, 1996).

World Watch Institute. *State of the World, 1996* (New York: Norton, 1996).

고독의 교육학

소비사회 연구

"Annual Report on American Industry." *Forbes* (New York), January 12, 1998.

Bellah, R. N., et al. *Habits of the Heart: Individualism and Commitment in American Life* (Berkeley: University of California Press, 1985).

Centre de Recherches Historiques, École Pratique des Hautes Études. Special issue of *Annales* (Paris), Juuly-August 1970.

Cooper, Marc. "Twenty-five Years after Allende." *Nation* (New York), March 23, 1998.

de Jouvenal, Bertrand. *Arcadie, essai sur le mieux-vivre* (Paris: Sedeis, 1968).

Flores Correa, Mónica. "Alguien está mirando." *Página 12* (Buenos Aires), January 4, 1998.

Hernández, Felisberto. "Muebles El Canario." *Narraciones incompletas* (Madrid: Siruela, 1990).

Informe de la Policía de Colombia al Primer Congreso Policial Sudamericano (Montevideo, December 1979).

Majul, Luis. *Las máscaras de la Argentina* (buenos Aires: Atlántida, 1995).

Marx, Karl. *Capital: A Critique of Political Economy*, vol. 3 (New York: International, 1929)

Moulian, Tomás. *Chile Actual: Anatomía de un mito* (Santiago: Arcis/Lom, 1997).

Sarlo, Beatriz. *Instantáneas: Medios, ciudad y costumbres en el fin de siglo* (Buenos Aires: Ariel, 1996).

Steel, Helen. Interview. *New Internationalist* (Oxford), July 1997.

Wachtel, Paul. *The Poverty of Affluence* (New York: Free Press, 1983).

Wallraff, Günter. *Cabeza de turco* (Barcelona: Anagrama, 1986).

Zurita, Félix. *Nica libre*. Video Documentary (Managua: Alba Films, 1997).

집중 과정: 소통 불능

Alfaro Moreno, Rosa María, with Sandro Macassi. *Seducidos por la tele* (Lima:

Calandria, 1995).

Asociación Latinoamericana de Educación Radiofónica. *Un nuevo Horizonte teórico para la radio popular en América Latina* (Quito: ALER, 1996).

Auletta, Ken "Life in Broadcasting." *New Yorker*, April 13, 1998.

Chomsky, Noam, and Edward s. Herman. *Manufacturing Consent* (New York: Pantheon, 1988).

Davidson, Basil. *The Black Man's Burden* (New York: Times Books, 1992).

Engelhardt, Tom. *The End of Victory Culture* (New York: Basic Books, 1995).

Gakunzi, David. "Ruanda." *Archipel* (Basel), January 1998.

Gatti, Claudio. "Attention, vous êtes sur écoûtes: Comment les États-Unis surveillent les européens." *Courrier International/ Il Mondo* (Paris), April 2-8, 1998.

González-Cueva, Eduardo. "Heroes or Hooligans: Media Portrayals of Peruvian Youth." NACLA (New York), July-August 1998.

Herman, Edward S., and Robert N. McChesney. *The New Missionaries of Corporate Capitalism* (London: Cassell, 1997).

Hertz, J. C. *Joystick Nation* (Boston: Little, Brown, 1997).

Herz, Daniel. *A história secreta da Rede Globo* (Pôrto Alegre: Tchê!, 1987).

International Labor Organization. *Symposium on Multimedia Convergence* (Geneva: ILO, 1997).

Leonard, John. *Smoke and Mirrors: Violence, Television, and Other American Cultures* (New York: New Press, 1997).

López Vigil, José Ignacio. *Manual urgente para radialistas apasionados* (quito: AMARC/ALER, 1997).

Martín-Barbero, Jesús. *De los medios a las mediaciones* (barcelona: Gili, 1987).

____, et al. *Televisión y melodrama* (Bogotá Tercer Mundo, 1982).

Mata, Lídice da. "Salvador resiste." *Folha de São Paulo*, April 28, 1994.

Miller, Mark Crispin, et al. "The National Entertainment State." *Nation* (New York), June 3, 1996, and June 8, 1998.

Noble, David. *The Religion of Technology* (New York: Knopf, 1997).

Pasquini Durán, José María, et al. *Comunicación: El Tercer Mundo frente a las nuevas tecnologías* (Buenos Aires: Legasa, 1987).

Postman, Neil. *Amusing Ourselves to Death: Public Discourse in the Age of Show Business* (New York: penguin, 1986).

____. *Technopoly* (New York: Vintage, 1993).

____, with Steve Powers. *How to Watch TV News* (New York: Penguin, 1992).

Ramonet, Ignacio. *La tiranía de la comunicación* (Madrid: Debate, 1998).

Santos, Rolando. *Invertigación sobre la violencia en la programación infantil de la TV argentina* (Buenos Aires: Universidades de Quilmes y de Belgrano, 1994).

Terkel, Studs. *Coming of Age: The Story of Our Century by Those Who've Lived It* (New York: New Press, 1995).

Touraine, Alain. *¿Podremos vivir juntos?* (Mexico:FCE, 1997).

United Nations Educational, Scientific, and Cultural Organization. *Many Voices, One World* (New York: UNESCO, 1980)

Zerbisizs, Antonia. "The World at Their Feet." *Toronto Star*, August 27, 1995.

대항 학교

세기말의 배신과 약속

Blackburn, Robin, et al. *After the Fall: The Failure of Communism and the Future of Socialism* (London: Verso, 1991).

Burbach, Roger. "Socialism Is Dead, Long Live Socialism." *NACLA* (New York), November-December 1997.

Ejército Zapatista de Liberación Nacional. *Documentos y Comunicados* (Mexico: Era, 1994-95).

Fals Borda, Orlando, et al. *Investigación Participativa y praxis rural* (Santiago: CEAAL, 1988).

____. *Participación popular: Retos del futuro* (Bogotá: ICFES/IEPRI/Colciencias,

1998).

Fernandes, Bernardo Marcano. *MST, Mmovimento dos Trabalhadores Rurais Sem-Terra: Formação e territorialização en São Paulo* (São Paulo: Hucitec, 1996).

Freire, Paulo. *La educación como práctica de la libertad* (Mexico: Siglo XXI, 1995).

Gallo, Max. *Manifiesto para un oscuro fin de siglo* (Madrid: Siglo XXI, 1991).

Genro, Tarso, and Ubiratam de Souza. Orçamento participativo. *A expêriencia de pôrto Alegre* (pôrto Alegre: Fundação Abramo, 1997).

Grammond Barbet, Hubert. "El Barzón: ¿Un Monimiento social contra la crisis económica o un movimiento social de nuevo cuño?" Paper given at UNAM/ PHSECAM/AMER, Querétaro, March 1998.

Latouche, Serge. *La planète des naufragés* (Paris: La Découverte, 1993).

López Vigil, María. "Sociedad civil en Cuba: Diccionario urgente." *Envío* (Managua), July 1997.

Max-Neef, Manfred. *La economía descalza* (Montevideo: Cepaur/Nordan, 1984).

____. "Economía, Humanismo y neoliberalismo," in Fals Borda, *Participación Popular.*

Rodgers, Dennis. "Un antropólogo-pandillero en un barrio de managua." *Envío* (Managua), July 1997.

Rengifo, Grimaldo. "La interculturalidad en los Andes." Paper given at *Con los pies en la tierra*, Asociación para el Desarrollo Campesino/Colombia Multicolor, La Cocha, Colombia, 1998.

Stavenhagen, Rodolfo. "Racismo y xenofobia en tiempos de la globalización." *Estudios sociológicos*, no. 34 (Mexico: Colegio de México, 1994).

United States Senate. *Covert Action in Chile, 19963-1973: Staff Report of the Select Committee to Study Governmental Operations with Respect to Intelligence Activities* (Washington: GPO, 1975).

Zurita, Félix. *Nica libre.* Video Documentary (Managua: Alba Films, 1997).

찾아보기

인명

지명

역자 후기

에두아르도 갈레아노(Eduardo Galeano)는 1940년 우루과이의 수도 몬테비데오에서 태어났다. 언론인이자 역사가로서 대단한 이력을 자랑하는 그는 정치 현안에 활발히 참여하는 지식인으로도 유명하다. 이미 13세 때 사회주의 성향의 신문 「엘 솔(*El Sol*)」에 풍자만화를 게재하기 시작하여, 20대 초반인 1961년에서 1964년에는 일간지 「에포카(*Época*)」의 국장과 주간지 「마르차(*Marcha*)」의 편집국장을 지냈다. 1970년대에 극우파 군부세력이 그를 투옥하자 아르헨티나로 망명했지만 상황은 달라지지 않았다. 이후 1985년 본국으로 돌아올 때까지 에스파냐에서 망명생활을 했다.

갈레아노는 라틴아메리카의 정치와 사회에 관한 많은 저서를 집필했다. 그중에서도 가장 많이 알려진 작품을 들면 『라틴아메리카의 드러난 혈관』(1971), 『우리들의 노래』(1975), 『사랑과 전쟁의 낮과 밤』(1978), 『불의 기억』[3부작 <출생>(1982), <얼굴과 가면>(1984), <바람의 세기>(1986)] 등이 있는데, 『불의 기억』 3부작은 소설과 시와 역사적 요소를 잘 아우른 작품으로 건국신화에서 시작해 18~19세기를 거쳐 오늘에 이르기까지 아메리카 대륙의 역사를 집중적으로 다룬 작품이다. 그 외에도 풍부하면서도 깔끔한 표현과 독창성으로 주목받은 『포옹의 책』(1989), 『떠도는 말』(1993), 지구상에서 가장 돈 되는 사업 가운데 하나인 축구의 권력구조를 고발한 『축구, 그 빛과 그림자』

(1995)가 있다. 갈레아노는 1975년 『우리들의 노래』로, 1978년 『사랑과 전쟁의 낮과 밤』으로 카사 데 라스 아메리카스(Casa de las Américas)상을 수상했고, 1989년에는 『불의 기억』으로 아메리칸 북 어워드(American Book Award) 상을 수상했다. 작가 자신의 경험과 상황이 농축되어 잘 드러난 그의 작품은 세계 20개국 이상의 언어로 번역되어 이미 수많은 열성 독자를 확보하고 있다.

『거꾸로 된 세상의 학교』(1998)는 갈레아노의 열 번째 작품으로, 읽으면서 기분이 좋아지는 책은 아니다. 그렇다고 읽고 난 후 마음의 평안을 얻을 수 있는 말랑말랑한 책은 더더욱 아니다. 이 책은 어떻게 보면 인권과 계급을 다룬 르포르타주인 것 같기도 하다. 20세기 성장의 신화와 자본주의에 덮여 있는 거품을 빼고, 시장경제와 신자유주의를 재해석하며, 우리가 사는 세상의 온갖 부조리를 조명하고, 현대적 생활방식이 지닐 수밖에 없는 불의를 고발한다.

그러나 그는 예리한 언어로 통렬하게 사회비판을 가하면서도 우아하고 예술적인 산문체 문장을 시종일관 유지한다. 또한 픽션과 논픽션의 경계를 허물고 언어의 새로운 영역을 확보하고 있다. 원문의 광활함을 다 담아내지 못하는 것이 못내 송구할 따름이다.

책 여기저기에 실린 삽화는 죽음과 정치를 소재로 삼았던 멕시코의 삽화가 호세 과달루페 포사다(José Guadalupe Posada)의 작품이다. 선뜻 젓가락이 가지 않는 음식처럼 우리에게는 익숙하지 않은 그림이지만 갈레아노의 글과 정말 잘 어우러져서 더 이상의 찰떡궁합도 없을 듯싶다.

세상을 꿰뚫는 갈레아노의 형형한 눈빛은 사진으로 보기에도 불꽃을 내뿜는다. 책을 읽어 가면서 어떤 대목에서는 전혀 알지 못했던 라틴아메리카의 현실을 접하고 뒤통수를 얻어맞은 느낌이 들기도 했고, 도저히 믿을 수 없는 다양한 통계자료를 본 후에는 몇 번이나 수치를 확인하기도 했다. 갈레아노의 언어 비틀기, 시적 섬광, 풍자로 가득한 유머를 얼마나 옮겨냈는지는 의심스럽다. 그래서인지 보면 볼수록 부끄러워지고, 꿈에라도 갈레아노를 만나게 되면 시답지 않은 변명을 주저리주저리 늘어놓으며 둘러댈 것만 같다.

막바지 작업에 어려움이 많았지만, 무엇보다 먼저 참을 수 없는 내 게으름과 덜렁거림을 묵묵히 지켜보면서 편하게 작업하라고 마음 써주신 출판사 식구들에게 말로 표현할 수 없는 감사의 마음을 전한다. 그리고 쉬지 않고 나를 들볶아 쓸데없는 학구열을 불태워준 상진 형, 배부른 딸을 위해 기꺼이 보모가 되어 주신 어머니, 순하고 건강하게 잘 자라주는 서준이와 현준이, 격려의 말을 아끼지 않았던 상희, 구조 요청을 하면 언제든지 기꺼이 받아들여 준 보영 씨 그리고 부산외대 포르투갈어과 이광윤 선생님께 평생 잘 하겠노라는 말을 전한다.

『거꾸로 된 세상의 학교』는 변화를 갈구하는 외침이자 우리가 만들 수 있는 또 다른 세계를 향한 의지의 표현이다. 갈레아노는 우리에게 언제나 깨어 있으라고, 그리고 적극적으로 나서서 참여하고 행동하라고 등을 떠민다. 우리의 현실을 되짚어 보면서 새로운 앞날을 구상하는 진지한 사람들이 하나 둘 퍼져 나가길 바라는 마음 간절하다.

2004년 5월

조숙영

옮긴이

조숙영

한국외국어대학교 서반아어과와 동 대학교 통·번역대학원에서 공부했으며, 스페인 마드리드 콤플루텐세(Universidad Madrid de Complutense) 대학교에서 스페인 문학 박사과정을 마쳤다. 덕성여대, 선문대, 부산외대 등에서 강의했으며, 현재 전문 통·번역사로 활동 중이다.

거꾸로 된 세상의 학교

지은이 | 에두아르도 갈레아노
옮긴이 | 조숙영
펴낸이 | 박종암
펴낸곳 | 도서출판 르네상스

초판 1쇄 펴냄 | 2004년 6월 15일
초판 2쇄 펴냄 | 2011년 2월 28일

주소 | 121-842 서울시 마포구 서교동 460-14번지 2층
전화 | 02-334-2751
팩스 | 02-338-2672
메일 | bayui21@naver.com, re411@hanmail.net
등록 | 2002년 4월 11일, 제13-760

ISBN 89-90828-11-2 03340

* 잘못된 책은 바꿔 드립니다.